बागेश्वर धाम सरकार

पं धीरेन्द्र कृष्ण शास्त्री की अद्‌भुत यात्रा

सचिन चौधरी जीवन में कुछ बेहतर नहीं, बल्कि कुछ नया करने की चाहत से प्रेरित होने वाले इंसान हैं। वे करीब बीस सालों से पत्रकारिता में हैं और अपनी मिट्टी, अपनी बुंदेली बोली और अपने बुंदेलखंड क्षेत्र से अनन्य प्रेम में डूबे हुए हैं। इन बीते दशकों में उन्होंने पहले-पहल *केबल चैनल*, फिर *ईटीवी*, *हिन्दुस्तान* समाचार पत्र, *डीएलए* अखबार, *महुआ* टीवी, *स्टार न्यूज़* और *एबीपी न्यूज़* में पत्रकारीय पारी खेली और उसके बाद शुरू हुआ अपनी मातृभाषा और अपने क्षेत्र से प्यार का उनका अनूठा सफर—*बुंदेली बौछार*।

बुंदेली बौछार नामक डिजिटल संस्थान का संचालन बीचे छह सालों से भोपाल से किया जा रहा है। यह पूरी दुनिया में बुंदेली बोली में शुरू किया गया पहला मीडिया संस्थान है जिसमें बुंदेली बोली में समाचारों के साथ ही इंटरव्यू एवं अन्य सांस्कृतिक गतिविधियाँ शामिल होती हैं।

सचिन चौधरी ज्यादातर समय भोपाल और बुंदेलखंड में रहते हैं और *बागेश्वर धाम सरकार* उनकी पहली किताब है।

बागेश्वर धाम सरकार

पं. धीरेन्द्र कृष्ण शास्त्री की अद्‌भुत यात्रा

सचिन चौधरी

MANJUL
मंजुल पब्लिशिंग हाउस

MANJUL

मंजुल पब्लिशिंग हाउस

कॉरपोरेट एवं संपादकीय कार्यालय

• द्वितीय तल, उषा प्रीत कॉम्प्लेक्स, 42 मालवीय नगर,
भोपाल-462 003

विक्रय एवं विपणन कार्यालय

• सी-16, सेक्टर 3, नोएडा, उत्तर प्रदेश, 201301

वेबसाइट : www.manjulindia.com

वितरण केन्द्र

अहमदाबाद, बेंगलुरू, कोच्चि, कोलकाता, चेन्नई,
हैदराबाद, मुम्बई, नई दिल्ली, पुणे

बागेश्वर धाम सरकार : पं. धीरेन्द्र कृष्ण शास्त्री की अद्भुत यात्रा

यह संस्करण 2025 में मंजुल पब्लिशिंग हाउस प्राइवेट लिमिटेड द्वारा प्रकाशित

यह हिन्दी संस्करण 2025 में पहली बार प्रकाशित

ISBN 978-81-981844-1-2

टाइपसेटिंग : डीजीअल्ट्राबुक्स प्रा. लि., नई दिल्ली

मुद्रण व जिल्दसाज़ी : मणिपाल टेक्नोलॉजीज़ लिमिटेड, मणिपाल

विषय सूची

भूमिका

जब बुंदेलखंड के बेहद छोटे-से गाँव के एक युवा के लिए लाखों की भीड़ भारत के किसी भी कोने में उमड़ पड़ती हो, जब लाखों-लाख लोग इस नौजवान शख्सियत के दीवाने हों, जब देश के सबसे बड़े उद्योगपति अपने बेटे की शादी में इस युवा कथावाचक को लाने के लिए अपना निजी विमान ऑस्ट्रेलिया भेजते हों और जब मुझ जैसे एक पत्रकार ने उन्हें अपनी आँखों से फर्श से अर्श पर जाते हुए देखा हो, तो फिर कुछ लिखना बनता ही था और कुछ बताना बनता ही था। ये कहानियाँ न किसी की कही हुई हैं और न किसी से सुनी हुई हैं। मैंने जो कुछ भी अपने आँखों और कानों से देखा-सुना है—वो आपके सामने है।

बात 13 अप्रैल 2021 की है। जब मैं एक क्रिकेट टूर्नामेंट के मुख्य अतिथि के तौर पर पन्ना जिले के गुनौर गया था। यहाँ आयोजक एवं अन्य टीम के साथियों संग भोजन के समय अचानक से एक चर्चा आई कि छतरपुर जिले के बागेश्वर धाम में एक महाराज जी हैं जो सबका भूत भविष्य वर्तमान बता देते हैं। यह सुनकर मुझे थोड़ी-सी जिज्ञासा हुई लेकिन बात आई-गई हो गई। इसके बाद अप्रैल 2021 का समय आया। जब कोरोना की दूसरी लहर की आहट हो चुकी थी। लेकिन इसी बीच मध्य प्रदेश के दमोह में विधानसभा का उपचुनाव था। इसी की कवरेज के लिए मैं, कई दिनों तक यहाँ था। एक दिन विचार बना कि चलो छतरपुर चलते हैं—रास्ते में कुछ बुंदेली कलाकारों से मिलते हुए बागेश्वर धाम चलेंगे। अपने साथी केतन दुबे और नीलेश जैन के साथ मैं छतरपुर जिला स्थित गढ़ा गाँव पहुँचा। बिलकुल वैसा ही छोटा गाँव जैसा आम तौर पर बुंदेलखंड में होता है। साधारण-सा गाँव और टूटी-फूटी सड़कें। दो-तीन जगह पूछताछ करते हुए हम पहुँच गए धाम पर। रास्ते से लेकर मंदिर और हर स्थान का विवरण जो मैं यहाँ लिख रहा हूँ उस पर आपको यकीन करना मुश्किल होगा, क्योंकि मात्र चार साल में किसी जगह में ऐसा बदलाव अपने चालीस साल के जीवन में मैंने आज तक नहीं देखा। हाईवे से लेकर गाँव तक और फिर मंदिर तक न कोई दुकान थी, न कोई टैम्पो, न ही कोई भीड़। यह बात

अप्रैल 2021 की है जबकि आज यहाँ लगभग 100 छोटी-बड़ी दुकानें, 200 से ज्यादा रुकने के कमरे, ऑटो-टैक्सियों की भरमार है और यहाँ हर समय हजारों लोग दिखते हैं।

खैर, हम सब बागेश्वर धाम पहुँचे। यहाँ पर पहले से ही हमने किसी परिचय के जरिए महाराज जी यानी पंडित धीरेन्द्र शास्त्री तक सूचना भिजवा दी थी कि हम लोग पहुँच रहे हैं। उस समय शाम के करीब छह बजे थे। हमें उस हॉल में ले जाया गया, जो उस समय तक वहाँ का इकलौता भवन था। वो भी कुछ ही समय पहले तत्कालीन कांग्रेसी विधायक आलोक चतुर्वेदी ने अपनी निधि से बनवाया था। कोई बड़ा हॉल नहीं था—उसका आकार लगभग तीन सौ वर्ग फीट रहा होगा। उसी से सटा कोई साठ-सत्तर वर्ग फुट का एक कमरा था जहाँ हमने बाद में उनका साक्षात्कार किया। इस हॉल में बमुश्किल दस लोग बैठे थे और उन्हीं के बीच में बैठे थे धीरेन्द्र शास्त्री। जैसे ही हम वहाँ पहुँचे तो वे तुरंत बोल उठे, "आओ सचिन, बहुत बढ़िया बुंदेली पर काम कर रहे हो तुम।"

इसके बाद धीरेन्द्र शास्त्री से बातों का सिलसिला शुरू हुआ। बड़ी बात यह थी कि वे मेरे चैनल *बुंदेली बौछार* के बारे में विस्तृत तरीके से न केवल जानते थे बल्कि कई वीडियो भी देख चुके थे। इसी बीच वहाँ पर कुछ और लोग भी मौजूद थे जो हमारे और धीरेन्द्र शास्त्री के बुंदेली संवाद को गौर से सुन रहे थे। इस बीच कुछ प्रशासनिक लोग भी वहाँ पहुँचे जिनमें से एक पुलिस का कोई अधिकारी था। वह आए, उन्होंने महाराज जी के पैर छुए और कहा, आपने जो कहा था वह काम पूरा हो गया है। अब ये देखकर भले ही आमलोग प्रभावित हो जाएँ, लेकिन हम तो ठहरे पत्रकार। भले ही महाराज जी की बातें अच्छी लगीं, उनका स्वभाव अच्छा लगा, लेकिन उनके बारे में जो कुछ सुना था, उसका परीक्षण अभी बाकी था। खैर, मैं तो अपने साथी केतन दुबे के साथ गया था और ऐसे में केतन दुबे को अपने बारे में कुछ पूछना था। इसी बीच महाराज जी बोले कि हनुमानजी महाराज की संध्या की आरती का समय हो रहा है, तब तक तुम लोग मंदिर के दर्शन करके आओ फिर तुमको इंटरव्यू देते हैं। मंदिर के दर्शन करने हम लोग पहुँचे तो वहाँ बालाजी सरकार का जो वर्तमान में मंदिर है, वैसा ही मंदिर ऊपर पहाड़ियों पर था। हालांकि इसका स्वरूप दिनों दिन भव्य होता जा रहा है, जो उस समय उतना नहीं था। धाम पर उस समय बमुश्किल दो-ढाई सौ लोग मौजूद होंगे। और पूरे मंदिर के आसपास, हॉल के नजदीक सिर्फ एक पानी और चाय-

समोसे की छोटी-सी अस्थायी दुकान थी। उसी दुकान पर चाय-पानी से निपटकर हमने आरती के बाद धीरेन्द्र शास्त्री से समय मिलने का इंतजार किया। इसके बाद महाराज जी हमसे मिले और *बुंदेली बौछार* पर एक इंटरव्यू उन्होंने दिया जो प्रदेश स्तर पर उनका पहला इंटरव्यू था। हॉल के अंदर इस एक छोटे से कमरे में लाइट के नाम पर एक छोटा-सा बल्ब था। चूंकि मेरा इंटरव्यू ठेठ बुंदेली में होता है और महाराज जी भी गजब की ठेठ बुंदेली बोलते हैं, इसलिए उनसे बातचीत में गजब का आनंद आया।

इंटरव्यू के साथ ही कुछ और चर्चाओं का सिलसिला शुरू हुआ। इसके बाद महाराज जी अचानक से कुछ ऐसा बोल पड़े जो किसी को प्रभावित करने के लिए काफी था। जब इंटरव्यू समाप्त हुआ तो उन्होंने अचानक-से हमसे कहा, *तो सचिन भैया, बताओ तुम्हारी सब जिज्ञासा है पूरी हो गई। काय के तुम तो इते हमसे सिर्फ जुड़वे आए हो। और कछु मकसद नईयां। सो अब जुड़ जाओ धाम से।* ये वे शब्द थे जो कुछ घंटों पहले एक व्यक्ति से कहे थे जिसके जरिए हम महाराज जी से मिले थे। उस व्यक्ति ने कुछ घंटे पहले हमसे एक सवाल पूछा था कि आखिर यहाँ धाम पर किस लिए आए हो, तो हमने सिर्फ यह कहा कि हमें यहाँ कुछ नहीं चाहिए—बस महाराज जी से जुड़ना है। ऐसा सुना है अच्छी बुंदेली बोलते हैं और बुंदेली व्यक्तित्व होने के नाते मुझे उनसे जुड़ना है। और इसके बाद यानी जो शब्द मैंने उसे उस समय कहे थे वही शब्द हू-ब-हू महाराज जी ने मेरे सामने प्रस्तुत कर दिए। कोई और होता तो तत्काल भरोसा कर लेता या जय-जयकार करने लगता, लेकिन पत्रकार का काम होता है थोड़ा संदेह करना तो मुझे लगा कि जिस व्यक्ति ने हमें महाराज जी से मिलवाया, क्या पता उसी ने महाराज जी से सारी बातें बोल दी हों। ये सोचकर मैंने अपने दिमाग को झटक दिया, लेकिन वो बात थोड़ी-बहुत दिमाग में घूमती रही। इसी बीच हमारे मित्र केतन दुबे ने महाराज जी से अपने बारे में कुछ पूछा और महाराज जी ने कहा कि तुम्हारी कोई समस्या जरूर है। लेकिन इस समस्या के समाधान के लिए तुम बालाजी महाराज के पास नारियल अर्पित रखकर अर्जी लगाओ। इसके कुछ दिन बाद आप आना, तब आपकी समस्या पर बात करेंगे। यहाँ से हमें यह तो लगा कि महाराज जी के पास कुछ तो है, जिससे वह कुछ जान लेते हैं। लेकिन सच कहूँ तो तब भी मुझे पूरा यकीन नहीं हुआ। या यूँ कहिए कि चमत्कार जैसे शब्दों को लेकर मैं थोड़ा नास्तिक किस्म का व्यक्ति हूँ। सच बताऊँ तो उनसे संपर्क के इन चार सालों के दरम्यान मैंने उनसे अपने बारे में

कुछ नहीं पूछा। मैं धर्म को मानता हूँ, ज्योतिष भी मानता हूँ, लेकिन कर्म प्रधान व्यक्ति हूँ और मानता हूँ कि जो कर्म करूँगा, वैसा ही फल मिलेगा।

लेकिन पंडित धीरेन्द्र शास्त्री से मैं इस मुलाकात में कई दूसरी वजहों से प्रभावित हुआ।

उस समय उनकी उम्र लगभग पच्चीस बरस की थी। जिस उम्र में लोग करियर, शादी, गर्लफ्रेंड जैसे विषयों पर दिमाग लगाए होते हैं, उस उम्र में उस युवा व्यक्तित्व के चेहरे पर जबरदस्त तेज था। उनकी वाक्पटुता कमाल की थी। उनके पास ज्ञान, लोगों को आकर्षित करने की शैली, खूबसूरत सा मासूम चेहरा और बुंदेली का ठेठपन यानि सब कुछ था। सच मानिए, यही सब देखकर मुझे उसी दिन लग गया था कि बागेश्वर धाम पर आज नहीं तो कल ज़रूर कुछ बड़ा हो सकता है। लेकिन मुझे यह यकीन बिल्कुल नहीं था कि यह सब इतनी जल्दी होगा।

इंटरव्यू समाप्त होने पर फिर भी महाराज जी ने मुझे अपना एक लैंडलाइन नंबर दिया। उस समय उनके पास या धाम पर कोई मोबाइल नेटवर्क काम नहीं करता था क्योंकि बागेश्वर धाम जिस गढ़ा गाँव में स्थित है वहाँ कोई मोबाइल टॉवर तक नहीं था। तो गाँव से बाहर निकल कर या तो मोबाइल पर बात हो पाती थी या फिर एक लैंडलाइन के जरिए बात होती थी। वही लैंडलाइन नंबर महाराज जी ने हमें दिया और कहा कि जब भी आपको बात करनी हो इस लैंडलाइन पर बात हो जाएगी। इसके बाद हम लोग वहाँ से निकले और जो इंटरव्यू हमने प्रसारित किया उसने पूरे प्रदेश में चर्चा बटोरी। इस इंटरव्यू में हमने धाम की शुरुआत से लेकर, बुंदेली, बुंदेलखंड सहित कई विषयों पर सवाल किए और पं धीरेन्द्र कृष्ण शास्त्री ने खुलकर इनके जवाब दिए। ये सवाल और जवाब आपको आगे के अध्यायों में एक-एक कर पढ़ने को मिलेंगे।

उसके बाद मुलाकातों का सिलसिला जारी रहा और मैंने उनके कई साक्षात्कार लिए। उन साक्षात्कारों से मुझे कई ऐसी बातें पता चलीं जो मुझे लगा कि आम लोगों को भी पता होनी चाहिए। इसलिए मैं उनकी जीवनी पर काम करना चाहता था।

अध्याय 1

बागेश्वर धाम मंदिर का इतिहास

बागेश्वर धाम आज के दौर में देश के सबसे प्रसिद्ध धार्मिक स्थलों में से एक है। इस स्थान पर बालाजी सरकार की महिमा है। देश और दुनिया में बागेश्वर हनुमान जी के नाम से इसे प्रसिद्धि मिल रही है। लेकिन यहाँ का इतिहास बड़ा ही रोचक है। दरअसल मध्य प्रदेश के छतरपुर जिले में स्थित गढ़ा गाँव के बागेश्वर धाम में वर्तमान में दो मंदिर हैं। एक शिवजी का और दूसरा बालाजी सरकार यानि हनुमान जी का। लेकिन करीब 200 सालों तक का जो इतिहास की लोगों की जानकारी में है, उसके मुताबिक पहले यहाँ शिवजी का ही मंदिर हुआ करता था। बाद में यहाँ स्वयंभू हनुमान जी प्रकट हुए। हनुमान जी की मूर्ति यहाँ कब प्रकट हुई इसका स्पष्ट समय तो किसी को नहीं पता, लेकिन यह प्रतिमा गढ़ा गाँव के ही शिवरतन अहिरवार और उनके भाई को खेत में हल चलाते समय मिली। कई साल तक मूर्ति की पूजा नीम के पेड़ के नीचे होती रही। बाद में हल्कू घोषी[1] नामक व्यक्ति ने यहाँ बाबा का चबूतरा बनवाया एवं मंदिर का जीर्णोद्धार कराया।

इलाके के वरिष्ठ पत्रकार राजीव शुक्ला बताते हैं, “पहले यहाँ कोई निर्माण कार्य नहीं था। जंगल के बीच पहाड़ी पर शिवजी का छोटा-सा मंदिर बना। इसके बाद यहाँ हनुमान जी प्रकट हुए। खेत से बालाजी सरकार की प्रतिमा निकली, जिसे यहाँ मौजूद नीम के पेड़ के नीचे रख दिया गया। उसी पेड़ के नीचे सालों तक हनुमान जी की सेवा-पूजा होती रही। कई सालों बाद यहाँ हनुमान जी का भी छोटा सा मंदिर बनाया गया। बाद में जब साल 2010 में चौदह साल की उम्र में पं धीरेन्द्र शास्त्री अपने दादा गुरु के देवलोकगमन के बाद इस मंदिर के पुजारी बने, तो उन्होंने लगातार प्रयास किए। आख़िरकार साल 2016 में बालाजी सरकार की पुनः प्राण-प्रतिष्ठा कराई और मंदिर निर्माण शुरू कराया।”

शायद यह वही समय था, जहाँ से बागेश्वर धाम की तस्वीर और प्रसिद्धि दुनिया के सामने आने लगी। इसके बाद तो यहाँ रोजाना हजारों और मंगलवार, शनिवार या अन्य विशेष धार्मिक मौकों पर लाखों की संख्या में भक्त आते हैं। जैसे-जैसे श्रद्धालुओं की संख्या बढ़ रही है, वैसे ही मंदिर की भव्यता और स्थान दोनों का विस्तार लगातार हो रहा है। यह काम आज भी जारी है।

वैसे तो बालाजी सरकार यानि हनुमान जी की कैसी कृपा इस धाम पर है, यह बताने की जरूरत नहीं है। लेकिन यहाँ के सबसे प्राचीन शिवजी के मंदिर की भी कई रहस्यमयी कहानियाँ हैं। पत्रकार राजीव शुक्ला बताते हैं कि शिवजी के मंदिर में लाइट की रोशनी नहीं हो पाती है। वे बताते हैं, "यहाँ कई बार मंदिर का जीर्णोद्धार कराने और बल्ब या लाइट लगाकर रोशनी करने का प्रयास हुआ, लेकिन ऐसा संभव नहीं हो पाया। कोई न कोई समस्या आ ही गई। आखिरकार ऐसा लगा कि मानो भगवान भोलेनाथ स्वयं ही अपने मूल स्वरूप में ही रहना चाह रहे हों। इसी के मद्देनजर यह मंदिर अभी भी अपने पुराने स्वरूप में है। यहाँ दर्शन भी बाहर से ही कराए जाते हैं।"

बागेश्वर धाम सरकार जिस गढ़ा गाँव में स्थित है, वह भोपाल से करीब 350 किलोमीटर उत्तर-पूर्व, ग्वालियर से करीब 260 किलोमीटर दक्षिण-पूर्व, झांसी से करीब 160 किलोमीटर दक्षिण-पूर्व और छतरपुर जिला मुख्यालय से करीब 25 किलोमीटर दक्षिण-पश्चिम दिशा में है।

सन्यासी बाबा और दादा गुरुजी : परिवार की विरासत

पंडित धीरेन्द्र शास्त्री आज प्रसिद्धि के जिस मुकाम पर हैं, उसमें वे गुरु कृपा का बड़ा योगदान मानते हैं। इसलिए वे सन्यासी बाबा और दादा गुरु का नाम जरूर लेते हैं। कई लोग तो यह भी समझते हैं कि सन्यासी बाबा और दादा गुरु एक ही हैं। जबकि वास्तविकता यह नहीं है। दोनों अलग-अलग विभूतियाँ हैं। सबसे पहले यह जानते हैं कि सन्यासी बाबा कौन थे। दरअसल सन्यासी बाबा, पंडित धीरेन्द्र शास्त्री की पाँचवीं पीढ़ी के संत थे—यानी परिवार के पहले सन्यासी। इसी वजह से उनका नाम सन्यासी बाबा पड़ा। उनके असली नाम के बारे में किसी को कुछ नहीं मालूम। लगभग 200 साल पहले जब इस क्षेत्र में घने जंगल थे, तब भी वे लोगों को आध्यात्मिक ज्ञान देते थे। उनके निधन के बाद गाँव वालों ने ऊपर पहाड़ी पर उनका एक चबूतरा यानि समाधि स्थल बना दिया जिस पर लोगों की गहरी आस्था

है। यानी परिवार में सिर्फ उनके दादाजी के काल से ही नहीं बल्कि, पुराने समय से अध्यात्म की परंपरा चली आ रही है।

दादा गुरु जी पंडित धीरेन्द्र शास्त्री के सगे दादा थे। पंडित धीरेन्द्र शास्त्री एक नहीं बल्कि अनेक बार कह चुके हैं कि दादा गुरु की वजह से ही उनके जीवन में सब कुछ है। चाहे शिक्षा हो या हनुमान जी प्रेरणा (जिसे लोग सिद्धि कहते हैं) या फिर कई चमत्कारिक घटनाएँ—वे इसके पीछे दादा गुरुजी का ही हाथ मानते हैं।

बुंदेली बौछार पर हमारे इंटरव्यू में वे कहते हैं, "हमारे जो दादा गुरु रहे, वो बड़े बलवान रहे। गाँव में कहावत है *जिसका गुरु बलवान उसका चेला पहलवान*। दादा गुरु विद्वान भी थे। शास्त्री भी थे। संस्कृत भी पढ़े थे। पुराण भी बहुत पढ़े थे। आठ-दस पुराण तो वे बांचते ही थे। उनके चरण में बैठकर ही हमने भागवत सीखी, रामायण सीखी। उन्होंने ही दरबार के लिए विधि बताई। उन्होंने ही हनुमान जी से जोड़ा। उन्हीं की झूठी(जूठी) चाय, लात और उनके चरणों का यह चमत्कार है।" धीरेन्द्र शास्त्री कहते हैं कि जीवन में जब तक गुरु नहीं है, तब तक जीवन अंधकारमय है। जिस दिन गुरु कृपा हो जाती है, जीवन में जय-जयकार हो जाता है। सो गुरु कृपा से ही वे यहाँ हैं। वे आगे कहते हैं कि बाकी प्रत्यक्ष को प्रमाण की क्या आवश्यकता। कोई उनसे पूछे कि गुरु कृपा से क्या होता है, तो उनके मुताबिक उसका सबसे बड़ा प्रमाण तो वो खुद ही हैं।

धीरेन्द्र शास्त्री ने कहा, "यह बागेश्वर धाम का आश्रम बहुत पुराना है। हमारे बब्बा जी, यानि दादा जी। वे भी यहीं दरबार लगाते थे। तीन पीढ़ी से बागेश्वर धाम बालाजी का दरबार चल रहा है। इसमें देश-विदेश के लोग आते हैं, अपनी अर्जी लगाते हैं। बब्बा जी (हनुमान जी) सब पर कृपा करते हैं। वंशानुगत यह कृपा चल रही है। बागेश्वर बालाजी महाराज ने तीसरी पीढ़ी में, हमें कृपा पात्र बनाया। नौ वर्ष की आयु से, दादा जी के सानिध्य में हमने बब्बा जी (हनुमान जी) की सेवा शुरू की। गुरुजी ने जैसा मार्गदर्शन दिखाया, चलकर हम आगे बढ़े और उसी की कृपा है कि आज भारत-भर के लोग यहाँ आते हैं। प्रारम्भ तो अभाव से हुआ, अब बब्बा जू के प्रभाव से सब चल रहा है।"

बुंदेलखंड में 'दरबार' उस बैठकी या समारोह को कहा जाता है जिसमें कोई साधु, संत या धार्मिक व्यक्ति प्रवचन, उपदेश और कथा कहता है और साथ जिसके द्वारा किए गए उपायों से लोगों का दुख-दर्द दूर होता है। इन उपायों में कई तरह की बातें हो सकती हैं, मसलन कोई पूजा, अनुष्ठान, तप, दान या किसी मंत्र द्वारा समस्या

समाधान इत्यादि। यह दरबार राजकीय दरबार न होकर धार्मिक दरबार होता है जो आस्था और श्रद्धा द्वारा संचालित होता है।

यहाँ हम बागेश्वर धाम मंदिर के इतिहास की चर्चा कर रहे हैं जिसे जानने में पंडित धीरेन्द्र शास्त्री के वक्तव्यों, धाम से जुड़े लोगों और गढ़ा गाँव और आसपास के लोगों से हुई बातचीत काफी सहायक हुई है।

पंडित धीरेन्द्र शास्त्री अपने भीतर आई प्रेरणा (सिद्धि/दिव्य शक्ति) के लिए भी वे अपने दादा जी यानि दादा गुरु को ही श्रेय देते हैं। *ज़ी न्यूज़* को दिए एक इंटरव्यू में वे दादा गुरु से लेकर अपनी आध्यात्मिक प्रेरणा का भेद विस्तार से बताते हैं।

वे कहते हैं कि महादेव का यह जो मंदिर है, वहाँ उनके दादा गुरुजी, उसके बगल में झोपड़ी बनाकर रहते थे। उनके घर की परंपरा यह रही कि उनके वंश से एक न एक, पुजारी के रूप में मंदिर में जरूर सेवा करता था। उनके दादाजी वहाँ साधना-तपस्या करते थे। वे कहते हैं, “हमसे ज्यादा उन पर बागेश्वर बालाजी की कृपा थी। हम रोज उनके पास आते थे। दादा गुरुजी के क्रियाकलाप देखते। उनका जो हनुमान जी के प्रति समर्पण, उनकी जो सौम्यता, लंबी दाढ़ी और विनोद में हंसना, ठहाका लगाना और चाय पीना। उस जमाने में लाल बत्ती आया करती थी। बड़े-बड़े ऑफिसर दादा गुरुजी के पास आते थे—आध्यात्मिक सुख पाने के लिए, कथा प्रसंग सुनने। इसके साथ ही निजी जीवन से संबंधित मार्गदर्शन भी लेते थे। उन सब चीजों से हमारा आकर्षण दादा गुरुजी के प्रति बढ़ा।”

उस समय परिवार की स्थिति बहुत अच्छी नहीं थी। धीरेन्द्र शास्त्री के पिता उतना कुछ करते नहीं थे। कर्मकांड से उतना कुछ हो नहीं पाता था। कुछ दिन बाद उनके पिता ने कर्मकांड भी छोड़ दिया। खेती-बाड़ी ज्यादा थी नहीं, जो थी भी वो बहुत उपजाऊ जमीन नहीं थी। वैसे भी उनके पिता छह भाई थे, तो जो जमीन थी भी वह इतने बड़े परिवार के लिए नाकाफी थी। बुंदेलखंड के इलाके में पानी की किल्लत होती है—देश के अन्य हिस्सों की तरह खेती अच्छी नहीं होती। गढ़ा गाँव की भी स्थिति ठीक नहीं थी। गाँव में कई जातियों के लोग रहते हैं। ब्राह्मणों के अलावा, ठाकुर और अन्य पिछड़ी जातियों के लोग भी हैं और वहाँ उनके परिवार की जजमानी भी गाँव भर ही है, जो बढ़ते परिवार के कारण से एक व्यक्ति के हिस्से कुछेक परिवार की ही है। ऐसे में आमदनी के हिसाब से जजमानी भी कोई बहुत लाभप्रद नहीं था।

जब धीरेन्द्र शास्त्री के पिता ने कर्मकांड छोड़ दिया तो अब परिवार की स्थिति और नाजुक हो गई। मतलब भोजन की व्यवस्था भी ठीक नहीं थी। हालत ये हो

गई कि उसी गाँव में उन्हें भिक्षा मांगकर गुजारा करना पड़ा। गाँव के लोग कहते थे कि उनके दादा जी तो बहुत ही सिद्ध हैं, किसी को बहुत कुछ भी बता देते हैं। ऐसे गाँव के लोगों में मान्यता थी और इस बात में सच्चाई भी थी।

घर की परिस्थिति को देखकर धीरेन्द्र शास्त्री के मन में बहुत पीड़ा होती थी, क्योंकि वे घर में बड़े थे। तो एक दिन वे दादा गुरुजी के पास गए और उनसे प्रार्थना की कि वे तो दुनिया का सब कुछ बता देते हैं और लेकिन अपने परिवार को कुछ नहीं। उन्हें अपने परिवार के भविष्य के बारे में भी बताना चाहिए। यह प्रश्न सुनकर दादा गुरुजी बहुत मुस्कुराए। धीरेन्द्र शास्त्री कहते हैं, "वे हमसे कभी बिटवा कहते थे, तो कभी धीरेन्द्र, धीरू। उन्होंने हमें चाय पिलाई। वे हमें झूठी(जूठी) चाय पिलाते थे। यह भी बहुत आश्चर्य की बात है। क्योंकि हम चचेरे भाई मिलाकर दस भाई हैं। सबका रोज आना भी होता था दादा गुरु के पास। लेकिन झूठी(जूठी) चाय हम दस भाइयों में वे हमें ही पिलाते थे।" यह बात धीरेन्द्र शास्त्री के लिए कौतुहल का विषय था—लेकिन गुरु की दृष्टि अपार होती है। शायद वे कुछ देख पा रहे थे। तो वह झूठी चाय वही पीते थे। फिर पात्र को नल पर धोते थे। यह नल बागेश्वर धाम में आज भी लगा है—इसे हटवाया नहीं गया क्योंकि धीरेन्द्र शास्त्री के मुताबिक दादा गुरुजी ने इसे अपने हाथों से चलाया था और यह उनकी अहम निशानी है।

फिर हुआ यह कि चाय पीने के बाद दादा गुरुजी ने उन्हें हँस कर रात में आने को कहा। धीरेन्द्र शास्त्री आगे कहते हैं, "तो हम रात को गए। उन्होंने फिर हमें एक सूत्र दिया। बांह पकड़ी हमारी, बालाजी से उन्होंने जीवन भर के लिए हमें जोड़ा। बोले, इससे बड़ी संपत्ति कुछ नहीं। फिर एक लीला दिखाई, मतलब बहुत तेज-सा प्रकाश हुआ। यह अनुभव, एक साधक का ही विषय है।"

वे कहते हैं, "हम भी उस समय आप लोगों की तरह ही थे। सो हमें भी लगा कि चमत्कार तो दिखा दिया, लेकिन यह नहीं बताया कि हमारी गरीबी कैसे मिटेगी। पर उस समय होश नहीं था कि गुरु ने क्या संपत्ति दी जो खर्च नहीं होनी है। गुरु ने तो भगवान की भक्ति दे दी।"

उसके बाद दिन और महीने बीतते गए और धीरेन्द्र शास्त्री को कुछ आभास और अनुभव-सा होने लगा। अचानक से कोई रहस्यमयी शक्ति उन्हें मन ही मन बता जाती कि सामने वाला क्या बोलने वाला है। हालाँकि वह इसे किसी से कह नहीं पाते थे। लेकिन जब सामने वाला व्यक्ति आकर उन्हें बताता कि उसका अमुक

नाम है या वह यह सोच रहा है—तो शास्त्री को लगने लगता कि वे तो यह पहले से जानते थे और उन्होंने इसे पहले क्यों नहीं कहा!

उन्होंने यह बात अपने दादा गुरुजी को बताई जिस पर वे बहुत हँसे। उन्होंने इसके लिए उन्हें कुछ उपाय बताए, हनुमान चालीसा पढ़ने को कहा और अन्य विधान बतलाए जिसका उन्होंने पालन किया। उसके बाद पंडित धीरेन्द्र शास्त्री ने साधना की, तपस्या की और काफी हवन किया। उन्होंने दादा गुरुजी की खूब सेवा की। सन् 2010 में काशी में उनके दादा गुरुजी का स्वर्गवास हो गया।

उस समय धीरेन्द्र शास्त्री की उम्र करीब चौदह साल की थी।

पंडित धीरेन्द्र शास्त्री बताते हैं, "उन महापुरुष की ही देन है कि हमको हनुमान जी की साधना, जीवन जीने की कला, बात करने का ढंग और जीवन को कैसे जीना चाहिए, सब कुछ पता चला। मतलब सीधी सी बात, हनुमान जी से मिलवाने का श्रेय उन महापुरुष को है। अब वह किस्मत से हमारे दादा गुरुजी हैं। तब से फिर आज भी वह याद और आभास हर समय रहता है।"

तो कुल मिलाकर मंदिर का इतिहास यही है और ज्यादातर धीरेन्द्र शास्त्री के परिवार से ही जुड़ा हुआ है।

अध्याय 2

बचपन

जब पारले जी खाकर गुजारे कई दिन

4 जुलाई 1996 की वो तारीख थी, जब मध्य प्रदेश के छतरपुर जिले के गढ़ा के एक ब्राह्मण परिवार में पिता रामकृपाल गर्ग और माता सरोज देवी गर्ग की पहली संतान के रूप में एक बालक ने जन्म लिया। पिता निम्न आय वाले ब्राह्मण परिवार के थे जो खुद छह भाई हैं। उन सबकी कुल मिलाकर लगभग सात एकड़ खेती थी, जिससे और थोड़ी बहुत पंडिताई से इन सभी छह परिवारों का गुजर-बसर होता था। माता-पिता ने अपने पहले सुंदर से बेटे का नाम रखा धीरेन्द्र। इसको प्यार से धीरू कहकर बुलाते। सो धीरू के बाद परिवार में पहले एक बहन रीता और फिर एक भाई शालिग्राम का जन्म हुआ। चूंकि माँ सरोज शुरू से ही धार्मिक प्रवृति की रहीं, सो इसका प्रभाव सीधे तौर पर धीरू यानि धीरेन्द्र पर भी पड़ा। इसके साथ ही पिता जी के ज्यादा कुछ आय के साधन न होने के चलते, माँ ने बच्चों के लालन-पालन की जिम्मेदारी एक तरह से खुद उठा रखी थी। जब धीरेन्द्र के स्कूल जाने का समय आया तो वहीं से शुरू हुई उनके जीवन के असल संघर्ष की कहानी।

लेकिन इस कहानी से पहले एक दिलचस्प बात जान लेनी जरूरी है। एक प्रसिद्ध कहावत है—*पूत के पांव पालने में*। ऐसी मान्यता है कि कोई आध्यात्मिक घटना जब होती है तो प्रकृति उसके संकेत पहले से देने लगती है। सब कुछ भगवत कृपा से होता है। तुलसीदास जी ने भी लिखा है—*बिनु हरि कृपा मिलहिं नहि संता*। तो ऐसा ही कुछ धीरेन्द्र शास्त्री के जन्म से पहले भी हुआ। वे जब अपनी माँ के गर्भ में ही थे, तो घर के आंगन में तुलसी के पौधे के पास हनुमान जी और गणेश जी की छोटी-छोटी मूर्तियाँ मिलीं! शायद यह भविष्य का बड़ा संकेत था कि एक दिन यह बालक दुनिया भर में हनुमानजी के बड़े साधक के रूप में ख्याति प्राप्त करेगा।

स्कूली शिक्षा और जीवन का संघर्ष

धीरेन्द्र शास्त्री की शिक्षा-दीक्षा दादा गुरु के चरण में ही हुई। वे यहीं बागेश्वर धाम पर ज्यादातर रहे। वे स्कूल भी जाते थे लेकिन उनकी उपस्थिति ज्यादा नहीं हो पाती थी। परिवार चूँकि अभावग्रस्त था तो उन्हें सेवा-कथा भी करनी पड़ती थी। इस तरह उन्होंने आठवीं तक शिक्षा गाँव में ही प्राप्त की। आठवीं के बाद उन्होंने गाँव से पाँच किलोमीटर दूर गंज स्कूल में दाखिला लिया। वहाँ वे कभी बस से, कभी किसी की साइकिल-मोटरसाइकिल पर निवेदन करके तो कभी पैदल ही जाते थे। बारहवीं के बाद उन्होंने प्राइवेट से बीए किया। इसके बाद बाला जी की सेवा में ऐसे लीन हुए कि पढ़ाई नहीं कर पाए। लेकिन ये चंद पंक्तियाँ पंडित धीरेन्द्र शास्त्री की शिक्षा और संघर्ष की पूरी कहानी नहीं हैं।

गढ़ा गाँव के स्कूली शिक्षक सुरेंद्र सिंह परमार धीरू यानि धीरेन्द्र के छात्र जीवन पर प्रकाश डालते हैं। वे बताते हैं, "धीरेन्द्र साल 2000 से लेकर 2007-08 तक माध्यमिक शाला, गढ़ा में पढ़े। इसके बाद फिर उन्होंने गंज गाँव के स्कूल में एडमिशन लिया। हमारे गढ़ा के स्कूल में पाँच साल की उम्र में पहला एडमिशन लिया जाता था तो उसके बाद ही उन्होंने हमारे यहाँ एडमिशन लिया। उनको कक्षा एक से लेकर आठ तक हम लोगों ने पढ़ाया। शुरुआत से ही वे पॉजिटिव सोच के रहे। कहते हैं न कि *होनहार बिरवान के, होत चिकने पात*। सो शुरू से ही ये अलग थे और धीरेन्द्र वैसे ही थे, जैसे आज हैं।

"छोटे भाई उनके शरारती थे तो उनका ख्याल रखते हुए कहते थे, सर, इनको आप बिठा के पढ़ाइए। लेकिन खुद गंभीरता से पढ़ते थे। रवैया बहुत अच्छा था। बातचीत, उठना, बैठना सब एकदम व्यवस्थित। पढ़ने में भी रुचि रखते थे। चूंकि इनके परिवार की बहुत कमजोर स्थिति थी तो बहुत छोटी सी उम्र में ही इनको सब सीखने की ललक थी। कि हम जल्दी से कथा करना सीख लें, जिससे घर चला सकें।"

धीरेन्द्र के घर में परिस्थितियाँ बहुत विपरीत थीं। पिताजी कुछ करते नहीं थे। माताजी का संघर्ष और प्रभाव शुरू से ही घर में रहा। धीरेन्द्र, उनकी बहन और भाई, तीनों बच्चों के लालन-पालन का बीड़ा, इनकी माताजी ने ही उठाया। माताजी ने ही जो व्यवस्थाएँ खुद से हुईं या सहयोग लेकर बच्चों को बड़ा किया। ऐसी परिस्थितियों में समझदारी इनमें बचपन से ही रही। जैसे माँ का साथ देना, पिता का साथ देना और भाई-बहन की चिंता करना। यह सब दस-ग्यारह साल की उम्र में भी उनमें था।

थोड़ी बहुत जो कुछ भी कथा अपने गाँव में कर लेते थे, जैसे गाँवों में होती है, महालक्ष्मी, संतान सप्तमी व्रत के मौके पर। चूंकि गाँवों में पंडितों के बीच आपस में बंटवारा रहता है कि किस घर में धार्मिक कार्य संपन्न कराने कौन जाएगा। चूंकि धीरेन्द्र के पिताजी कथा करते नहीं थे, सो कम उम्र में ये ही गाँव के घरों में कथा करने जाने लगे।

स्कूल में उस समय कुल पाँच सरकारी शिक्षक थे—सुरेंद्र सिंह, राजेंद्र सिंह, ठाकुरदास, अनिल सिंह परिहार और हेमराज शिवहरे। बच्चे ज्यादा थे तो कुछ अतिथि शिक्षक भी होते थे। धीरेन्द्र के चाचा के लड़के दिनेश गर्ग भी वहाँ अतिथि शिक्षक थे। गढ़ा, बंधिया और संदना से आने के कारण उस स्कूल में बच्चों की संख्या भरपूर रहती थी। उस समय भी उस स्कूल में लगभग 400 बच्चे पढ़ते थे। आज भी उस स्कूल में बच्चों की संख्या 300 से अधिक ही है।

सुरेंद्र सिंह आगे बताते हैं, "उस समय स्कूल ड्रेस के पैसे, माता या पिता के खाते में भेजे जाते थे। धीरेन्द्र ड्रेस पहनकर ही स्कूल आते। उनको कभी कुछ ज्यादा कहना नहीं पड़ता था। एक बार जो देखा या हमने एक बार जो कह दिया, उसका पालन फिर खुद से करने लगते थे। किताबों आदि की व्यवस्था वैसे तो सरकारी होती थी, कभी कुछ कमी रह जाती तो हम लोग सहयोग कर देते थे। पढ़ाई में अच्छे थे। हमेशा फर्स्ट या सेकण्ड स्थान पर ही आते। सवाल हर चीज पर पूछते थे कि सर, ये कैसा रहेगा, वो कैसा रहेगा?

हम लोग भी बोल देते थे, भैया, संस्कृत वगैरह सीखो। आप पंडित हो और आपको तो करना है कुछ-न-कुछ। तो कहते, सर, करना ही है। मतलब कोई बात कहो तो सुनते और उस पर गौर करके प्रतिक्रिया तुरंत करने लगते थे। जो भी आज क्लास में बताया तो दूसरे दिन सीख कर आना, बता देना, होमवर्क वगैरह सही करके आते थे।

जब बहुत छोटे थे तो वो स्कूल के बच्चों के बीच ही भविष्य बताने लगते थे। कहो स्कूल में ऐसे ही करने लगें जैसे अभी दरबार लगाते थे। बच्चों को बताते थे कि तुम्हें यह समस्या है। यह सब शुरुआत से लगभग दस-ग्यारह साल की उम्र से ही करने लगे थे। हालांकि हम शिक्षकों का डर रहता था, सो हम लोगों के सामने नहीं करते थे। लेकिन जब बच्चों के साथ होते तो यही सब करते। भले ज्यादा ज्ञान न हो ज्योतिष का लेकिन उनको लगता था कि हमें ऐसा करना है। अच्छा, गाने में इनको बहुत ज्यादा रुचि थी। ये जो कीर्तन होते हैं गाँव में, उसमें इनको गाने-बजाने का बहुत शौक था।"

शिक्षक सुरेंद्र सिंह की छोटे बच्चों के बीच भविष्य बताना और धर्म, ज्ञान की बातें करने की इसी बात को पंडित धीरेन्द्र शास्त्री के एक परिजन आगे बढ़ाते हैं। वे बताते हैं कि "महाराज जी लगभग नौ साल की उम्र से कर्मकांड करने लगे थे। दादा-परदादाओं से हमारे पूरे परिवार को यही संपत्ति मिली। लोगों को धन-संपत्ति मिलती है, हम लोगों को सनातन धर्म की संपत्ति मिली। सनातन संस्कृति और वैदिक पद्धति से जुड़ाव, कर्मकांड आदि यह सब विरासत में हमको मिला है। कर्मकांड तो परिवार में सब लोग करते हैं लेकिन हनुमान जी की विशेष कृपा, विशेष सिद्धि यह सिर्फ महाराज जी यानी धीरेन्द्र शास्त्री जी पर है। महाराज जी को दस-ग्यारह साल की उम्र से कुछ अलग अनुभव होने लगा था। इसके बाद उन्होंने हस्त रेखा देखना प्रारम्भ किया। इसके बाद वे लोगों का भविष्य भी बताने लगे थे। जब इतनी कम उम्र में छोटा सा बालक, किसी का भविष्य बताए तो लोगों के बीच जिज्ञासा उठना स्वाभाविक था। लोग सोचते कि कुछ और भी पूछ लें। भविष्य जानने की हर किसी की जिज्ञासा होती है। तो लोग उनसे प्रश्न करने लगे और वे भी बड़े मनोभाव से लोगों की जिज्ञासा का समाधान करने लगे। स्कूल में ही दोस्तों के बीच यह चर्चा आम हो चुकी थी कि महाराज जी भविष्य बताते हैं। इसके साथ ही ज्योतिष भी बताते हैं और हस्तरेखा भी देखते हैं। इसी से बात आगे चल पड़ी और आपस में एक-दूसरे से संपर्क होते हुए बाहर से भी लोग उनसे अपना भविष्य पूछने आने लगे।"

बचपन में तो वैसे सारे बच्चे कुछ-न-कुछ शरारती होते हैं, लेकिन धीरेन्द्र उस हिसाब से शांत और संयत थे। वे कभी ऐसा काम नहीं करते थे कि उनके गुरुजन या उनके बड़े कभी उन्हें गलत समझें। हाँ, गीत-संगीत में उनकी रुचि रहती थी।

शिक्षक सुरेंद्र सिंह कहते हैं कि "गाना गाने में उनकी ज्यादा रुचि रही है। ज्यादातर धार्मिक या कभी फ़िल्मी भी गाए। फूहड़ गाने कभी नहीं गाए। स्कूल में जैसे बालसभा होती थी, उसमें गाया करते थे। राष्ट्रगीत में सबसे आगे खड़े होकर गाना। कोई धार्मिक भजन भी गा देते थे। उन्होंने जो संस्कृत में सीखा वो भी बोल देते थे।" धीरेन्द्र गणतंत्र दिवस या स्वतंत्रता दिवस के अवसर पर अपने शिक्षकों से पूछते थे कि उन्हें भाषण में क्या बोलना चाहिए। ऐसे में उनके शिक्षक उन्हें भाषण लिखकर देते थे और वह उसे अच्छे से बोल देते थे। यानी भाषण कला में वह बचपन से प्रवीण थे और इसमें उनकी रुचि थी जो आगे जाकर और निखरकर आई। सुरेंद्र सिंह कहते हैं, "उनकी जो वाक्पटुता रही, वह पहले से है। सार्वजनिक स्वभाव में

यह बच्चा कभी गंभीर नहीं रहा। सबसे हंस के बोलना, मस्ती मजाक करना, यही अंदाज बचपन से अब तक है।"

शायद भाषण कला में उनकी रुचि उनकी पारिवारिक पृष्ठभूमि की वजह से भी थी। पंडितों के परिवार में कथा-वाचन की सदियों पुरानी परंपरा थी और जजमानों के यहाँ बालक धीरेन्द्र को अपने घर की कमजोर आर्थिक स्थिति की वजह से बचपन से जाना पड़ता था। ऐसे में बोलने की कला उनमें धीरे-धीरे निखरती गई हो, तो कोई आश्चर्य नहीं।

धीरेन्द्र शास्त्री को क्रिकेट बहुत पसंद है और उनके कई वीडियो वायरल हैं। ऐसा नहीं है कि इसका शौक उन्हें बाद में लगा। वे बचपन से ही क्रिकेट प्रेमी रहे हैं। लेकिन दूसरे खेल भी खेलते थे। शिक्षक सुरेंद्र सिंह कहते हैं, "पसंदीदा खेल तो क्रिकेट जो उनको शुरू से ही पसंद है। लेकिन स्कूल में थोड़ा बहुत जो खेलना हुआ वो छुवा छुव्वल, खो खो, सितोलिया जैसे सभी ग्रामीण खेल खेला करते थे। किसी एक क्षेत्र की बात नहीं है। हर क्षेत्र में रूचि रखते थे। एक्स्ट्रा आर्डिनरी बच्चा ऐसे ही होता है। किसी एक चीज पर फोकस रहने की बजाय, हर चीज पर थोड़ा-थोड़ा ध्यान रखते थे।"

धीरेन्द्र चाहते थे कि वे बहुत आगे तक पढ़ाई करें। लेकिन घर की परिस्थितियाँ कुछ ऐसी थीं कि जहाँ तक बन पाया, उतना ही पढ़ पाए। जब तक गढ़ा गाँव में रहे, वहीं पढ़े। उसके बाद गंज गाँव में पढ़े और अध्ययनरत रहे। बहुत बाद में जब वे बनारस गए तो थोड़ा और परिष्कृत हुए और संगीतमय भागवत करने लगे।

जब जटाशंकर धाम पर पाँच से ग्यारह रुपए में कथा करते थे पंडित धीरेन्द्र

धीरेन्द्र शास्त्री के एक करीबी परिजन बताते हैं कि उस समय उनकी उम्र नौ-दस साल की रही होगी। आय के स्रोत तो उस समय गढ़ा गाँव में थे नहीं। स्थितियाँ भी ठीक नहीं थीं। जटाशंकर में उनके रिश्ते के एक मामा रहते थे। उन्होंने उन्हें अपने पास बुला लिया जो उनके गाँव से करीब पैंसठ किलोमीटर दूर था। योजना यह थी कि वहाँ पर धीरेन्द्र सत्यनारायण की कथा करेंगे और कुछ दक्षिणा प्राप्त कर परिवार की आर्थिक मदद करेंगे। ऐसे में वे समय-समय पर जटाशंकर धाम चले जाते थे। उन कथाओं में कभी उन्हें पाँच तो कभी ग्यारह रुपये दक्षिणा मिल जाती थी जो उस अभाव की घड़ी में उनके लिए बड़ी एक राशि थी।

जटाशंकर धाम मध्य प्रदेश के छतरपुर जिले में बिजावर तहसील से लगभग 15 किमी दूर स्थित एक प्राचीन और पवित्र हिंदू तीर्थ स्थल है। यह मंदिर भगवान शिव को समर्पित है और इसे 'बुंदेलखंड का केदारनाथ' भी कहा जाता है। मंदिर एक प्राकृतिक गुफा में स्थित है, जो घने जंगलों और सुंदर पहाड़ियों से घिरी हुई है। यह स्थान अपनी आध्यात्मिक शांति, प्राकृतिक सौंदर्य और धार्मिक महत्त्व के लिए प्रसिद्ध है।

माना जाता है कि जटाशंकर धाम की स्थापना चौदहवीं शताब्दी में राजा विवस्तु ने करवाई थी। किंवदंती के अनुसार, भगवान शिव ने स्वयं राजा को इस स्थान के बारे में दर्शन दिए और यहाँ शिवलिंग की प्राण-प्रतिष्ठा करवाई गई।

मंदिर का नाम 'जटाशंकर' भगवान शिव के जटाओं से प्रेरित है, क्योंकि यहाँ गुफा में प्राकृतिक रूप से बने शिवलिंग को श्रद्धालु पूजते हैं। मंदिर परिसर में तीन छोटे-छोटे जल कुंड हैं, जिनका पानी कभी खत्म नहीं होता और मौसम के विपरीत तापमान रखता है (ठंड में गर्म और गर्मी में ठंडा)। इन कुंडों में स्नान करने से चर्म रोगों के ठीक होने की मान्यता है। यहाँ स्नान की एक विशेष प्रक्रिया है, जिसमें पहले कुंड में पीठ के बल लेटकर स्नान किया जाता है, फिर झरने के नीचे और अंत में छोटे कुंडों में स्नान किया जाता है।

यह मंदिर हिंदुओं के लिए एक महत्त्वपूर्ण तीर्थ स्थल है, जहाँ भगवान शिव का गौमुख से निरंतर जलाभिषेक होता रहता है। माना जाता है कि यहाँ भगवान शिव ने भस्मासुर के प्रकोप से बचने के लिए कुछ समय तक विश्राम किया था।

लेकिन गढ़ा गाँव से जटाशंकर धाम की दूरी करीब 65 किलोमीटर थी। ऐसे में स्कूली पढ़ाई के साथ वहाँ जाने का भी एक अलग संघर्ष था। शिक्षक सुरेंद्र सिंह बताते हैं कि "उस समय यह बात तो समझ आने लगी थी कि इनके सपने बड़े हैं और अच्छे भी हैं।"

इसका अंदाजा इसी बात से लगाइए कि इतनी छोटी सी उम्र में घर के बड़े बेटे के कर्तव्य निभाना, संघर्ष करके जटाशंकर धाम कथा करने जाना। यह बताता है कि उनके अंदर ईमानदारी और कर्मठता थी कि हमको कुछ-न-कुछ करना है। यही बात उनको आज शीर्ष पर ले गई।'

बालक धीरेन्द्र जटाशंकर धाम टैक्सी से जाते थे। गाँव की टैक्सियाँ उधर जाती रहती थीं। जाते समय किराया नहीं होता था तो वे टैक्सी वालों से कह देते कि कथा के बाद जो दक्षिणा मिलेगी उसमें से किराया दे देंगे। अक्सर वे पूर्णिमा से एक दिन

पहले जटाशंकर जाते थे, फिर पूर्णिमा के दिन कथा करके तीसरे दिन वापस आ जाते थे। इसमें उनके मामा ने जटाशंकर में खूब सहयोग किया क्योंकि हर धार्मिक क्षेत्र में स्थानीय पंडितों और पंडों का बोलबाला रहता है तो ऐसे में जटाशंकर धाम में मामा के सहयोग के बिना यह संभव नहीं हो पाता।

जब तेरह साल के धीरेन्द्र मकान के लिए एसडीएम के पास पहुँचे

बालक धीरेन्द्र बचपन से ही बहुत साहसी थे। इसका एक उदाहरण तो तब मिला जब वे महज तेरह साल की उम्र में मकान की मांग को लेकर एसडीएम के पास पहुँच गए। उन्होंने एक सरकारी मकान चिह्नित किया और उस अधिकारी को उसे अपने नाम आबंटित करने को कहा। शिक्षक सुरेंद्र सिंह बताते हैं, "यह सुनकर एसडीएम साहब चौंके, फिर थोड़ी डांट भी लगाई कि सरकारी मकान ऐसे थोड़े ही मिलता है। दरअसल जहाँ पर अभी उनका भवन है, उसी के पास स्कूल की एक पुरानी इमारत थी। क्योंकि उनका जो घर था वह ठीक हालत में नहीं था सो हम लोगों ने कहा कि वह पुरानी स्कूल की बिल्डिंग खाली पड़ी है, वहाँ रहने लगो। फिर उनका मन यह हुआ कि हम इसे अपने नाम वैसा करवा लें, लिखा-पढ़ी करके। बालमन में कोई सरकारी सिस्टम या नियम का ज्ञान तो था नहीं। तो सीधे पहुँच गए एसडीएम साहब के पास कि 'सर हम जरूरतमंद हैं, ये बिल्डिंग हमारे नाम कर दीजिए।' जब एसडीएम साहब ने पता किया कि यह सरकारी इमारत की बात कर रहे हैं, तो उन्होंने इनको भगा दिया।"

धीरेन्द्र शास्त्री का पहनावा-ओढ़ावा सब कुछ बचपन से ही विशिष्ट रहा। वे शुरू से ही गेरुआ वस्त्र पहनते रहे। कुर्ता-पजामा शुरू से ही पहनते रहे। बचपन में इतने पैसे कभी नहीं हो पाए कि वे जींस-शर्ट खरीद सकें तो वे कुर्ता-पजामा ही पहनते थे।

उन्हें बाइक और कार का बचपन से ही शौक था—हालाँकि उतने पैसे नहीं थे।

उनके परिजन बताते हैं कि जब उनके पास थोड़ा पैसा आया तो उन्होंने स्मार्ट गाड़ी, एक पुरानी फटफटिया हीरो बाइक खरीदी। उन्होंने तो उस बाइक को कम चलाया लेकिन गाँव के ज्यादातर युवाओं ने इसी बाइक से चलाना सीखा। उनके गाँव के एक संबंधी का कहना है, "दरअसल महाराज जी का दरबार लगता था तो चाय आदि के लिए सामान की जरूरत पड़ती। अब गाँव में तो कुछ मिलता नहीं था, सो इसी बाइक से गाँव के लड़के कभी दूध लेने जाते तो कभी शक्कर-चाय पत्ती। ऐसा करते-करते गाँव के ये लड़के बाइक चलाना सीख लिए।"

पंडित धीरेन्द्र शास्त्री के व्यक्तित्व की दो विशेषताएँ खास हैं, एक तो वे अपने संघर्ष के दिनों को नहीं भूलते और दूसरा, वे अपनों को यथोचित सम्मान देना नहीं भूलते। *बुंदेली बौछार* के इंटरव्यू में अपने संघर्ष की कहानी पर बात करते हुए वे स्वयं स्वीकार करते हैं, “हम तो जाति से ब्राह्मण हैं, सो जीवन भर रहना है। कल भी मांगने वाले बामन (ब्राह्मण) कहलाते थे और जीवन भर यही कहलाएँगे। प्रारम्भ में बड़ी विचित्र संघर्ष की स्थिति रही। पिता जी कुछ करते नहीं थे। घर पर ही रहते थे। दो भाई और एक बहन में हम ही सबसे बड़े थे। सो गाँव में भीख मांगकर, सत्यनारायण की कथा बांच कर परिवार चलाया।” धीरेन्द्र शास्त्री ने कहा कि उनके दादा जी के समय से यह नियम है कि मंदिर पर चढ़ने वाली किसी भी प्रकार के चढ़ावे का निजी जीवन में उपयोग नहीं करना है। उनके मुताबिक इसीलिए इस धाम की महिमा है। क्योंकि यहाँ से कोई खाली नहीं जाता। उन्होंने कहा कि अभाव में उनका जीवन चला और जब राम दया हुई, जब बागेश्वर बालाजी की दया हुई तो भागवत कृपा से भोजन-पानी भी अच्छा चल रहा है।

वहीं अपनों के सम्मान की बात को कुछ यूँ समझिए कि उनके पिता राम कृपाल गर्ग के छह भाइयों के कुल कई बेटे और बेटियाँ हैं। लेकिन बड़ी बात यह है कि धीरेन्द्र इतने बड़े परिवार में सबके मान-सम्मान का पूरा ख्याल रखते हैं। बचपन से लेकर आज तक, सभी परिवार के बड़ों के वे पैर छूते हैं। जब भी मिल जाएँ, चाहे चाचा हों या चचेरे भाई हों या चाची हों। कुछ ऐसी ही बात उनके शिक्षक भी गर्व से कहते हैं कि बड़ों के लिए, शिक्षकों के लिए आदर-सम्मान हमेशा से रहा। आज भले वो व्यस्तता के चलते ज्यादा समय न दे पाते हों, लेकिन कहीं भी मिल जाएँ तो पहले जैसा सम्मान आज भी देते हैं। उसमें कोई कमी नहीं है।

जब पं धीरेन्द्र शास्त्री ने एक कथा के दौरान सुनाईं अपने संघर्ष की कहानियाँ

बागेश्वर धाम के पीठाधीश्वर पं धीरेन्द्र शास्त्री ने एक दिन हजारों लोगों के सामने अपने बचपन का संघर्ष खुलकर बताया। एक-एक करके कई कहानियाँ ऐसी जिन्हें वे रोते-रोते सुनाते रहे और हजारों लोग रोते-रोते ही सुनते रहे। वे कहते हैं कि “याद रखना मेरे पागलो, इस जमाने में सिर्फ अमीरों की पूछ है। नाम भी अगर लिया जाता तो अमीरों का लिया जाता, महिमा भी बताई जाती तो अमीरों की बताई जाती। इस जमाने में याद रखना, अगर आपके पास धन नहीं है तो यह सबसे बड़ा

कष्ट है। यह सबसे बड़ा श्राप है। मेरे जैसे साधु-गरीब का तो सिर्फ परमात्मा होता है, गरीब का सिर्फ भगवान कृष्ण है, गरीब का कृष्ण के अलावा कोई दूजा नहीं है। याद रखना। आज के ज़माने में निमंत्रण कार्ड भी उसी को दिया जाता जो व्यवहार लौटने की क्षमता रखता है। कभी आप अपने मन से विचार करना, यहाँ पर बहुत से लोग ऐसे बैठे हैं जो कल तक जीरो थे लेकिन आज हीरो बन गए। कभी विचार करना, जब तुम्हारी ज़िन्दगी में बुरे दिन थे तो तुम्हारे सगे-रिश्तेदार भी अपनी रिश्तेदारी बताने से कतराते थे। आज तुम्हारे पास नाम आ गया, पद आ गया, धन आ गया तो दूर के रिश्तेदार भी अपना करीब का रिश्तेदार बताने लगे होंगे। ये ज़माने की रीति है। ये संसार की रीती है। हमने तो बहुत नजदीक से देखी ये सब बातें बचपन काल में।”

पंडित धीरेन्द्र शास्त्री जिस गाँव में रहते थे, वहीं भिक्षा भी माँगते थे। तब उनकी आयु रही होगी कोई आठ साल। भिक्षा से जो मिलता था उसी से उनके छोटे बहन-भाई का भोजन चलता था। साथ ही, पुरोहित कर्म भी करते थे। कोई अगर सत्यनारायण की कथा बचवाने आए तो उस जमाने में उनको सत्यनारायण कथा बांचने के लिए पाँच रुपए मिलते थे। उन पाँच रुपए में से दो रुपए की शक्कर-चायपत्ती और सवा रुपए में पारले जी बिस्कुट लाते थे। इतनी विचित्र दशा कि भोजन की ठीक से व्यवस्था नहीं हो पाती थी इसलिए पारले जी बिस्कुट खा कर उन्होंने आठ-आठ दिन गुजारे। जिसके लिए वो कुछ ऐसे बताते, “भैया, ये बात हम आपको इसलिए बता रहे हैं कि हमने अपनी आंखों से वो दिन, वो अंधेरी रातें देखी हैं। वो लोगों की अवहेलना करना हमें आज भी याद है। पहले हमारे पिताजी का नाम लोग कार्डों तक में नहीं लिखते थे। क्यों? क्योंकि उन्हें पता था कि यह गरीब है, इनके कपड़े भी ठीक नहीं, ये व्यवहार भी नहीं पटा (चुका) पाएँगे। लेकिन हमारी माँ ने हमें एक शिक्षा बहुत अच्छी दी। वो कहती थीं कि बेटा, हम लोग गरीब जरूर हैं, पर जब भी तुम घर से निकलना, मुस्कुराते हुए निकलना, दुनिया को यह पता न लगे कि हम लोग भूखे हैं।”

अपनी माँ के ये शब्द बालक धीरेन्द्र को चोट कर गए। माँ ने कहा था कि बेटा, धैर्य रखो, ईश्वर सब देख रहा। एक दिन अपने भी दिन आएँगे। जब बारिश आती थी तब उनके घर पर आफत आ जाती थी क्योंकि एक छोटा सा कमरा था, वो भी खप्पर वाला। पूरी बारिश भर पलंग के नीचे छिप कर वो तीनों भाई-बहन रहते थे। वो शिक्षा पाने के लिए वृन्दावन भी नहीं जा पाए। इसके बारे में उन्होंने खुद बताया,

"हम चंदन लगाते थे तो लोग खिल्ली उड़ाते थे। फटे कपड़े पहने बड़ा पुजारी बना घूम रहा है। हम क्या बोलें, क्या कहें और किसको? शायद भगवान ही हंस रहे हों। हमको भागवत पढ़ने के लिए वृंदावन जाना था। बचपन की उस छोटी अवस्था में वृंदावन जाने के लिए हमको दो हजार रुपए की आवश्यकता पड़ी। आज भी वो दिन याद है हमको। उसके लिए कई जगहों पर उधार मांगा। रुपए उधार नहीं मिले। क्यों? क्योंकि अगर कोई उधार दे देते, तो शायद हम चुका नहीं पाते। ये ज़माना बड़ा उल्टा है, यारो। इस ज़माने में उधार भी उसी को दिया जाता है जो अमीर हो।"

उनकी गरीबी का ये आलम था कि दीवाली के समय पटाखे तक चलाने के लिए पैसे नहीं होते थे। वे गली-मुहल्लों में बिना फूटे पटाखे ढूँढ़ते रहते थे। उस समय उस इलाके के गाँवों में काशीराम के पटाखे चलते थे। जब रात को लोग पटाखे चला लेते थे तो बालक धीरेन्द्र उन पटाखों में बिन फूटे पटाखे ढूँढ़ा करते थे। दो-चार सौ फुँके पटाखों में से कोई एकाध साबुत मिलता था तो वे अपनी माँ को दिखाते थे। इस बारे में उन्होंने खुद ही एक प्रवचन में कहा, "भगवान करे वो दिन किसी की जिंदगी में ना आए। भगवान करे आप सबकी जिंदगी में खूब खुशियाँ रहें। एक बात बोलें, भैया। इन दुनिया वालों से कभी अपेक्षा मत रखना। ये दुनिया तुम्हारी अवहेलना के अलावा कुछ नहीं करेगी। ये दुनिया के पास तुम कुछ भी आशा लेकर जाओगे, तुम्हें सीढ़ी बनाएगी। बस हमने अपने बालाजी को नहीं छोड़ा। सब उसका ऐसा चमत्कार है।"

हनुमान चालीसा पर था अटूट भरोसा

गढ़ा गाँव मुख्य हाइवे से पाँच किलोमीटर दूर है। उस समय पक्की सड़क नहीं बनी थी, उस पर पाँच किलोमीटर पैदल जाना होता था। सबके पास तो पहले साइकिल होती थी लेकिन धीरेन्द्र पैदल ही स्कूल पढ़ने जाते थे। पूरे रास्ते एक क्रम था उनका। वो हनुमान चालीसा पढ़ते हुए ही जाते थे और वही पढ़ते हुए आते थे। ऐसे तो दुःख कुछ नहीं, बस कभी-कभी दुःख होता था जब याद आता है कि उनकी छोटी बहन की शादी के लिए घर में पैसा नहीं था। लोगों से उधार मांगने के बाद भी पैसे कम पड़ रहे थे। उनके घर में दो-तीन पशु थे जिन्हें बेचकर बहन की शादी के लिए कुछ धन का इंतजाम हुआ। लेकिन उन्होंने उसी दिन बालाजी के सामने एक प्रण लिया था कि बालाजी, हमारी ज़िन्दगी में कभी वो दौर आएगा, अगर गुरु ने चाहा तो हम एक दिन ऐसा लाएँगे कि हम भी गरीब बेटियों का विवाह कर सकें। जैसे हमें

अपनी बहन की शादी के लिए दर-दर की ठोकर खानी पड़ी, वैसी किसी भाई को न खानी पड़े।

धीरेन्द्र शास्त्री के घर की ऐसी हालत थी कि पहनने के लिए ज्यादा कपड़े नहीं थे। उनके पास सिर्फ एक पजामा था जिसे धोकर रात में सूखने के लिए दे देते थे। धोने के लिए घर में सर्फ तक नहीं था तो उसे यूँ ही सादे पानी में धो देते थे और सुबह पहनकर स्कूल चले जाते थे। वहाँ दूसरे बच्चे उन्हें चिढ़ाते थे कि वो एक ही कपड़े पहनकर रोज स्कूल आ जाते हैं, लेकिन वे उनसे झूठ बोल देते थे कि आज दूसरा पजामा पहनकर आए हैं। कई लोग उपहास में बोलते थे कि भगवान के भजन से उन्हें क्या मिल गया। लेकिन उनकी माँ हिम्मत देतीं और कहतीं, बेटा, प्रभु को मत भूलना। एक दिन अपना भी समय आएगा।

अशोक नगर में आयोजित कथा में यह रोचक और भावुक किस्सा सुनाया। जिस जमाने में टीवी का उतना प्रचलन नहीं था उस जमाने में उनके गाँव में रहने वाले एक सज्जन ब्लैक एंड वाइट टीवी खरीद लाए जहाँ धीरेन्द्र शास्त्री टीवी देखने जाते थे। वही क्यों, पूरा मोहल्ला ही देखने जाता था। उस समय धीरेन्द्र शास्त्री की उम्र यही कोई आठ-दस साल रही होगी। पता नहीं एक दिन क्या हुआ, वे सज्जन रुष्ट हो गए और उन्होंने अपनी माँ से कहा कि ये लोग रोज-रोज टीवी देखने आ जाते हैं—बंद करो टीवी। धीरेन्द्र ने उन्हें कुछ नहीं कहा, सिर्फ मुस्कुराकर 'सीताराम' बोले। उस सज्जन ने 'सीताराम' का जवाब तक नहीं दिया। धीरेन्द्र चुपचाप अपने घर लौट आए। माँ ने पूछा कि वे क्यों लौट आए, तो धीरेन्द्र ने जवाब दिया कि बिजली चली गई थी।

उस समय धीरेन्द्र शास्त्री की आँखों में आँसू आ गए। उन्होंने प्रण लिया कि वे टीवी तभी देखेंगे जब उनकी अपनी टीवी होगी। उनके मन में ऐसा जुनून जगा कि वे जब किसी के घर कथा भी बाँचने जाते तो उस कमरे में नहीं बैठते जहाँ टीवी लगी होती। किसी बस में बैठते तो सामने टीवी को न देख नज़रें नीची किए सीट पर बैठे रहते। आखिरकार उन्होंने 3800 रुपये में एक ब्लैक एंड वाइट टीवी खरीदी—जिसे देखकर मोहल्ले के कुछ लोगों ने मजाक भी उड़ाया। लेकिन यह धीरेन्द्र शास्त्री की एक जीत थी। वे उस दौर को याद करते हुए कहते हैं कि यह गुरु हनुमानजी की कृपा है कि एक समय उन्हें टीवी नहीं देखने दिया गया था और आज लोग उन्हें टीवी पर देखते हैं!

जब ट्रेन में बिना टिकट पकड़े गए पं धीरेन्द्र शास्त्री

पं धीरेन्द्र शास्त्री अपने जीवन की इस रोचक घटना को कई बार सुना चुके हैं। एक बार एक टीवी पत्रकार ने पूछा कि क्या कभी आप बिना टिकट ट्रेन में पकड़े गए थे?

इस पर उन्होंने हँसकर कहा, "हाँ, पकड़ा गया था, पर जिस टीटी ने पकड़ा, उसी से 1100 रुपये लेकर उतरा! उस वक्त बजरंग बली की कृपा और सिद्धि मेरे साथ थी[2]।"

दरअसल, हुआ यह कि मथुरा जंक्शन पर उनकी जेब कट गई। जेबकतरों ने उनके 1300 रुपये, उनका प्यारा नोकिया मोबाइल, जिसमें वे साँप वाला गेम खेलते थे, उड़ा लिया। वो साँप! चार बटनों से चलता, गोले खाता, लंबा होता, फिर टकराकर खत्म। आज भी उन्हें याद है कि उसमें कितना मज़ा आता था। कम-से-कम वो खाकर बढ़ता तो था, आजकल के कई बड़े लोग खाते हैं, पर बढ़ते नहीं। खैर, पैसे तो चले गए, अब समस्या यह थी कि टिकट कैसे लें?

हनुमान जी की छोटी-सी एक मूर्ति उनके पास थी। वे कहते हैं, "मैं उनसे मन-ही-मन बात करता हूँ, जवाब भीतर से मिलता है। मैंने पूछा—बजरंगबली जी, टिकट नहीं, कैसे चलें? इस पर उन्होंने कहा, एसी में चल!" रात का समय था, ट्रेन आई और वे ए-1 कोच में चढ़ गए। एसी कोच भरा हुआ था, कोई सीट उपलब्ध नहीं थी। वे बाथरूम के पास खड़े हो गए, लेकिन उनके मन में एसी का आनंद लेने की भावना जोर मार रही थी। वे आगे कहते हैं, "बचपन से समझदार हूँ—गेट खोलता, ठंडी हवा लेता, बंद करता, फिर खड़ा। मज़ा नहीं लिया तो एसी में आने का क्या फायदा?"

फिर एक टीटी आया जिसका नाम अमर सिंह[3] था। उसने टिकट के बारे में पूछा तो उन्होंने कहा कि टिकट होते तो यहाँ खड़ा होता। उसने देखा कि चौदह-पंद्रह साल का लड़का है, तो उसने कहा कि बेटे जनरल में चला जा। इस पर धीरेन्द्र शास्त्री ने कहा कि जनरल में जाना होता तो एसी में क्यों चढ़ता। इस पर टीटी बिफर उठा। उसने कहा, "1250 रुपये फाइन और छह महीने जेल की सजा होगी।" इस पर धीरेन्द्र शास्त्री ने कहा कि उनके पास 1300 रुपये तो थे लेकिन जेबकतरों ने उड़ा लिया, अब उनके पास देने को कुछ नहीं है। इस पर टीटी मोबाइल निकालने लगा—शायद वह पुलिस को बुलाने वाला था। धीरेन्द्र शास्त्री को लगा कि अब तो बेइज्जती होगी। उन्होंने अपना टिफिन निकाला जिसमें हनुमानजी की मूर्ति थी और उनसे कहा, "बेइज्जती करवाओगे?"

फिर उन्होंने उस टीटी से कहा, "तुम्हारा नाम अमर सिंह है?"

"हाँ", लेकिन टीटी ने सोचा कि लड़के ने नेमप्लेट पढ़ ली होगी!

फिर धीरेन्द्र शास्त्री ने उससे कहा, "तुम्हारे बाप का नाम अमुक सिंह, पत्नी का नाम सविता है और तुम्हारे घर दस साल से बेटा नहीं हुआ है?"

यह सुनकर टीटी सन्न रह गया। उसने कहा, "तुम्हें कैसे पता?"

इस पर धीरेन्द्र शास्त्री ने टिफिन के डिब्बे में हनुमानजी की मूर्ति दिखाकर कहा, "ये सब बब्बा का चमत्कार है!"

इसके बाद क्या था! वह टीटी उनका हाथ पकड़कर एक कोच में ले गया और उसने उनसे कहा महाराज यहाँ विराजो। उसने उनसे चाय के लिए पूछा तो उसके बाद क्या हुआ ये खुद धीरेन्द्र शास्त्री की जुबानी सुनिए।

वे आगे कहते हैं, "मैंने पैर फैलाए। वो पूछा, चाय लेंगे? हम बोले नो, कॉफ़ी! चाय कौन पिए? वह टिकट चेक करना भूल गया। झांसी स्टेशन पर मैंने कहा, "जा, बेटा होगा।" उसने 1100 रुपये दक्षिणा दी। मैंने हँसकर कहा, 1300 गए, 1100 आए, 200 टिकट में कट गए!"'

आज वो टीटी धीरेन्द्र शास्त्री का शिष्य है। भगवान की ऐसी कृपा हुई कि उसके घर बेटे का जन्म हुआ जो अब बड़ा हो चुका है। वह आदमी बावन साल की उम्र में पिता बना! धीरेन्द्र शास्त्री का वह बिहारी चेला अब भी दक्षिण रेलवे में काम करता है और बेटे के जन्म के बाद उसका बागेश्वर धाम आना-जाना शुरू हो गया।

इस बीच एक और घटना घटी। पं धीरेन्द्र शास्त्री को दादा गुरु की प्रेरणा से जो कुछ मिला था, उसका अहसास उन्हें होने लगा था। इस बीच एक बार वो अज्ञातवास पर भी गए और फिर कुछ दिनों के बाद लौट आए। तो उनका तेज कुछ अलग ही था। उस समय उन्होंने बारहवीं की पढ़ाई कर ली थी और उनकी उम्र करीब अठारह साल थी।

उनके परिवार के करीबी सदस्य बताते हैं कि लोगों का ज्योतिष बताते-बताते फिर उन्हें दरबार लगाने की प्रेरणा हुई। दरबार कभी घर से चालू किया, कभी मंदिर से चालू किया। ग्यारह-बारह साल की उम्र से उन्होंने यज्ञ करने भी शुरू कर दिए थे।

अज्ञातवास वाली बात हालाँकि बाद की है। वे परिवार में सबको बताकर अज्ञातवास पर गए थे। उन्होंने एक स्थानीय अखबार के जरिए बाकायदा इस बात की सूचना दी थी कि सन्यासी बाबा की हमें प्रेरणा हुई है और हम कुछ समय के लिए अज्ञातवास पर जा रहे हैं। ये बात अपने आप में आश्चर्यजनक है कि धीरेन्द्र महज

अठारह साल की उम्र में अज्ञातवास पर गए और उसका बकायदा ऐलान स्थानीय अखबार में कराया। ये ताज्जुब की बात है कि उन्होंने ऐसा क्यों किया। क्या उन्हें अपनी महत्ता के बारे में उसी समय से एहसास था? या वे अपने परिजनों को किसी मुसीबत में नहीं डालना चाहते थे?

खैर, अज्ञातवास का मतलब तो यही है कि ज्ञात न हो कि कहाँ गए थे, ऐसा ही हुआ भी। किसी को नहीं पता कि धीरेन्द्र कहाँ गए थे। लेकिन इतना पक्का है कि वह कहीं तपस्या करने गए थे। शायद उस समय सवा महीने का संकल्प था। पन्ना जिले के लोगों का कहना है कि धीरेन्द्र शास्त्री ने वहाँ स्थित बृहस्पतिकुंड में साधना की थी जहाँ वे करीब दो महीने तक रहे।

लोगों का भविष्य बताने का काम तो धीरेन्द्र शास्त्री पहले से ही कर रहे थे। जैसे उन्हें सन्यासी बाबा की प्रेरणा हुई तो उन्हीं के आदेश और मार्गदर्शन पर वे चलते रहे। यज्ञ, भजन, पूजन आदि बहुत ज्यादा करने लगे। अज्ञातवास से लौटने के बाद उनकी सिद्धि और प्रसिद्धि बढ़ती गई। बाकी तो शुरुआती समय से ही उनमें कुछ खास था। भले अपने बचपन के समय के हिसाब से, वह उस बात को समझ नहीं पा रहे थे कि उनके पास आखिर बड़ी ताकत है। शुरुआत से ही, उन्होंने जिसे जो कह दिया, वह हुआ है।

जैसे हँसी-हँसी में, उन्होंने किसी से कुछ बोल दिया कि यह होगा और वह हो गया। लेकिन उन चीजों पर कई बार आदमी ध्यान नहीं देता कि उसने क्या बोल दिया। बाद में धीरे-धीरे उन्होंने इस चीज का अनुभव किया कि जो वे बोल रहे थे, वह सचमुच हो रहा था। उन्होंने अपना मूल्यांकन किया। अनुष्ठान किए, साधना की, अपनी सिद्धि को बढ़ाया और इससे उनको दिशा मिल गई कि उनको क्या करना चाहिए।

अध्याय 3
दिव्य दरबार

दरअसल दरबार लगाने यानि लोगों की समस्या बताने और निराकरण का उपाय बताने की परंपरा तो पं धीरेन्द्र शास्त्री के दादा गुरु के समय से रही है। उसके बाद तीसरी पीढ़ी में पंडित धीरेन्द्र शास्त्री ने दरबार लगाना शुरू किया। उन्होंने जब बड़े रूप में यह परंपरा शुरू की और दिव्य दरबार लगाना शुरू किया तो भीड़ उमड़ने लगी। दिव्य दरबार में लोग अपनी मनोकामना लेकर अर्जी लगाते हैं। जो लोग मंच तक पहुँच पाते हैं उनको प्रत्यक्ष एवं बाकि लोगों को सामूहिक अर्जी के जरिये बालाजी से उनकी मनोकामना पूरी करने का निवेदन धीरेन्द्र शास्त्री करते हैं। महत्त्वपूर्ण बात यह है कि दरबार एवं बालाजी सरकार से प्रार्थना यानि पेशी के लिए पं धीरेन्द्र शास्त्री लहसुन, प्याज एवं मांस-मदिरा छोड़ने का आव्हाहन करते हैं।

वैज्ञानिक युग में दरबार या सिद्धि पर, इतने लोगों को विश्वास कैसे दिलाया जाता है? लोगों की सिद्धि पर विश्वास कैसे होता है, इस पर पं धीरेन्द्र शास्त्री *बुंदेली बौछार* के इंटरव्यू में कहते हैं कि "अब यही तो बब्बा जी की दया है। आज के कलयुग में, बागेश्वर धाम की यही तो महिमा है। जब तो पूरे देश और विदेश के आदमी यहाँ से जुड़े हैं। यही बड़ी महिमा है। क्योंकि भगवान की परीक्षा आदिकाल से हो रही है—दरबार की, संत की, महापुरुषों की, गुरु की परीक्षा आदिकाल से होती आई है। जैसे सूर्पनखा परीक्षा ही लेने गई थी, सो नाक-कान कटा के आ गई। बागेश्वर बालाजी स्वयं भगवान हैं, उनकी कौन परीक्षा ले सकता है। बाकी बब्बाजू ने आज तक जो प्रेरणा दी है, कोशिश भर वह मैंने लिख दी है, तो आज तक कोई असंतुष्ट होकर नहीं गया।" वे आगे कहते हैं कि जिसको ये बातें स्वीकार नहीं है, वे इसे कभी स्वीकार नहीं करेगा और वे उसमें अपना समय बर्बाद नहीं करते। उन्होंने कहा, "100

प्रतिशत किसी के बारे में सत्य बता देना[4] (जिसको देख वैज्ञानिक भी आश्चर्यचकित हैं), यह सब बागेश्वर बालाजी की कृपा और दादा गुरु की महिमा है।"

पंडित धीरेन्द्र शास्त्री ये दिव्य दरबार सन् 2017-18 से लगा रहे हैं। इससे पहले ऐसे दरबार उनके दादा गुरु लगाते थे और उसके बाद कुछ दिन उनके चाचा ने ये दरबार लगाया, लेकिन वे उसे आगे नहीं लगा पाए। पहले इसे महज दरबार कहा जाता था, बाद में यह दिव्य दरबार हो गया। इन दरबारों में वे लोगों को भूत, वर्तमान और भविष्य बताते हैं। आमतौर पर हजारों लोगों की भीड़ में से वे किसी एक व्यक्ति को पुकारते हैं और जब वह मंच पर आता है तो धीरेन्द्र शास्त्री कागज पर कलम से कुछ लिखते जाते हैं। जब तक वह बैठा रहता है, वह कुछ लिखते रहते हैं। फिर वह उसकी समस्या पूछते हैं। जब वह बताने लगता है तो धीरेन्द्र उसे पर्चा दिखाते हैं जिसमें वो सारी समस्या पहले से लिखी होती है। वे फिर उसका समाधान भी बताते हैं।

उनकी प्रसिद्धि का यह मुख्य कारण था, क्योंकि कोई भी इस दरबार में उनकी लिखी बातों का आजतक खंडन नहीं कर पाया है!

पहले उनका दरबार एक हॉल में लगता था, बाद में बड़ी कथाओं में लगने लगा। यह दरबार धीरे-धीरे दमोह और छतरपुर में भी लगने लगा। आमतौर पर यह दरबार संध्याकाल में, चार-पाँच बजे के आसपास लगता है। जब उनकी कथा छह-सात दिन की होती है तो उसमें दो दिन का दरबार लगता है जो आमतौर पर दिन के समय लगता है। कहते हैं कि उनके दादा गुरु भी चमत्कारी व्यक्ति थे, लेकिन वो दौर सोशल मीडिया का नहीं था और उसमें गाँव के ही कुछ लोग आते थे।

आखिर कब मिला हनुमानजी की कृपा का संकेत?

पहली बार धीरेन्द्र शास्त्री को हनुमान जी की कृपा का कब अहसास हुआ इसके बारे में वे खुद बताते हैं, "हम अपनी जिंदगी की एक सत्य घटना[5] बताते हैं। जब हमें पहली बार अपने बागेश्वर हनुमान जी की कृपा का प्रत्यक्ष अनुभव हुआ था। सन्यासी बाबा का। जहाँ हम बागेश्वर धाम पर रहते ना, वह मध्यप्रदेश में एक छोटा सा गाँव है गढ़ा। अब यह जैसा दिख रहा है ना, यह हमारे दादा गुरुजी की कृपा से है, उन्होंने तपस्या की है। उनके गुरुजी हुए सन्यासी बाबा, जिनके बल पर हम ललकार कर बोलते हैं। देखो, *जिसका गुरु बलवान होता ना, उसका चेला पहलवान होता है।*"

धीरेन्द्र शास्त्री बागेश्वरधाम पर रहते हैं। वहीं पर उनका पहले कोई निवास स्थान नहीं था। वह झोपड़ी में रहते थे, एक कमरा बना था, कच्चा सा। छत डली थी। जब तक दूसरी बार यज्ञ हुआ, तब तक यह छत नहीं थी।

यज्ञ का आयोजन हुआ तो गाँव के आस-पास के खूब लोग यज्ञ में सम्मलित हुए। लोगों ने यज्ञ में कथा सुनी और यज्ञ की परिक्रमा की। तब लोगों ने बालाजी के भी दर्शन किए। जहाँ प्रथम यज्ञ में बूँदी का प्रसाद बाँटा गया वहीं दूसरे यज्ञ के बारे में पं धीरेन्द्र शास्त्री ने कुछ यूँ बताया, "हमने बजरंग बली से, अपने बालाजी से प्रार्थना की, बालाजी यज्ञ होनी है, आप कृपा कर दें। रुपैया तो जेब में दो नहीं। यज्ञ ठन गई बड़ी। अठारह पुराण, खूब बड़ा आयोजन। तो दो-चार बड़े-बड़े जो सेठ लोग हैं ना, वो परिचित थे। हमने एक सेठ को बुलाया। हमने कहा, भैया, श्रीमान जी, कुछ सामग्री आप दे दो और हम फिर चुका लेंगे। सामग्री 3-4 लाख की हमने उधार ले ली।"

लेकिन ऐसा हुआ कि जब वो शाम को पैसे मांगने आया तो धीरेन्द्र शास्त्री ने कहा कि जब उनके पास पैसे आ जाएँगे तो वे उन्हें लौटा देंगे, नहीं तो वे समझें कि जगत तो उनकी तरफ से हो गई। यह सुनकर सेठ की हालत खराब हो गई। अब उससे कुछ कहते नहीं बन पा रहा था क्योंकि यहाँ तो गुरुजी का मामला था। उसने कहा कि जैसी गुरुजी की कृपा। धीरेन्द्र शास्त्री ने कहा कि वे इस भंडारे का आयोजन अपने परिवारजनों या बच्चों के लिए नहीं कर रहे हैं, बल्कि यह तो भंडारा है—ऐसे में सेठ को समझना चाहिए कि वो उसी की तरफ से हो रहा है। इस पर सेठ ने कहा कि इतनी उसकी श्रद्धा नहीं है। धीरेन्द्र शास्त्री ने इस पर कहा, "बढ़ाओ अपनी श्रद्धा। साधु का काम है यह श्रद्धा बनवाना। इसीलिए तो हमने उधार लिया।"

फिर धीरेन्द्र शास्त्री ने उसे समझाया कि उसे चिंता करने की ज़रूरत नहीं है, वे उसका पैसा लौटा देंगे। लेकिन सेठ चिंतित था और वह वहाँ से चला गया। यज्ञ के सात दिन बीत गए। गाँव के लोग आए। गाँव के लोगों ने कहा कि भंडारा तो खूब हुआ, लेकिन इस बार पूड़ी-सब्जी का भंडारा होना चाहिए। इधर हाल ये था कि सारा मामला उधारी का था। अब पूड़ी-सब्जी के लिए तो और पैसे चाहिए थे और पैसे का इंतजाम तो प्रभु राम ही कर सकते थे। धीरेन्द्र शास्त्री ने गाँव वालों से कहा, "मनीराम तो, राम जी के पास आए ना, हमने जो जोश-जोश में कह दिया, ठीक है। हो जाएगा।"

अब फिर से सेठ को बुलाया गया। सेठ ने कहा कि वो पहले ही लाख रुपये की रसीद काट चुका है। इस पर उसे कहा गया कि कुछ पैसे का इंतजाम हो गया है और पूड़ी-सब्जी का भंडारा है, तो ऐसे में उसे कुछ रिफाइंड और आटे की व्यवस्था करनी है। सब्जी का इंतजाम धाम की तरफ से हो जाएगा। सेठ सज्जन पुरुष था। उसने सामग्री दे दी। आठवें दिन भंडारा तैयार होने लगा। नौ दिन की यज्ञ थी। नौवें दिन भंडारा होना था और लगभग चालीस ब्राह्मण बनारस और बाहर के क्षेत्रों से आए हुए थे। ब्राह्मणों को दक्षिणा भी देनी थी। इधर धीरेन्द्र शास्त्री के पास जो पैसा था, उन्होंने वो सेठ को दिया था। अब सवाल यह था कि दक्षिणा का इंतजाम कैसे हो?

धीरेन्द्र को किसी से उधार मांगने की आदत नहीं थे। उन्होंने सोचा कि कल के लिए बाला जी से अर्जी लगाते हैं। लेकिन उन्होंने जैसे ही काग़ज-कलम उठाया, उन्हें किसी तरह की प्रेरणा नहीं मिली।

उस समय चित्रकूट की रामलीला आई थी। गर्मियों का दिन था, जून का महीना था। रामलीला देखने गाँव के आस-पास के हज़ारों लोग आए थे। रामलीला देखकर जब सब लोग चले गए तब तक आधी रात बीत चुकी थी। धीरेन्द्र शास्त्री की आँखों में बार-बार आंसू आ रहे थे और उन्हें रोना आ रहा था। वे प्रार्थना कर रहे थे कि हे बालाजी, किसी तरह कल लाज बचा लेना। और मेरी हंसी मत करवाना। वे उनसे प्रार्थना कर रहे थे कि अगर व्यवस्था नहीं पाई तो बालाजी उन्हें किसी तरह की प्रेरणा दे दें ताकि वे ब्राह्मणों के चरण पकड़ कर क्षमा मांग लें और बाद में दक्षिणा चुका दें। उन्हें इसमें किसी तरह की लज्जा नहीं आ रही थी क्योंकि अगर यज्ञ विध्वंस हो गया और लोगों ने कहा कि पैसे के अभाव में ऐसा हुआ है तो बालाजी की लाज चली जाएगी क्योंकि उन्हीं की इज्जत से धीरेन्द्र शास्त्री की इज्जत जुड़ी हुई थी।

धीरेन्द्र शास्त्री कहते हैं, "आँखों में खूब आंसू आएँ, बार-बार हम आंसू पोछें, रात का समय, अर्जी लगे नहीं। मटकों में पानी भरा रखा था। गर्मियों का दिन तो हमने एक मटका पानी का उठाया और जो कपड़ा पहने थे, उन पर वैसे ही डाल करके नहा लिया। एक हैंडपंप था। उससे हमने ताजा शुद्ध जल भरा और सोचा कि *जाते हैं, जल चढ़ाएँगे, शायद कुछ बोल जाएँ या उधार उठाने को कह दें तो हम उठा लें।* हाथ में वो जल का मटका लिया। पूरा शरीर एकदम गीला। रात के कोई 2:30 बजे होंगे। बार-बार आँखों में आंसू आवें, कि आपकी लाज बच जावे। सुबह नहीं तो लोग हँसी करेंगे कि बड़े यज्ञ वाले बने थे।"

ऐसे में हाथ में मटका लेकर जब वे मंदिर की तरफ बढ़े, उसी वक्त, पाँच-छह सीढ़ी चढ़ने के बाद ही मंदिर से बड़ी ज़ोर की गर्जना के साथ एक आवाज आई। उनके रोंगटे खड़े हो गए और उनका शरीर कांपने लगा। बागेश्वर महादेव के मंदिर से बड़ी ज़ोर से गर्जना गूँजती हुई आवाज आई, "जा! चिंता मत कर। प्रातः काल तेरी व्यवस्था हो जाएगी।" इतना सुनते ही धीरेन्द्र की आँखों से झर-झर आँसू बहने लगे और उनके मन में भय भी व्याप्त हो गया। उन्होंने पहली बार ऐसी तेज गर्जना सुनी थी, पहली बार ऐसी हुंकार सुनी थी। उनका शरीर एकदम से कांप उठा।

बकौल धीरेन्द्र शास्त्री, वे मानो अपना शरीर नोचने-से लगे और उन्होंने पूछा, "कौन? हमारे गुरुजी, सन्यासी बाबा बोल रहे हैं क्या?"

थोड़ी देर तो कोई आवाज नहीं आई और फिर मंदिर से आवाज आई, "हूँ।"

यह सुनकर उनका मन गदगद हो गया। उन्होंने हाथ में मटका लिया और जाकर महादेव को जल चढ़ाया। वे कहते हैं, "वो दिव्य स्वरूप आज भी हमारी आँखों में बसा है— सुंदर गोल चेहरा और हाथ में पाँच-छह फुट का लंबा चमीटा लिए हुए, एकदम गोरे बदन के मोटी खड़ाऊ पहने खड़े, मुस्कुराते हुए गुरुदेव भगवान के दर्शन। हम ऐन समय ज़ोर-ज़ोर से जय जयकार लगाकर खुशी के मारे खूब नाचे। जो शिष्य मंडल नीचे सो रहा था, वो जाग गया। वो पूछे, क्या हुआ? हमने कहा, कुछ नहीं। बताने योग्य बात नहीं है। अब जल की कौन पूछे। मारे खुशी के मटका वहीं छूट गया। गीले ही कपड़े में आए और कमरा बंद करके हम खूब नाचे। अब हमें कोई टेंशन नहीं है, कल की व्यवस्था हो गई।"

प्रातःकाल उन्होंने स्नान किया और उसी कमरे के सामने बैठ गए जहाँ उनका दरबार लगता था। सैकड़ों लोग वहाँ बैठे थे, हवन चल रहा था और भंडारा शुरू होने वाला था।

ब्राह्मणों को वापिस जाना था। बार-बार आयोजक मंडल दक्षिणा के बारे में पूछ रहा था। धीरेन्द्र शास्त्री ने उनसे साफ झूठ बोल दिया कि व्यवस्था हो गई है—क्योंकि उन्हें भरोसा था कि गुरुजी ने कह दिया है तो किसी तरह की चिंता की बात नहीं है।

वे आगे कहते हैं, "उसी समय सफेद शर्ट और काला पैंट पहने एक सज्जन गाड़ी से आते हैं। गाड़ी हमारे सामने रुकती है, नई गाड़ी, अब उससे उतर कर बैठते हैं। वो सज्जन आए, हमने पूछा, कहाँ से आए? तो उन्होंने कहा, उत्तर प्रदेश में झाँसी से आए।" इस पर धीरेन्द्र शास्त्री ने उनसे भंडारा का प्रसाद पा लेने का आग्रह

किया। उन सज्जन ने कहा कि वे यज्ञ के लिए कुछ सेवा-कृत्य करने आए हैं। इस पर शास्त्री ने उनसे कहा कि वे कार्यालय में जाकर सेवादार विजय तिवारी से मिल लें और रसीद प्राप्त कर लें। उस व्यक्ति ने धीरेन्द्र शास्त्री से कहा कि वह उन्हीं के हाथों कुछ अर्पित करना चाहता है क्योंकि उनकी कृपा से उसका भाई जेल से छूट गया है। उसने धीरेन्द्र शास्त्री के सामने एक बैग रखा और भंडारा के प्रसाद के आग्रह के बावजूद, क्षमा मांगकर अपनी गाड़ी से वहाँ से चला गया।

धीरेन्द्र शास्त्री को भरोसा था कि कोई न कोई जरूर आएगा क्योंकि ऐसा गुरुजी, सन्यासी बाबा ने कहा है! जब वे बैग लेकर तिवारी जी के कमरे में गए और उसे खोला तो उसमें लाल कलम से लिखी एक चिट्ठी मिली जिसमें 'सादर जय सिया राम' और पैसे थे। उसमें इतने पैसे थे जो दक्षिणा की आवश्यकता से ज्यादा थे। धीरेन्द्र शास्त्री आज भी उस चिट्ठी को सुरक्षित रखे हुए हैं।

शास्त्री बताते हैं, "यह आपको हम अपने जीवन की सत्य घटना बता रहे हैं। कौन है, कहाँ के हैं? आज तक वो सज्जन हमें लौट कर नहीं मिले। लेकिन भैया, जिसका गुरु वचनों पर, भगवान पर भरोसा होता है, भगवान लीला करने के लिए कोई न कोई रूप धारण करके अवश्य आते हैं। यह भगवान ही साक्षात करता है। हम तो यही कहते हैं कि वो सज्जन कोई साधारण मानव नहीं। हमारे श्री बागेश्वर बालाजी ही कोई ना कोई रूप धारण करके आए। ऐसी लीला कलयुग में श्री हनुमान जी की ही है।"

अध्याय 4

साधु-संतों में स्वीकार्यता

साधु संतों के बीच धीरेन्द्र शास्त्री बहुत लोकप्रिय हैं और कम उम्र में ही उन्हें जो लोकप्रियता और स्वीकार्यता हासिल हुई है वह बहुत कम लोगों को मिलती है। तुलसी पीठाधीश्वर जगदगुरु रामभद्राचार्य उन्हें अपना शिष्य मानते हैं तो नई पीढ़ी के कई साधु-संत और आध्यात्मिक गुरु उन्हें सम्मान देते हैं।

सबसे पहले बात करें जगद्गुरु रामभद्राचार्य जी[6] की, जो धीरेन्द्र शास्त्री के गुरु हैं। वे इन्हें अपना लाड़ला शिष्य कहते हैं। धीरेन्द्र शास्त्री भी अपने गुरु का अत्यधिक सम्मान करते हैं। इसकी एक झलक तब मिली जब धीरेन्द्र शास्त्री, हिन्दू सनातन एकता पदयात्रा के समापन पर ओरछा में थे। (2024) विधायक संजय पाठक के हेलीकॉप्टर से रामभद्राचार्य जी भी वहाँ पहुँचे थे। भीड़ बहुत थी। ऐसे में मंच पर जितनी देर तक रामभद्राचार्य जी का सम्बोधन चला, धीरेन्द्र शास्त्री ही उनके माइक को थामे रहे।

जनवरी 2022 में बागेश्वर धाम में आयोजित बुंदेलखंड महाकुम्भ में रामभद्राचार्य जी ने कहा, "मुझे लगता है आज मैं कुछ अंशों में शंकर हो चुका हूँ क्योंकि शंकर भगवान के तीन नेत्र थे। आज मेरे भी तीन नेत्र हैं। एक राजेंद्र दास जी, एक रामचंद्र दास जी और धीरेन्द्र कृष्ण जी।"

राजेंद्र दास जी मलूक पीठ, वृंदावन के पीठाधीश्वर आचार्य और कथावाचक हैं, जो सनातन धर्म के प्रचार-प्रसार, गौ सेवा और शास्त्र सेवा में समर्पित हैं। उन्हें देश के सबसे अच्छे कथावाचकों में से एक माना जाता है और वे मूल रूप से टीकमगढ़ के निवासी हैं। उन्होंने राजस्थान के भरतपुर में जड़खोर गोधाम की स्थापना की, जहां 9000 से अधिक गायों की सेवा की जाती है। यहाँ पर गौ-तस्करों से मुक्त की गईं गायों को भी संरक्षण दिया जाता है।

रामचंद्र दासजी, तुलसी पीठाधीश्वेर रामभद्राचार्यजी के घोषित उत्तराधिकारी हैं।

जगतगुरु रामभद्राचार्य जी के ये वक्तव्य बताते हैं कि उनकी दृष्टि में धीरेन्द्र शास्त्री का क्या महत्त्व है। जब-जब धीरेन्द्र शास्त्री पर कोई सवाल खड़े हुए, रामभद्राचार्य जी हमेशा उनके समर्थन में खड़े हुए। उन्होंने कहा कि संत धीरेन्द्र शास्त्री के द्वारा जो भी किया जा रहा है, वह शास्त्रसम्मत है। भगवान की कृपा से सब कुछ संभव है। अच्छे काम पर हमेशा सवाल उठाए जाते हैं।

करीब दस साल पहले यानी 2016 ईस्वी के आसपास धीरेन्द्र शास्त्री ने रामभद्राचार्य जी से दीक्षा ली और तब से वे उन्हें अपना गुरु और रामभद्राचार्यजी उन्हें अपना शिष्य मानते हैं[7] और ऐसा वे कई अवसरों पर कह चुके हैं। लोगों का मानना है कि रामभद्राचार्य जी ने धीरेन्द्र शास्त्री को कुछ सिद्धियाँ दी हैं—जिस वजह से वे कई चमत्कार दिखला पाते हैं। हालाँकि इस बारे में न तो धीरेन्द्र शास्त्री और न ही रामभद्राचार्य जी ने कभी कुछ कहा है।

देवकीनंदन ठाकुर जी और बागेश्वर सरकार

श्याम मानव विवाद[8] के समय, जिसकी चर्चा पुस्तक में आगे की जाएगी, बागेश्वर सरकार धीरेन्द्र शास्त्री के समर्थन में कथावाचक देवकीनंदन ठाकुर खुलकर सामने आए। संक्षेप में कहानी यह थी कि श्याम मानव और धीरेन्द्र कृष्ण शास्त्री के बीच का विवाद 2023 में शुरू हुआ, जब महाराष्ट्र की अंधश्रद्धा निर्मूलन समिति के संस्थापक श्याम मानव ने धीरेन्द्र शास्त्री पर अंधविश्वास फैलाने का आरोप लगाया। यह विवाद मुख्य रूप से बागेश्वर धाम के "दिव्य दरबार" और धीरेन्द्र शास्त्री के चमत्कारों के दावों को लेकर था।

ऐसे में देवकी नंदन ठाकुर ने सनातन धर्म मानने वालों से धीरेन्द्र शास्त्री के समर्थन में अपील भी की। उन्होंने कहा कि उन्हें अपनों में फूट नहीं पड़ने देनी है। इसके साथ ही उन्होंने पादरियों और मुल्ले-मौलवियों पर भी सवाल उठाए। उन्होंने कहा कि जब पादरी और मौलवी इस तरह की बातें करते हैं तो उन्हें अंधविश्वास नहीं कहा जाता है—लेकिन हिंदू धर्म के संतों द्वारा कही बातों पर आपत्ति की जाती है।

इस बयान के बाद दोनों ही एक-दूसरे के आयोजनों में कई बार बढ़-चढ़ कर हिस्सा लेते रहे हैं।

देवकीनंदन ठाकुर जी महाराज एक प्रसिद्ध हिंदू पुराण कथावाचक, गायक, और आध्यात्मिक गुरु हैं। उनका जन्म 12 सितंबर 1978 को उत्तर प्रदेश के मथुरा

जिले के ओहावा गाँव में हुआ था। देवकी नंदर ठाकुर का परिवार भी कथावाचन और अध्यात्म से जुड़ा हुआ है। देवकी नंदर ठाकुर श्री राधा सर्वेश्वर जी के भक्त हैं और *श्रीमद्भागवत कथा*, श्री राम कथा, देवी भागवत, *शिव पुराण* और *भगवद्गीता* जैसे धार्मिक ग्रंथों पर प्रवचन देते हैं।

भोपाल में देवकीनंदन ठाकुर जी की कथा में पहुँचे बागेश्वर सरकार यानी धीरेन्द्र शास्त्री ने जनता से श्री कृष्ण जन्मभूमि मुक्ति आंदोलन में साथ देने की अपील करते हुए कहा, "हम तो तन, मन, धन से उनके साथ हैं और जो साथ नहीं दे उनकी ठठरी बंधे[9]।"

उसी मंच पर देवकी नंदन ठाकुर ने धीरेन्द्र शास्त्री के बारे में कहा, "इनका आना मुझे दुख देता है। बहुत दुख देता है। इनका आना जिनके लिए होगा होगा सुखदाई, मेरे लिए दुखदाई है। दुखदाई ये है कि इनसे मिलके बिछड़ना बुरा लगता है। इतना प्यार देते हैं ये। इतना अपनापन है इनमें। इनकी एक विशेषता है कि ये ज्यादा रिश्ते बनाते नहीं और जिनसे रिश्ते बनाते हैं, वो दिल की गहराई से निभाते हैं। मैंने वो अनुभव किया है। इनके विषय में ये सच है कि जब मैं छतरपुर में गया था कथा करने। बालाजी बागेश्वर धाम एक बहुत प्यारा धाम था। बड़ा स्थान था। ये सच है इन्होंने हमें बुलाया नहीं था। हमने कहा था कि कोरोना में बैठ के यहाँ कथा कर रहे हैं। अपने छोटे भैया के यहाँ कथा करेंगे। वहाँ बालाजी को सुनाएँगे। और वहाँ ऐसा रिश्ता प्रगाढ़ हुआ। तब में और अब में, महाराज जी की पहचान में, छवि में जमीन-आसमान का अंतर[10] है।"

देवकी नंदन ठाकुर ने लोगों से आह्वान किया कि वे धीरेन्द्र शास्त्री के उस अभियान का समर्थन करें जिसमें वे देश को बचाने के लिए और देश को हिंदू राष्ट्र घोषित करने के लिए दिन-रात मेहनत कर रहे हैं।

2024 में बागेश्वर धाम सरकार के नेतृत्व में सनातन एकता पदयात्रा 27 अक्टूबर से 30 अक्टूबर तक आयोजित हुई। यह यात्रा बागेश्वर धाम (छतरपुर, मध्य प्रदेश) से शुरू होकर ओरछा (राम राजा दरबार) तक गई। सनातन एकता पदयात्रा का मुख्य उद्देश्य सनातन धर्म की एकता को मजबूत करना और हिंदू समाज में जाति-पंथ के भेदभाव को समाप्त करना था। इस यात्रा के माध्यम से पंडित धीरेन्द्र कृष्ण शास्त्री ने 'जाति-पाति की करो विदाई, हम सब हिंदू भाई-भाई[11]' जैसे नारों के साथ हिंदू एकता का संदेश दिया। इसके अतिरिक्त, यह यात्रा सनातन धर्म के प्रचार-प्रसार, आध्यात्मिक जागरूकता बढ़ाने, और समाज में सत्य, प्रेम, और करुणा जैसे मूल्यों को स्थापित करने के लिए आयोजित की गई थी।

इस यात्रा को अनिरुद्धाचार्य जी महाराज ने भी अपना समर्थन दिया था। अनिरुद्धाचार्य जी महाराज, जिन्हें दास अनिरुद्ध या 'पूकी बाबा[12]' के नाम से भी जाना जाता है, एक प्रसिद्ध भारतीय आध्यात्मिक नेता, कथावाचक, और समाजसेवी हैं। उनका जन्म मध्य प्रदेश के दमोह जिले के रिवझा गाँव में हुआ था। उनके पिता श्री अवधेशानंद गिरी एक भागवताचार्य थे। बचपन से ही उनका झुकाव आध्यात्मिकता और सनातन धर्म की ओर था, जिसके चलते उन्होंने *श्रीमद् भागवत गीता, रामचरितमानस*, और अन्य हिंदू ग्रंथों का अध्ययन किया।

उन्होंने वृंदावन में गौरी गोपाल आश्रम की स्थापना की, जो वृद्धाश्रम, गौशाला, और जरूरतमंदों के लिए शिक्षा और भोजन वितरण जैसी सेवाएं प्रदान करता है। इसके अतिरिक्त, 30 जून 2020 को उन्होंने अन्नपूर्णा रसोई शुरू की, जो रोजाना हजारों लोगों को भोजन उपलब्ध कराती है। वे गौसेवा और बंदर सेवा जैसे अनूठे कार्यों के लिए भी जाने जाते हैं।

बागेश्वर सरकार की सनातन हिन्दू एकता पदयात्रा में अनिरुद्धाचार्य जी महाराज ने कहा, "महाराज जी साक्षात हमारे सनातन के बब्बर शेर हैं। इनका साथ हमें देना चाहिए। कंधे से कन्धा मिलाकर खड़ा होना चाहिए।"

वही जब अप्रैल 2023 में अनिरुद्धाचार्य जी महाराज को बम से उड़ाने की धमकी मिली[13] तो धीरेन्द्र शास्त्री ने इसकी कड़ी निंदा की और खुलकर अनिरुद्धाचार्य जी के साथ खड़े हो गए। उन्होंने धमकी देने वालों को 'गीदड़' करार दिया और कहा बागेश्वर पीठ उनके साथ है।

दूसरी तरफ बुंदेलखंड से ब्रज और फिर देश भर में सबसे अच्छे कथावाचकों में से एक मलूक पीठाधीश्वर राजेंद्र दास जी महाराज से भी पंडित धीरेन्द्र शास्त्री का प्रेम और वात्सल्य भाव नजर आता है। उनके बेटे का। उन्होंने कहा, "शास्त्री बद्रीनाथ जी महाराज की उम्र करीब साठ साल है और उनसे धीरेन्द्र शास्त्री काफी प्रभावित हैं।"

बद्रीनाथ जी महाराज[14], जिन्हें बद्रीनाथ वाले बालकदास जी महाराज के नाम से भी जाना जाता है, एक संत हैं जो उत्तराखंड के बद्रीनाथ धाम में रहते हैं। वे विशेष रूप से शहीद सैनिकों की स्मृति में यज्ञ, पूजा, और हवन करने के लिए प्रसिद्ध हैं। उनका जीवन देश के शहीदों को समर्पित है, और वे बद्रीनाथ मंदिर के कपाट बंद होने के बाद भी वहां रहकर तपस्या और साधना करते हैं

पंडित धीरेन्द्र शास्त्री भारतीय संत परंपरा और कथावाचकों के समुदाय से गहरे जुड़े हुए हैं और कभी भी उनके समर्थन में आवाज उठाने से पीछे नहीं हटते।

ऐसा ही एक वाकया तब हुआ जब वृंदावन में प्रसिद्ध संत प्रेमानंद जी महाराज की रात्रिकालीन पदयात्रा पर विवाद[15] हुआ था। ये बात जनवरी-फरवरी 2025 की है।

धीरेन्द्र शास्त्री का हालाँकि बाद में काफी बड़े और प्रसिद्ध संतों से उनका जुड़ाव और लगाव हुआ और इसमें एक भूमिका संस्कार टीवी की भी रही। ऐसा सीईओ बताते हैं।

केशव मेहता, जो संस्कार टीवी में कार्यरत हैं और जिनके नेतृत्व में बागेश्वर धाम का पूरा सोशल मीडिया संस्कार की टीम हैंडल करती है, बताते हैं, "इस बीच एक-दूसरे अध्यात्मिक गुरु और दतिया(मध्य प्रदेश) स्थिति पंडोखर पीठ के प्रमुख शास्त्री पंडोखर सरकार भी दरबार लगाते हैं और उनकी भी अपने क्षेत्र में लोकप्रियता है। पंडोखर धाम दतिया में श्री हनुमान मंदिर के पास स्थित एक आध्यात्मिक केंद्र है, जहाँ वे नियमित रूप से दिव्य दरबार आयोजित करते हैं। इस दरबार में भक्त अपनी समस्याओं के लिए अर्जी (पर्ची) लगाते हैं और पंडोखर सरकार बिना पूछे उनकी समस्याएं लिखकर समाधान बताते हैं।"

इस तरह देखा जाए तो धीरेन्द्र शास्त्री सिर्फ हिंदू धर्मगुरुओं या संतों के प्रिय बने हुए हैं—वास्तविकता तो यह है कि वह अन्य धर्म के संतों और गुरुओं के बीच भी उतनी ही तेजी से लोकप्रिय हो रहे हैं। 2025 के प्रयागराज महाकुंभ को लेकर जब धीरेन्द्र शास्त्री ने गैर-हिंदुओं के कुंभ क्षेत्र में प्रवेश का विरोध किया और जब इस पर विवाद हुआ तो जैन मुनि संत विनम्र सागर ने उनका समर्थन किया[16]। संत विनम्र सागर ने कहा, "धीरेन्द्र कृष्ण शास्त्री ने बिल्कुल सही कहा है। *मेरे अंगने में तुम्हारा क्या काम* है। महाकुंभ में हिंसक लोगों के दुकान की क्या जरूरत है। जो लोग गंगा, भगवान शिव और राम को नहीं मानते उनका कुंभ में क्या काम[17] है।"

जैन मुनि विनम्र सागर जी महाराज एक प्रसिद्ध दिगंबर जैन मुनि हैं, जो जैन धर्म के प्रचार-प्रसार और आध्यात्मिक शिक्षाओं के लिए जाने जाते हैं। वे आचार्य श्री विद्यासागर जी महाराज के शिष्य हैं और अपने सौम्य स्वभाव, विनम्रता, और गहन धार्मिक प्रवचनों के लिए सम्मानित हैं। उनकी शिक्षाएं जैन धर्म के सिद्धांतों, जैसे अहिंसा, अपरिग्रह, और आत्मशुद्धि पर केंद्रित होती हैं।

मुनि विनम्र सागर ने एक अन्य अवसर पर कहा, "वो हमारा धीरेन्द्र शास्त्री, वो दुनिया के लोगों को आलू-प्याज का त्याग करा रहा है, वो दुनिया के लोगों को मांस का त्याग करा रहा है। वो दुनिया के लोगों को हनुमान जी की पूजा करा रहा है, लेकिन कुछ लोगों को उसमें शैतान दिखाई दे रहा है। दुनिया के इतने बड़े वर्ग के लोगों को

जो व्यक्ति अहिंसक और शाकाहारी बनाने पर तुला है, दारू-अंडे का त्याग करा रहा है, अपने धर्म में वापिस करा रहा है, अब लोग उसका बिगाड़ करने में लगे हैं[18]।"

उसी तरह महाराष्ट्र की एक सभा में जैन संत पुष्पदंत सागर जी ने धीरेन्द्र शास्त्री के बारे में कहा, "जब तक ऐसे हृदय वाले संत इस धरती पर रहेंगे, भारत का भविष्य उज्जवल रहेगा। ये देश नेताओं से नहीं चलता है, ये देश संतों से चला करता है। इस देश के धर्म और संस्कृति को बचाने के लिए संत आपस में मिलते रहेंगे[19]।"

जैन मुनि पुष्पदंत सागर जी महाराज जैन धर्म के दिगंबर संप्रदाय के एक प्रमुख संत और गणाचार्य हैं। वे आध्यात्मिक साधना, तप, और जैन धर्म के प्रचार-प्रसार के लिए जाने जाते हैं। उनकी प्रेरणा से मध्य प्रदेश के सोनकच्छ में पुष्पगिरी तीर्थ का निर्माण कार्य चल रहा है, जो जैन धर्म का एक महत्त्वपूर्ण केंद्र है।

धीरेन्द्र शास्त्री ने संत पुष्पदंत सागर जी के सामने उसी सभा में जैन समाज के लोगों की भूरि-भूरि प्रशंसा की[20] थी। उन्होंने कहा था, "जितने भी जैन परंपरा के लोग हैं, उन्हें गर्व होना चाहिए कि तुम जैन हो। ये मुनि, ये महात्मा अपने लिए नहीं जीते, तुम्हारे लिए जीते हैं। हमें तो कभी-कभी महावीर नाम सुनकर अपने महावीर हनुमान जी याद आते हैं। जनता जिसे चुनती है, वह संसद में बैठता है, महावीर जिसे चुनते हैं वह सत्संग में बैठता है। जैन संत वो महात्मा हैं, जिन्होंने कच्चा और इच्छा दोनों को त्याग दिया हो। साधु होना बहुत सरल है, मुनि बने रहना बहुत कठिन है। सनातन और जैन धर्म को अलग करना वैसे ही कठिन है जैसे सूरज और रौशनी को अलग करना कठिन है।"

इस पर पुष्पदंत सागर जी ने कहा, "जो कुछ भी आज कहा गया है, आनंदित हैं हम लोग। जब दो संत मिलते हैं, तो भारत का भाग्य जागता है, भारत की संस्कृति जागती है। धीरेन्द्र शास्त्री ने हमारे छतरपुर का नहीं, देश का नाम रोशन किया है। उनसे मिलकर यह कहना है कि अब संत और संत में भेद न रहा, पानी सागर में मिला तो एक हो गया।"

कुल मिलाकर इतनी कम उम्र में ही धीरेन्द्र शास्त्री ने साधु-संतों के बीच जो लोकप्रियता और उनका स्नेह हासिल किया है, वह अद्भुत है।

अध्याय 5

बुंदेली, बुंदेलखंड और पंडित धीरेन्द्र शास्त्री

कई साल पहले महाराष्ट्र में हिंदी भाषियों के खिलाफ बड़ी मुहिम चली। बीच-बीच में अक्सर ये विरोध सिर उठाता रहता है। कुछ राजनैतिक दलों के लोगों ने, हिंदी भाषी मजदूरों, टैक्सी चालकों को उनकी भाषा पूछ-पूछ कर उनसे मारपीट की। लेकिन इसी महाराष्ट्र में, इसी मुंबई में, बुंदेलखंड का एक युवा कथावाचक जब लाखों लोगों के बीच, अपनी ठेठ मातृभाषा, लोक बोली बुंदेली में बोलता है, जो लोग तालियाँ भी बजाते हैं और बुंदेली प्रेमी एवं हिंदी भाषी लोगों का सीना गर्व से चौड़ा हो जाता है। ऐसा इसलिए, क्योंकि जिन अंग्रेजों ने भारत पर शासन किया, उन्हीं अंग्रेजों की राजधानी लन्दन में, इंग्लैंड के संसद भवन में यह युवा कथावाचक, बुंदेली हिंदी में बोलकर सम्मान पाता है। ऐसा इसलिये भी है क्योंकि जिनके लिए, लाखों लोग पलक पांवड़े बिछाए होते हैं, वे अपनी मातृभूमि बुंदेलखंड और मातृ भाषा बुंदेली से बेपनाह प्यार करते हैं। ऐसे ही बागेश्वर धाम के पंडित धीरेन्द्र शास्त्री की लगभग हर कथा, हर प्रवचन में आपने *ठठरी*, *ठठरी के बरे*, *आगी के लगे*, *नक्कटा सुधर जा* ऐसे शब्द सुने होंगे।

इन शब्दों पर विवाद भी हुआ और कई बुद्धिजीवियों को इसके गहरे अर्थ समझने में कई दिन लग गए। कई कथित बुद्धिजीवियों ने तो इन शब्दों के अर्थ में अनर्थ भी तलाशे जिसको लेकर पंडित धीरेन्द्र शास्त्री को कई बार इन शब्दों का अर्थ तो कभी भावार्थ समझाना पड़ा। उनके द्वारा बोले गए, एक दो नहीं बल्कि कई शब्द चर्चित हुए। लेकिन एक शब्द जो सबसे ज्यादा सुनाई पड़ता है, वह है *ठठरी*। *ठठरी बराओ*, *ठठरी के बरे* जैसे शब्दों का जब उन्होंने प्रयोग किया तो शुरू में तो लोगों को समझ ही नहीं आया। लेकिन जब कथित बुद्धिजीवियों ने कहीं से इस शब्द का अर्थ जाना, तो आरोप लगाया कि धीरेन्द्र शास्त्री लोगों को 'मरने का आशीर्वाद' देते हैं। जब बागेश्वर धाम के पंडित धीरेन्द्र शास्त्री की रायपुर[21] में कथा चल रही थी

और वे अचानक चर्चा में आए, तो इन पंक्तियों के लेखक से कुछ टीवी पत्रकारों ने पूछा कि चूँकि वे बुंदेलखंड से संबंध रखते हैं तो इन शब्दों के अर्थ बताएँ। यहाँ उसका सारांश प्रस्तुत है।

ठठरी एक बुंदेलखंडी शब्द है, जिसका मतलब होता है अर्थी। यह शव को श्मशान तक ले जाने के लिए बांस और लकड़ी से बनाई गई आयताकार संरचना होती है। यह शब्द बुंदेलखंड में मुख्य रूप से महिलाओं द्वारा प्रयोग किया जाता है। जिसमें उन्हें किसी को डांटना होता है तो वह इसका उपयोग करती हैं।

हालांकि खुद धीरेन्द्र कृष्ण शास्त्री *ठठरी* शब्द की भावनात्मक व्याख्या करते हैं। एक टीवी इंटरव्यू[22] में वे बताते हैं कि जब बुंदेलखंड में माँ अपने बच्चे से नाराज होती हैं तो कहती हैं—*ठठरी के बरे, नक्कटा! सुधर जा।* वो बताते हैं कि ठठरी का अर्थ होता है सत्य का बोध। ठठरी अर्थी को कहते हैं, क्योंकि वो लकड़ी से मिलकर बनती है। तो माता बच्चे को बोध कराती हैं। कई बार हम गुस्से में, जोश में और विनोद में इस शब्द का इस्तेमाल करते हैं। धीरेन्द्र शास्त्री बताते हैं कि इस शब्द के माध्यम से किसी का अनिष्ट नहीं होता है और न ही वो ऐसा चाहते हैं। ठठरी एक ऐसा शब्द है जो सत्य है।

यह बुंदेली के प्रति पंडित धीरेन्द्र शास्त्री का जुड़ाव ही है कि वे प्रधानमंत्री नरेंद्र मोदी के बागेश्वर धाम दौरे[23] पर अपने वक्तव्य के आखिर में कहना नहीं भूलते—*जीखो आज के कार्यक्रम में बुरओ लगे, वो ठठरी बरावे।*

धीरेन्द्र शास्त्री बुंदेली और बुंदेलखंड को कितना प्यार करते हैं, इसका उदाहरण उनकी कथाओं-प्रवचनों के कुछ हिस्सों में आपको मिल जाएगा। इसके साथ ही कुछ अनसुने बुंदेली शब्द भी आपको पढ़ने को मिलेंगे। वो एक कथा के बीच कहते हैं[24], "बुंदेली बहुत प्यारी भाषा है। बहुत मीठी है। इसको बोलने में गर्व रखना चाहिए। पंजाबी, पंजाबी बोलते हैं। गुजराती, गुजराती बोलते हैं। कोई नहीं हँसेगा। एक अपनी भाषा बुंदेलखंडी ऐसी है कि *तनक बोले दें भौजी इते आहो, तुरंत हंस पड़ेंगे*। दद्दा, दाई, मताई इत्यादि ये कितने सुंदर शब्द हैं। पहले हमारे गाँव में माताजी *कको ओ री* कहते थे। अपनी बुंदेली जैसी कोई भाषा नहीं।"

बुंदेलखंड में एक कहावत मशहूर है—

ऐसी माटी न भारत के खंड में
जनम दइयो विधाता बुंदेलखंड में

धीरेन्द्र शास्त्री कहते हैं कि बुंदेलखंड स्थित भीमकुंड की गहराई का पता तो *डिस्कवरी* चैनल वाले भी नहीं लगा पाए। उन्होंने कहा कि चैनल वालों की नसें फूल गईं और बाहर आकर वे भी बोले कि अब तो बजरंगबली ही बचाएँ। उन्होंने कहा, "जब हमने ये बात सुनी, तो उनसे अंदर ही अंदर कहा—*ई ठठरी बारे*, ये बुंदेलखंड का पानी है। इसका कोई आजतक पता नहीं लगा पाया।"

भीमकुंड मध्य प्रदेश के छतरपुर जिले में, बाजना गाँव के पास, लगभग 70-80 किलोमीटर की दूरी पर स्थित है। यह बुंदेलखंड क्षेत्र का एक प्राकृतिक जलकुंड है, जो जमीन से लगभग 40 मीटर नीचे एक चट्टानी गुफा में है। यह कुंड अपनी रहस्यमयी प्रकृति और पौराणिक महत्त्व के लिए प्रसिद्ध है। मान्यता है कि यह महाभारत काल से जुड़ा है, जब भीम ने द्रौपदी की प्यास बुझाने के लिए इस कुंड का निर्माण किया था।

डिस्कवरी चैनल की एक शोध टीम ने भीमकुंड की गहराई और इसके जल स्रोत का पता लगाने के लिए जांच की[25] थी। यह कुंड अपनी अनंत गहराई और अज्ञात जल स्रोत के कारण वैज्ञानिकों के लिए एक पहेली है। स्थानीय मान्यताओं के अनुसार, कुंड का पानी प्राकृतिक आपदाओं (जैसे 2004 की सुनामी) से पहले हरकत करता है, जिसने *डिस्कवरी* की रुचि बढ़ाई। कई प्रयासों के बावजूद, उनकी शोध शक्ति और इसकी गहराई नाप नहीं पाई और न ही जल के स्रोत का पता लगा सके। वे इस रहस्य को सुलझाने में असफल रहे और खाली हाथ लौटे।

स्थानीय मान्यताओं में इसे नारदकुंड भी कहा जाता है, और इसे हनुमान जी से भी जोड़ा जाता है। यहाँ पूजा-पाठ और धार्मिक अनुष्ठान होते हैं। यह स्थानीय लोगों के लिए आस्था और श्रद्धा का केंद्र है। यहाँ मेले और धार्मिक आयोजन होते हैं।

धीरेन्द्र शास्त्री ने अपने एक प्रवचन में कहा कि प्रभु श्रीराम चौदह साल के लिए वनवास जाते हैं और हमारा बुंदेलखंड कितना धन्य है कि उस चौदह साल में से बारह साल वे बुंदेलखंड के चित्रकूट में बिता देते हैं। वे हास्य में कहते हैं, "वैष्णो माता जैसा दर्शन जहाँ अवार माता के होते दिखाई पड़ते हैं। केदारनाथ का दर्शन करना हो, जटाशंकर चले जाओ। और भूत भगवाने हो तो बागेश्वर धाम चले जाओ। किसी के घर में किसी के जीवन में हो, भूत तो डरना नहीं अब तुम्हारे पास है राम जीके दूत। तो ऐसा अद्भुत बुंदेलखंड।"

एक प्रश्नोत्तरी चर्चा में वे बुंदेली के तमाम शब्दों का प्रयोग करते हुए कहते हैं, *खसम, लुगाई*! आपने कभी ऐसे शब्द सुने? इसके बारे में बात करते हुए धीरेन्द्र

शास्त्री कहते हैं, "हाँ, हमारे गाँव में तो कई जात। बुंदेली भाषा है। क्या बुराई है। अभी हम टीकमगढ़ में कह दें, *ज्यादा किच, किच ना मचाओ, कुरू देत चले आओ,* आदमी तुरंत हँस पड़ेगा।" वे कहते हैं कि बुंदेली कोई बोले, उन्हें बड़ा मज़ा आता है। बुंदेली इतनी अच्छी भाषा ही है। बोलना भी चाहिए। कभी भी शर्म नहीं खानी चाहिए। वे कहते हैं, "हम लोग बुंदेलखंडी में कहते हैं—*मैडम काय दद्दा काय फिर रहे, ब्यारी हो गई, कलेऊ हो गाओ*। इसमें मज़ा है, इसमें अपनत्व है!"

उन्होंने कहा कि बुंदेली भाषा का रस ही बहुत अलग है। छींकों, मचयारा, गुडिसो, कचुलिया, दरौंदा मचाउनो, कितने अच्छे शब्द है। दद्दा, दाई, भौजी कितने अद्भुत शब्द है। हाँ, ये बुंदेली शब्द हैं। बहुत प्राचीन, और हमारी बुंदेली केवल हास्य वाली नहीं है, राजसी बुंदेली है। उन्होंने कहा, "अबाई होबे जू। बिराजो जू। अपन की पंगत हो गई जू। कितनी अद्भुत है, कितनी राजसी भाषा है। आपसे मिलकर। ये ई बुन्देली हमारी बुन्देली कितनी अद्भुत है। हाँ कितनी राजसी मतलब ये भाषा बोलते हैं तो राजाओं जैसी फ़ीलिंग आती है।"

जब लोग उनसे पूछते हैं कि आप बाहर जाते हैं, बड़े-बड़े शहरों में जाते हैं तो आप ये बुंदेली भाषा बीच-बीच में बोलने लगते हैं कई बार, इससे क्या होगा? इस पर धीरेन्द्र शास्त्री ने कहा, "कुछ नहीं होगा, लोगों को पता तो लगेगा कि हम बुंदेलखंडी हैं। बुंदेली भाषा मतलब हमारी मातृभाषा। भाषा मतलब हमारी माँ की भाषा। माँ और मातृ भाषा को कभी नहीं त्यागना चाहिए[26]। चाहे आप जितने बड़े हो जाओ, कितने भी बड़े पद पर पहुँच जाओ, माँ और मातृ भाषा, इन दोनों को कभी मत त्यागना चाहिए। बोलना भी नहीं चाहिए। बोलते रहो।" वे कहते हैं, "युवाओं को बुंदेली में कहते हैं मोड़ा-मोड़ी। दद्दा, दाई, कक्का, बाई हरे—ये बुंदेली भाषा के सुंदर शब्द हैं।"

धीरेन्द्र शास्त्री कहते हैं कि बुंदेली-ब्रज भाषा दोनों बहने ही बहने हैं[27]। लोग बोलते नहीं है कि जितना आनंद अपनी भाषा में उतना कहीं नहीं है। उन्होंने कहा, "हमने तो लंदन के संसद भवन में ठठरी बार दई ती। आओ, आओ संसद भवन में आओ की भाड़ में गाओ। मलक खेरो अंग्रेज सांसद बैठे थे। वहाँ तो हैलो, हाउ आर यू चले। हमाई तो मूड़ पे से कड़ जाये। बुंदेली भाषा का बड़ा आनंद, खूब आनंद, बुंदेली भाषा और देखो बुरा मत मानिएगा। अपनी संस्कृति को कभी नहीं भूलना चाहिए। हाँ, कभी नहीं भूलना चाहिए।"

वे बुंदेलखंड में बुंदेली भाषा में भागवत कहे जाने के भी पक्षधर हैं। उन्होंने कहा, "शुद्ध बुंदेली, कोई हिंदी का प्रयोग न हो। उसमें इतना आनंद आएगा। भगवान कन्हैया

गदबद देत दिखा रये। बुंदेली में होगी तो ऐसे ही होगी। कुरू मच गई। मचयारो, छींका, घिनौची कचुरिया। कितनी अद्भुत भाषा है, कितने अद्भुत शब्द हैं देखो।"

तो कुछ इसी प्रकार अपनी बुंदेली को आगे बढ़ाते हैं धीरेन्द्र शास्त्री और उस पर गर्व भी करते हैं। अब हम आपको उनके कुछ प्रचलित बुंदेली शब्द बताते हैं जिनका प्रयोग में आम तौर पर करते हैं :

ठठरी
ठठरी के बारे लातन को लतरोंदा
चरणों का चाकर
लूगर लगे
आगी के लगे
नक्कटा

आम तौर पर ये शब्द बुंदेली में मीठी डांट के सन्दर्भ में प्रयोग किए जाते हैं। ये शब्द सुनने में अपशब्द लग सकते हैं, लेकिन इनका प्रयोग बुंदेलखंड में गुस्से में नहीं, बल्कि अपनेपन में होता आया है।

जब इन पंक्तियों के लेखक ने कुछ साल पहले के साक्षात्कार में बुंदेली और बुंदेलखंड के प्रति प्रेम के बारे में धीरेन्द्र शास्त्री से सवाल किया था तो उनका जवाब कुछ इस तरह था।

"मेरे जीवन में जो कुछ भी है, वह मेरे गुरु की कृपा से है। मेरे दादागुरु बुंदेली में बात करते थे और मुझे लाड़ से 'बिटवा' कहते थे। नाराज होने पर वे ऊपरी तौर पर ठठरी बांधते थे, पर दिल से नहीं।"

लेकिन अब उस घटना के कई साल बाद वे देश की बड़ी शख्सियत बन चुके हैं। ऐसे में उनके हर शब्द, हर वाक्य पर मीडिया और उनके आलोचकों की नजर होती है। ऐसे में सवाल यह है कि क्या इन सालों में उनकी बुंदेली या उनकी आम बोलचाल की भाषा में कोई बदलाव आया है?

संस्कार टीवी की ओर से बागेश्वर धाम का सोशल मीडिया संभालने और महाराज जी के हर वक्तव्य पर पैनी नजर रखने वाले, केशव मेहता इस बारे में बताते हैं कि धीरेन्द्र शास्त्री में आए बदलावों पर गौर करें तो तीन साल पहले और अब के उनके व्यक्तित्व में अंतर स्पष्ट है। संतों की मर्यादा के अनुसार, वे बिना लाग-लपेट के बोलते हैं, जैसे चिमटा उठाकर राख देने वाला संत आशीर्वाद देता

है। धीरेन्द्र शास्त्री में अलौकिक और परालौकिक गुण तो पहले से थे, पर लौकिक ज्ञान उन्हें धीरे-धीरे समझ आया। वे कहते हैं, "पहले वे बेबाकी से कुछ भी बोल देते थे, किसी पर कोई भी टिप्पणी कर देते थे, मगर इसमें उनकी मंशा गलत नहीं थी। यह उनका देशीपन था, जिसमें हास्य, विनोद और अपनापन होता था, लेकिन बड़े मंच पर उनकी बातें कभी-कभी किसी को चुभ सकती थीं।"

लेकिन जैसे-जैसे धीरेन्द्र शास्त्री को समझ आई, उन्होंने सामाजिक रूप से अनुचित शब्दों का उपयोग बंद कर दिया और कई शब्दों से परहेज करना शुरू किया। बुंदेली और बुंदेलखंड उनकी रग-रग में बसा है, मानो नसों में इंजेक्शन से भरा हो, फिर भी वे उत्कृष्ट हिंदी बोलते हैं और अंग्रेजी पर चुटीले कटाक्ष करते हैं, जो अद्भुत है। वे समय के अनुरूप चीजों को समझते हैं और नई चीजें, विचार और संदेश समाज तक पहुँचाने में सक्षम हैं, जिसमें उनकी सीखने की ललक झलकती है। केशव मेहता कहते हैं, "धर्म की बात समझाना, खासकर बीस साल के युवा को, मुश्किल है। पर धीरेन्द्र शास्त्री इसे सरलता से करते हैं, युवाओं को हनुमान जी और भगवान से जोड़ते हैं।"

वे कहते हैं कि युवाओं को धर्म से जोड़ने का काम कठिन हो सकता है, क्योंकि इसके लिए हर उम्र के मनोभाव समझने पड़ते हैं, लेकिन जमीनी स्तर से जीवन शुरू करने वाले धीरेन्द्र के लिए यह आसान है। सोशल मीडिया आंकड़ों के अनुसार, उनके वीडियो सबसे ज्यादा 18-45 साल के लोग देखते हैं, जिनमें 30-35 प्रतिशत महिलाएं हैं, जबकि अन्य संतों के दर्शक ज्यादातर साठ साल से ऊपर के बुजुर्ग होते हैं। युवा उनके लिए दीवाने हैं। जैसा कि धीरेन्द्र शास्त्री कहते हैं, "अरे मेरे पागलो!" ऐसा वही बोल सकते हैं।

वहीं धीरेन्द्र शास्त्री की बुंदेली और भोजपुरी की जुगलबंदी पर भोजपुरी गायक, सांसद और धीरेन्द्र शास्त्री के प्रिय व्यक्ति मनोज तिवारी[28] कहते हैं कि धीरेन्द्र शास्त्री और उनके साथी जब एक साथ होते हैं, तो वे भोजपुरी और बुंदेली शब्दों को मिलाते हैं, जिससे कई शब्दों पर वे आश्चर्यचकित हो जाते हैं। तिवारी कहते हैं, "जब वे कुछ शब्दों को भोजपुरी बताते हैं, तो धीरेन्द्र कहते हैं कि वे बुंदेली हैं।" तिवारी के अनुसार आज भोजपुरी की तरह, जो विश्व भर में प्रसिद्ध है, बुंदेलखंडी भी चर्चा में है; लोग बुंदेलखंडी गायकों को बुला रहे हैं और उनकी सराहना कर रहे हैं। समय-समय पर धरती जागती है और बुंदेलखंड की धरती ने धीरेन्द्र शास्त्री के रूप में अपना सितारा बना लिया है जिसका लाभ हर बुंदेलखंड वासी, पूरे देश और विश्व के सनातनियों को मिल रहा है।

अध्याय 6
श्याम मानव विवाद

दुनिया में छाए पंडित धीरेन्द्र शास्त्री

बागेश्वर धाम के पंडित धीरेन्द्र शास्त्री शुरू में अपनी बुंदेली शैली की कथाओं, पर्चा बनाकर लोगों की समस्या बताने या फिर दिव्य दरबार के लिए चर्चा में आए। लगातार उनकी कथाओं में भीड़ उमड़ रही थी। सोशल मीडिया पर भी उनका कंटेंट खूब वायरल हो रहा था। लेकिन अचानक से धीरेन्द्र शास्त्री ने अपने बयानों में धार देनी शुरू कर दी। उनके बयान धर्म से हिंदुत्व और फिर कट्टर हिंदुत्व की तरफ मुड़ने लगे। ऐसे में एक युवा कथावाचक के बदले तेवर उनको फिर देश और मीडिया में सुर्ख़ियों में ले आए। क्योंकि अब तक तो केवल वही लोग उनके विरोधी थे जो उनके पर्चा बनाने वाले विषय को फर्जी बताते थे। लेकिन अब कट्टर हिंदुत्व के एजेंडा से धीरेन्द्र शास्त्री राजनैतिक रूप से भी निशाने पर लिए जाने लगे। ऐसा एक बार नहीं कई बार हुआ कि बीते कुछ सालों में या कहें कि 2021 के बाद से धीरेन्द्र शास्त्री को कई बार विवादों में घेरने की कोशिश की गई। लेकिन उन्होंने किस तरह विवाद को भी अपने लिए एक अवसर में बदल दिया, यह उनके कौशल और सूझबूझ को दर्शाता है। ये विवाद भी उनकी बड़ी ताकत बन गए।

धीरेन्द्र शास्त्री को लेकर अब तक के सबसे बड़े विवाद की शुरुआत महाराष्ट्र के नागपुर से हुई[29]। यहाँ साल 2023 में 5 जनवरी से 13 जनवरी तक धीरेन्द्र कृष्ण शास्त्री की कथा का आयोजन रेशमबाग में किया गया था। इस कथा में केंद्रीय मंत्री नितिन गडकरी, महाराष्ट्र के तत्कालीन उपमुख्यमंत्री देवेंद्र फडणवीस सहित कई वीआईपी भी पहुँचे थे। हालाँकि यह कथा 11 जनवरी तक ही होगी, यह जानकारी बागेश्वर धाम के सोशल मीडिया प्लेटफार्म पर दी गई थी। लेकिन फिर बागेश्वर

धाम के सोशल मीडिया से एक सूचना दी गई कि कथा दो दिन पहले ही खत्म कर दी जाएगी[30]।

उस कथा के दो दिन पहले ख़त्म होने को लेकर उस सूचना ने देशभर में धीरेन्द्र शास्त्री को लेकर नई बहस को जन्म दे दिया। दरसअल अंधश्रद्धा निर्मूलन समिति ने पं धीरेन्द्र कृष्ण शास्त्री पर जादू-टोने और अंधश्रद्धा फ़ैलाने का आरोप लगाया। समिति के अध्यक्ष श्याम मानव ने कहा, "'दिव्य दरबार' और 'प्रेत दरबार' की आड़ में जादू-टोना को बढ़ावा दिया जा रहा है। साथ ही देव-धर्म के नाम पर आम लोगों को लूटने, धोखाधड़ी और शोषण भी किया जा रहा है।'" समिति ने पुलिस से पंडित धीरेन्द्र शास्त्री पर कार्रवाई करने की मांग भी की।

अंध श्रद्धा निर्मूलन समिति ने यह भी दावा किया कि हमने धीरेन्द्र कृष्ण शास्त्री को चैलेंज दिया था कि आप हम लोगों के बीच दिव्य चमत्कारी दरबार लगाएँ और सत्य बता देने पर आपको तीस लाख रुपए की राशि भेंट स्वरूप दी जाएगी। मगर बगैर दिव्य चमत्कारी दरबार लगाए नागपुर से धीरेन्द्र कृष्ण शास्त्री भाग गए। इसके बाद समिति ने इसे मुद्दा बनाते हुए बागेश्वर धाम के पीठाधीश्वर धीरेन्द्र कृष्ण शास्त्री पर कानूनी कार्रवाई की मांग कर दी।

श्याम मानव के इन आरोपों के बाद, पूरे देश में पं धीरेन्द्र शास्त्री के दिव्य दरबार, उनकी शक्तियों के बारे में बहस छिड़ गई। धीरेन्द्र शास्त्री के समर्थकों ने श्याम मानव का कड़ा विरोध किया, वहीं पंडित धीरेन्द्र शास्त्री को नापसंद करने वालों के लिए यह एक बड़ा मुद्दा हाथ लग गया।

अंधश्रद्धा निर्मूलन समिति एक सामाजिक संगठन है जो अंधविश्वास, रूढ़ियों, और अवैज्ञानिक मान्यताओं के खिलाफ जागरूकता फैलाने और उनका उन्मूलन करने के लिए काम करता है। इसकी स्थापना 1989 में महाराष्ट्र में डॉ. नरेंद्र दाभोलकर द्वारा की गई थी। समिति का मुख्य उद्देश्य तर्कशीलता, वैज्ञानिक दृष्टिकोण और मानवतावादी मूल्यों को बढ़ावा देना है।

महाराष्ट्र में इसकी गतिविधियों के अलावा, यह अन्य राज्यों में भी सक्रिय है और सामाजिक बदलाव के लिए कानूनी और नीतिगत सुधारों की वकालत करता है।

समिति के इन आरोपों के जवाब में छतरपुर में मीडिया के समक्ष धीरेन्द्र कृष्ण शास्त्री ने कहा कि "अंधश्रद्धा निर्मूलन समिति ने दिव्य दरबार देखने की बात की, जबकि उन्होंने स्पष्ट किया था कि कथा सात दिन की होगी। अब वे वहाँ से निकल

चुके हैं, तो कहावत लागू होती है—“हाथी चले बाजार, कुत्ते भौंकें हजार।” उन्होंने ऐसे लोगों को धर्मविरोधी करार दिया। उनका कहना था कि नागपुर में सात दिन कथा और दो दिन दरबार आयोजित हुआ, तब उन्हें क्या आपत्ति थी? दरबार में आए होते तो चमत्कार दिखाते। हमारा दरबार अभी भी आयोजित होता है। धीरेन्द्र शास्त्री ने कहा, “हमको कोई प्रमाणपत्र देने की आवश्यकता नहीं। न हम कोई दावा करते हैं, न कोई चमत्कार करते हैं और न कोई दरबार लगाते हैं। हम तो बाबाजी (बागेश्वर बालाजी) की सेवा करते हैं।” उन्होंने कहा कि समिति तीस लाख रुपये देने की बात करती है, तो दे दे, हम वह राशि गरीब कन्याओं के विवाह में खर्च करेंगे[31]।

नागपुर कथा का समय दो दिन कम करने के आरोप पर उन्होंने कहा, “गुरुजी के जन्मोत्सव के कारण नागपुर, टीकमगढ़ और रायपुर की कथाओं का समय दो-दो दिन कम किया गया। पहले रामकथा नौ दिन की होती थी।”

जब इन पंक्तियों का लेखक यानी मैं नागपुर में श्याम मानव से मिला, उसी समय धीरेन्द्र शास्त्री रायपुर पहुँचे। पूरे देश में चर्चा थी कि क्या धीरेन्द्र शास्त्री पर कार्रवाई होगी? कुछ का मानना था कि उनके बड़े राजनेताओं से संबंध होने के कारण कार्रवाई असंभव है, जबकि महाराष्ट्र के अंधश्रद्धा उन्मूलन कानून को जानने वाले कार्रवाई की संभावना देख रहे थे। यह समझने के लिए कि अंधश्रद्धा उन्मूलन कानून[32] क्या है, मैं 23 जनवरी 2023 को नागपुर पहुँचा, जहाँ अंधश्रद्धा उन्मूलन समिति के श्याम मानव और उनके सहयोगी मौजूद थे।

श्याम मानव से मिलने से पहले, उनके सहयोगियों ने मुझे कुछ फोन रिकॉर्डिंग सुनाईं, जिनमें देशभर से श्याम मानव को धमकियां मिल रही थीं। थोड़ी देर बाद मैं श्याम मानव से मिला और उनके साथ ‘बुंदेली बौछार’ के लिए साक्षात्कार[33] किया। इस साक्षात्कार में इस विवाद से जुड़े सभी प्रश्न शामिल थे। साक्षात्कार के कुछ संपादित अंश यहाँ प्रस्तुत हैं, जिन्हें ध्यानपूर्वक पढ़कर आप समझ सकेंगे कि धीरेन्द्र शास्त्री इस विवाद में कैसे फंसे और फिर कैसे इससे मुक्त हुए।

सवाल : पूरा सोशल मीडिया यह मान बैठा है कि आप क्रिस्चन हैं। आपके गुरु क्रिस्चन हैं। आप जानबूझकर सनातन धर्म के ख़िलाफ़ आखिर क्यों काम कर रहे हैं?

जवाब : पहली बात, मैं हिंदू हूँ—जन्म से हिंदू हूँ। दूसरी बात, मेरे अधिकतर गुरु सभी हिंदू हैं और बड़े कर्मठ हिंदू रहे हैं। संत विनोबा—आपने नाम सुना होगा। विनोबा भावे जिन्होंने भूदान में क़रीबन चालीस-पचास लाख एकड़ ज़मीन प्राप्त की थी। वह

महाराष्ट्र में बहुत बड़े योगी माने जाते थे। उनके बाद में आचार्य दादा धर्माधिकारी, जिनका भाषण सुनने के लिए पंडित जवाहर लाल नेहरू जी भी अपना समय निकालते थे। ये हमारे सही मायने में मार्गदर्शक रहे। तरुण शांति सेना में जयप्रकाश नारायण का यह संगठन था। और मेरी जो बुद्धि प्रमाणयवाद की नींव है, वह उन्होंने डाली है। जयप्रकाश नारायण जी भी मेरे गुरु रहे हैं क्योंकि उनके संगठन का मैं हिस्सा रहा हूँ। उसके बाद मैंने तरुण भारत जॉइन किया। तरुण भारत में आरएसएस के जो बौद्धिक प्रमुख रहे हैं—मागो भाई देव, मेरे सम्पादक थे। उनके आँख के नीचे मैंने पत्रकारिता सीखी। दूसरे हमारे सम्पादक रहे दीबा बुम्रे, जो विश्व हिंदू परिषद से जुड़े रहे हैं। उनके आँख के नीचे मैंने लेखन-पत्रकारिता की बारीकियाँ सीखीं। और इन दोनों का मेरे काम में मुझे हमेशा साथ मिला। जब मैंने अंधविश्वास के ख़िलाफ़ काम शुरू किया। अब ये सब नाम कब क्रिस्चन बन गए इसकी तो मुझे जानकारी नहीं है। जिस नाम को लेकर यह सब ऑब्जेक्शन उठा रहे हैं वह नाम है डॉ. अब्राहम कोवोर उनसे मैं कभी ज़िंदगी में नहीं मिला। हाँ, उनकी दो किताबें मैंने पढ़ीं—*बिगोन गॉडमैन एंड गॉड्स, डेमोन्स एंड स्पिरिट्स*—इसमें विज्ञान के क्षेत्र में जो संशोधन हुए, जो मुझे मिले; बुद्ध के क्षेत्र के बारे में, चमत्कारों के क्षेत्र के बारे में और बाक़ी सभी सवाल जो मेरे मन में थे, अध्यात्मिक क्षेत्र के बारे में, उनके कई जवाब मुझे इनमें मिले और इस कारण मैं अपने आपको बदल पाया। यहीं तक मेरा संबंध है डॉ. अब्राहम कोवोर से है। अब्राहम कोवोर के संगठन रैशेनलिस्ट ऐसोसिएशन का मैं कभी सदस्य नहीं रहा। जब वह नागपुर आए थे तब मैं वर्धा के जेल में था। इमरजेंसी के ख़िलाफ़ आंदोलन कर-करके मैं जेल में गया था। और *दियर एज़ नो गॉड, दियर इज नो घोस्ट* यह हेडिंग पढ़कर मैंने एक न्यूज़ कर उनको मूर्ख ठहरा दिया था। यह मेरी मानसिकता थी। रहा सवाल उनके संगठन का तो वहाँ यह नियम है कि जो लोग भगवान् को मानते हैं और जो लोग धर्म को मानते हैं, वे उसके सदस्य नहीं बन सकते। मैंने अलग से अपना संगठन शुरू किया जो संत परंपरा के आधार पर खड़ा हुआ है। यह दुनिया का पहला संगठन है जो कहता है कि हम धर्म के ख़िलाफ़ नहीं, भगवान् के खिलाफ नहीं हैं; लेकिन जो लोग धर्म और भगवान् के नाम पर लोगों से ठगी करते हैं, हम उसके खिलाफ हैं।

सवाल : ठगी में दो बहुत महत्त्वपूर्ण बात होती हैं कि या तो शारीरिक शोषण और आर्थिक शोषण। धीरेन्द्र कृष्ण शास्त्री जी का दावा है कि उनके दिव्य दरबार में कोई फ़ीस नहीं लगती। वह किसी से पैसा नहीं लेते हैं। न ही किसी प्रकार के शारीरिक शोषण जैसी अभी कहीं कोई सूचना आई। आपकी जानकारी में आई हो तो मुझे

नहीं पता। जब उनका यह दावा है कि पैसे लेते नहीं हैं और नागपुर में भी किसी वीडियो में ऐसे पैसे लेते का कोई डॉक्यूमेंट नहीं है तो इसको ठगी के संबंध में कैसे परिभाषित करेंगे?

जवाब : ठगी केवल आर्थिक रूप में नहीं होती है। क्योंकि पहले हमारे पास क़ानून नहीं था तो हम ठगी का ही क़ानून लगाते थे। ठगी लोगों के विश्वास को, उनका फ़ायदा उठाकर नुक़सान करना है। वह शारीरिक नुक़सान हो सकता है, मानसिक नुक़सान हो सकता है। उसको भी ठगी कहते हैं; यानी ठगी की व्याख्या व्यापक है। हम बहुत ठगी का उपयोग कर चुके हैं। वह बहुत ही अधूरा क़ानून है इसलिए बाद में उसके बारे में नया क़ानून तैयार किया। कहने का मतलब यह है कि मैं ठगी कहता हूँ तो इसका मतलब पैसे का आरोप वग़ैरह लगाने बैठता नहीं हूँ। इसमें मुझे कोई रुचि नहीं है। कौन महाराज कितना करोड़ कमा रहा है, यह मेरा विषय नहीं है। रहा सवाल कि वह पैसे लेते नहीं हैं, यह झूठ है। अब वह लेते हैं और कोई लेता है, इससे हमारा लेना-देना नहीं है। मेरे क़ानून की आवश्यकता थी, जादू-टोना विरोधी क़ानून की आवश्यकता थी कि चमत्कार करके पैसे प्राप्त करना इसलिए जो लोग दरबार में जाकर पर्ची लगाते हैं उनको नागपुर में बाक़ायदा बैंक अकाउंट दिया गया था। इस बैंक अकाउंट में एक-एक हज़ार रुपए भरने थे। भरे हुए एक हज़ार की पर्ची हमने पुलिस के सामने पेश की है। तो इसलिए, हम पैसे नहीं, हम यानी कौन, महाराज और उनके आयोजक इस बारे में मुझे कोई चर्चा करने बैठने नहीं हैं। पर्ची हर एक व्यक्ति देता है और हर एक की महाराज पढ़ते नहीं हैं। इसके बावजूद जो लोग पर्ची देना चाहते हैं उनको एक हज़ार रुपए भरने पड़ेंगे। यह बात जग-ज़ाहिर है। उसकी रिसिप्ट भी हमने सादिर की है। हम पैसे नहीं लेते हैं तो हज़ारों का यह सब कैसे चल रहा है? अपने आप तो नहीं चलता है। लोग पैसे देते हैं, यह फ़ैक्ट है। अब वह चंदा है, नहीं है, इसके बारे में बहस करने में मुझे कोई इंट्रस्ट नहीं है। ठगी क्या होती है? ठगी यह है कि महाराज कहते हैं कि उनके पास दिव्य शक्ति है। अपने आप पहचानते हैं। और हम जानते हैं कि दुनिया में आज तक कोई अपने आप पहचान नहीं सकता। ऐसी किसी में कोई क्षमता नहीं होती जिसे इंट्यूशन कहा जाता है, जिसे टेलीपथी कहा जाता है। कहीं भी जाकर देख के आने की क्षमता को क्लेरोआइंस कहा जाता है। पूरी दुनिया में इस पर शोध हुए। जिस वीडियो पर आज हम माइक के माध्यम से बात कर रहे हैं, यह वीडियो लोगों तक पहुँचा रहे हैं, यह सभी जिन लोगों ने तैयार किया, वे क्रिस्चन हैं। हम यह नहीं कह रहे कि यह क्रिस्चनों

की चीज़ है बल्कि हम उपयोग में ला रहे हैं। ये साइंटिस ने निर्माण की हैं उसका हम उपयोग कर रहे हैं। तो ठगी के क्षेत्र में भी यह बात है कि पूरी दुनिया ने कोशिश की जाँचने की लेकिन आज तक कभी ये चीज़ें सिद्ध नहीं हो पाईं। अमेरिकन मिलिट्री, रशियन मिलिट्री ने स्पेशल डिपार्टमेंट्स खोले थे। सीधी-सी बात है न अमेरिका ने बिन लादेन को ढूँढ़ा। बिन लादेन को ढूँढ़ने के लिए उनको सात-आठ साल लगे और इतने समय में उन्होंने पचास हज़ार करोड़ से ज़्यादा डाइरेक्टली ख़र्चे किए। इसके अलावा उनकी पूरी यंत्रणाएँ जो लगीं उसके ख़र्चे तो अलग हैं। अगर उनके पास में एक भी दिव्य शक्ति वाला व्यक्ति होता तो बिन लादेन पाकिस्तान में अमुक-अमुक जगह पर है, यह पहले ही पता चलता। इससे ख़र्चे भी बचते, समय भी बचता। तो इसलिए उन्होंने बहुत कोशिश की, कुछ नहीं निकला तो छोड़ दिया। दुनिया में आज तक दिव्य शक्तियाँ सिद्ध नहीं हुई हैं। इसलिए मैं आग्रह कर रहा हूँ कि बाबा जी आप आइए। फ्रॉड एंड ट्रुथ कंडीशन्स के अंदर आपके पास में जो क्षमताएँ हैं, उनको सिद्ध कीजिए। यह दूध का दूध और पानी तक सीमित नहीं है। भारत को इससे कितना भला होने वाला है इसके बारे में सोचिए। फ्रॉड एंड ट्रुथ कंडीशन्स के अंदर ही अगर ढूँढ़ना है आपको तो किसी और मार्ग से जानकारी न पहुँचे, ऐसा वातावरण तैयार करना पड़ेगा। इसलिए ऐन वक़्त पर हम दस आदमी आपके सामने देंगे। आपके दावे के अनुसार आप उनके नाम बताइए, पिता जी का नाम बताइए, उम्र बताइए, उनके टेलीफ़ोन नंबर्स बताइए। पास के ही रूम में दस चीज़ें रखेंगे जिसकी बाक़ायदा वीडियो रिकॉर्डिंग होती रहेगी। वह भी आप बताइए। यह चुनौती दो बार कन्डक्ट होगी क्योंकि दोनों तरफ़ से ग़लती की गुंजाइश हो सकती है। और दोनों बार अगर आप 90% भी करेक्ट कहते हो, हम 100% का आग्रह नहीं करते हैं, तो आप में दिव्य शक्ति है, ऐसा माना जाएगा। और फिर तीस लाख रुपए, पैर पड़ना, माफ़ी माँगना—यह सब आगे की बातें, मैं कह चुका हूँ।

सवाल : आपने अपने क्षेत्र में चुनौती दी कि आप नागपुर आइए। उन्होंने कहा कि हम रायपुर आपको बुलाते हैं, आप आइए। आप क्यों नहीं गए?

जवाब : यह चुनौती कहीं भी पार नहीं हो सकती। जहाँ पर कंट्रोल होगा कि आप तक कोई जानकारी न पहुँचे, तभी यह सिद्ध होगा न। अभी आप किसी का नाम बता दीजिए। आजकल हमारे पास ऐसे सॉफ़्टवेयर्स हैं कि एक मिनट के अंदर सब जानकारी प्राप्त हो जाती है। आप फ़ेसबुक पर जाओ या कहीं इंटरनेट पर उसका नाम

डालो, आपको उस आदमी की जानकारी मिल जाएगी। आप पत्रकार हो, आपकी भी जानकारी आसानी से मिल जाती है। अब मुझे बताइए, कितना मिनट लगता है इसमें? महाराज में दिव्य शक्तियाँ हैं यह सिद्ध करने के लिए क्या होना पड़ेगा कि उनके पास कोई जानकारी न हो। यह वातावरण आप दिव्य दरबार में क्रिएट कर सकते हो?

सवाल : लेकिन अभी तक हमने उनके जो दिव्य दरबार देखे हैं। जो क़रीब तीन साल से लगातार हमारे और अलग-अलग क्षेत्रों में जा रहे हैं। हर कथा में उनका दो दिन का दरबार लगता है और दो दिन के दरबार में वह कहते हैं कि किसी एक व्यक्ति को, यह तो अभी मान लीजिए कि पत्रकार वाला केस हुआ रायपुर वाला या आप कह सकते हैं, कहीं से भी उठा के ले आइए। दो दिन के दरबार में बीस-पच्चीस-तीस लोगों का एवरेज है कि जो मंच तक पहुँचते हैं। अभी तक तीन साल में क़रीब सात-आठ सौ लोग हम मान सकते हैं कि ऐसे हैं जो कि मंच तक पहुँचे। उन सात-आठ सौ लोगों में से किसी एक व्यक्ति की ऐसी कोई एक भी इन्फ़ॉर्मेशन बाहर क्यों नहीं आई कि इनकी पहले से बातचीत थी या कोई सेटिंग थी। वे तो अननोन लोग हैं। उनमें कोई चर्चित व्यक्ति नहीं। सभी आम व्यक्ति आते हैं तो इसको लेकर आप लोगों ने कोई एक्सरसाइज़ करी कि सात-आठ सौ लोग भी फेमिनिज़ हो सकते हैं।

जवाब : मैं सीधा पूछूँ आपको। नागपुर में दरबार लगा। महाराज जी ने भक्त को बुलाया। पूछा, तुम्हारे पिता जी का नाम क्या है? वह बोला, शंकरलाल। वहाँ पत्रकार भी हाज़िर थे। फिर उन्होंने पर्ची पढ़नी शुरू की, तुम्हारे पिता जी का नाम शंकरलाल है। एक-दो-तीन-चार-पाँच और आख़िर में बोला, माइक पर बोलो यह सब सच है न? नहीं तो तुम्हारे सारे कांड उजागर कर देंगे। तब पहला सवाल मेरे दिमाग़ में आया कि किसी पत्रकार के दिमाग़ में यह बात क्यों नहीं आई कि शंकरलाल नाम पूछने की आवश्यकता क्या है? या तो हम पत्रकारों का दिमाग़ नहीं चला, या फिर दिमाग़ चला भी तो पूछने की हिम्मत नहीं है। इतने लोगों के सामने आप कैसे पूछ सकते हो? पूछोगे तो लॉ एंड ऑर्डर की सिचुएशन क्रिएट हो जाएगी। यह कितना बड़ा दबाव होता है। हम पत्रकारों पर अगर इतना दबाव होगा तो सामान्य जन पर कितना दबाव होगा। वह बोल सकेगा? वह सीधा स्त्री को बोल देते हैं कि तुम्हारे बाहर संबंध हैं। किसी एक को बोला, तुम ईलू-ईलू कर रहे हो। अब पुरुष को बोलें तो शायद पुरुष एक बार बोले कि सर, मेरा ऐसा कुछ नहीं है। बताइए स्त्री बोलने की हिम्मत करेगी?

सवाल : तो स्त्री मना भी तो नहीं कर रही।

जवाब : कैसे मना करेगी? वीडियो उपलब्ध है, आप थोड़ा खँगालिए। एक स्त्री चिल्ला रही है, मेरे को बदनाम किया बाबा ने। उसका वीडियो उपलब्ध है। अब क्या करेगी वह? मंच पर बोलने की किसकी हिम्मत है? किसी की हिम्मत नहीं है। ऐसा वातावरण वहाँ होता है। आप ने अभी कह दिया कि रोज़ाना पैंतीस लोगों का कहते हैं। यहाँ केवल दो बार—एक बार दस, दूसरी बार दस और दस टीजे का कहना है। इतनी छोटी-सी बात है। दो दिन का समय निकालना है। आपको पहले जितना समय चाहिए उतना लीजिए। एक दिन के गैप में चाहिए तो तीसरे दिन कर लेंगे। दूसरी बार पाँचवे दिन कर लेंगे। और एक बार सिद्ध कर दीजिए न। केवल हम इतनी ख़बर कारी लेंगे कि आपके पास कोई भी जानकारी, किसी माध्यम से न पहुँचे।

सवाल : कानूनी तौर पर बात करें तो आपने कहा कि दरबार से दो दिन पहले वह अपनी कथा छोड़कर चले गए। जब सात दिन वह यहाँ थे, जब दिव्य दरबार लग रहा था, उस समय आपकी समिति ने क्या किया और जब वह चले गए तभी यह बात क्यों सामने ?

जवाब : महाराज ख़ुद को सनातनी कहते हैं। सनातन धर्म का सबसे बड़ा आग्रह होता है, सत्य बोलना। और भारत में दो बहुत बड़े सनातनी लोगों को मैं जानता हूँ। एक महात्मा गांधी हैं और दूसरे स्वामी विवेकानंद हैं जो अपने आपको आख़िर तक सनातनी कहते थे, हिंदू कहते थे। अब महाराज क्यों बार-बार ऐसे बोलते हैं, मुझे पता नहीं। मैं उनका जवाब उस ढंग से नहीं दूँगा, तथ्य आपके सामने रखूँगा। महाराज के पोस्टर्स पूरे नागपुर में लगे थे। 5 से 13 जनवरी तक उनका कार्यक्रम प्रसिद्ध हुआ। साथ में पत्रिकाएँ बँटी थीं। पत्रिकाओं में भी 13 तारीख़ तक कार्यक्रम हैं और उसमें 12 तारीख़ को यानी 11 को गए इसलिए मैं आगे के कार्यक्रम पर आ रहा हूँ। 12 तारीख़ को उन्होंने लिखा है कि एक बजे से लेकर हरि इच्छा तक राम कथा। और 13 तारीख़ को एक से चार बजे तक राम कथा है। और उसके बाद में पूजन है, हवन है, बाक़ी भी चीज़ें हैं। यह केवल यहाँ तक सीमित नहीं है, मेरे मित्रों ने अभी-अभी दो दिन पहले यह उनकी वेबसाइट से उठाया है। वेबसाइट उनकी है—बागेश्वर धाम डॉट को डॉट इन—उसमें भी नागपुर श्रीमद भागवत कथा दिनांक 5 से 13 जनवरी दिया गया। 6 जनवरी 2023 को उनके आयोजकों की प्रेस कॉन्फ्रेंस हुई। उस कॉन्फ्रेंस में भी उन्होंने पत्रकारों को नहीं बताया कि महाराज

11 को जाने वाले हैं। 8 तारीख़ की शाम को पुलिस के पास कंपलेंट की गई। 9 तारीख़ की शाम को प्रेस कॉन्फ़्रेंस हुई। 10 तारीख़ को दोबारा पुलिस कंपलेंट हुई। 10 को सभी पेपर्स में छपकर आया और महाराज कह रहे हैं कि मुझे पता नहीं है। और उन्होंने चुनौती देनी है। मेरे आने के बाद चिल्ला रहे हैं। अब इसका मतलब आपको जो निकालना है वह आप निकालिए।

सवाल : सर, बड़ी बात यह है कि महाराष्ट्र में अंध श्रद्धा विरोधी क़ानून लागू है। महाराष्ट्र में आप हैं, नागपुर में केंद्रीय मंत्री नितिन गडकरी उनके मंच पर थे। उपमंत्री उनके मंच पर थे और अब तक आपकी पूरी की पूरी बातों को एज़ इट इज़ अगर हम मानें कि इसके पहले आप लोगों ने जो काम किया है अगर आपकी शिकायतों के बाद अब तक आपके मुताबिक़ एफ़आईआर की सूचना आपके पास नहीं है तो इसका मतलब कि या तो महाराष्ट्र की सरकार यह मानती है कि बाबा जी सच्चे हैं या फिर यह कि आप लोगों का काम कमज़ोर है या फिर इसकी कोई और वजह है। वह वजह आपको अब तक क्या समझ में आ रही है।

जवाब : आपने जो सवाल उठाया कि हमारा काम कमज़ोर है, यह तो उनके दिमाग़ में होने की गुंजाइश नहीं है। क्योंकि आपने जो नाम लिए वे दोनों बीजेपी के बहुत बड़े लोग हैं। दोनों मुझे बहुत अच्छे ढंग से जानते हैं। देवेंद्र जी के पिता जी के साथ मैंने काम किया। नितिन जी कॉलेज जीवन से मेरे मित्र रहे हैं। अंध श्रद्धा का काम उन्हीं के सामने शुरू हुआ और वह हमेशा मेरे काम में मदद करते आए हैं। मेरे काम में उन्होंने आजतक अड़चन नहीं डाली। इसलिए इस बारे में कोई डाउट नहीं है। रहा सवाल राम कथा में जाना, इसको मैं ग़लत नहीं मानता। हर पॉलिटिकल लीडर को ऐसा करना पड़ता है। जहाँ लोग बड़े पैमाने पर किसी भी कारण से इकट्ठा हों, लोग उन्हें बुलाएँ, वहाँ जाना स्वाभाविक है। इसके लिए कोई आक्षेप लगाना ग़लत होगा। और न ही कोई मुझे आक्षेप लगाने का अधिकार है; अधिकार हो न हो यह ग़लत ही होगा, ऐसा मैं मानता हूँ। शायद उनको पता नहीं था कि यहाँ ठगी है। क्योंकि मेरी ख़ुद की पहली प्रतिक्रिया थी कि बहुत अच्छा काम है तो नेचुरली यह हो सकता है। और बाद में जब हमने सवाल उठाने शुरू किए तो उसके बाद में उनकी बहुत मुश्किल हो गई। हम कहते हैं कि इधर भी जा नहीं सकते, उधर भी नहीं जा सकते। ऐसी सिचुएशन तैयार हुई होगी इसलिए मैं राह देख रहा हूँ।

सवाल : लेकिन अगर ऐसी सिचुएशन आपके मुताबिक़ तैयार हुई है तो आगे भविष्य में आप लोगों को काम करने में और चुनौती है कि भई मान लीजिए आप कह रहे हैं कि छोटा, तांत्रिक, बाबा, हिंदू, मुसलमान, ईसाई, आपने सबको किया है तो कोई छोटा व्यक्ति अगर है तो कार्रवाई हुई, बड़ा है तो नहीं होगी, तो फिर इस क़ानून का फ़ायदा आपके हिसाब से ख़त्म हो गया।

जवाब : बहुत सही सवाल आपने पूछा। 2005 में यह क़ानून पहली बार विधानसभा में सहमत हुआ था। तब सामाजिक न्याय विभाग के एक राज्य मंत्री जो आदिवासी भी थे, मुझे कह रहे थे कि मानव साहब आप बहुत मेहनत कर रहे हो यह क़ानून बनाने के लिए। लेकिन आपको पता है, यह क़ानून बनने के बाद इसके तहत कार्रवाई होगी हम आदिवासियों और दलितों पर। बड़े सवर्णों पर इसकी कोई कार्रवाई नहीं होगी। मैंने बहुत मेहनत से उन्हें समझाया कि ऐसा नहीं होगा। क़ानून सबके लिए होता है। और जब से इस स्थिति की मैंने कंपलेंट की, हालाँकि ये कंपलेंट कोई व्यक्ति ने नहीं की, मैं कमेटी का सअध्यक्ष हूँ जिसने क़ानून का हर शब्द फ़ाइनल किया है, उसने यह कंपलेंट की है। यह-यह कानून यहाँ-यहाँ लागू होते हैं, इसके सब प्रूफ़्स दिए गए हैं। इसके बावजूद अगर एक्शन नहीं हो रहा तो मेरे दिमाग़ में वही सवाल बार-बार घूम रहा है जो आपने उठाया। वह कहते थे कि आपका क़ानून केवल हमारे लिए है। हम लोगों को आप अंदर डालोगे। आप उच्च वर्णीय लोगों को हाथ नहीं लगा पाओगे। यह अब सरकार की स्थिति बन चुकी है। अब यह सच क्या है, क्या नहीं है, इसके लिए थोड़ा समय देना होगा। मैं थोड़ा शांति से काम करने वाला व्यक्ति हूँ। अभी सरकारी स्तर पर जो पॉसिबिलिटी थी, वह पहले ढूँढ़ेंगे। अगर यह ध्यान में आया कि सरकार को सब पता है लेकिन फिर भी एक्शन नहीं लेना चाहती है तो इसका मतलब तो आपने जैसा कहा वैसा ही हो गया कि क़ानून का कोई मतलब ही नहीं है।

सवाल : इसका मतलब हम यह भी तो मान सकते हैं न कि सरकार में बैठे लोग यह मान रहे हैं कि चमत्कार है।

जवाब : इसका मेरे दिमाग़ में एक प्रतिशत भी डाउट नहीं है। क्योंकि दोनों व्यक्ति जो जुड़े हैं, उनको मैं जानता हूँ। वे यह नहीं मान सकते कि महाराज में शक्ति है।

सवाल : एक आख़िरी सवाल कि बार-बार पूरे सोशल मीडिया से लेकर तमाम जगहों पर यह बात कही जा रही है कि हिंदू धर्म सबसे सॉफ़्ट टारगेट है क्योंकि

हिंदू धर्म या सनातन धर्म के ख़िलाफ़ जब कोई बात होती है तो उसपर बहुत तेज़ी से प्रतिक्रिया नहीं आती है। जैसे आप किसी मुस्लिम व्यक्ति या ईसाई के ख़िलाफ़ करो तो पूरे शहर में कुछ हो जाए। सनातन धर्म सबसे सॉफ़्ट टारगेट है इसीलिए अगर आपको जो लोग पहले कह रहे थे कि आप हिंदू के बीच से ही हिंदू की बात कर रहे हो वही अब कह रहे हैं कि ईसाई हो के हिंदू की बात कर रहे हो। तो सनातन धर्म सबसे सॉफ़्ट टारगेट है, आप क्या मानते हो कि यह टारगेट बेसिस बात है या हिंदू धर्म के लोगों की भलाई की, जो आपका दावा है।

जवाब : हिंदू धर्म के नाम पर जो लोग अपने ही लोगों को ठगते हैं क्या उनका हम समर्थन कर सकते हैं धर्म के नाम पर? सीधी-सी बात है कि धीरेन्द्र कृष्ण महाराज ठगते नहीं। उनकी जो दिव्य शक्तियाँ हैं वे सच हैं। वे इन्हें वैज्ञानिक कसौटी पर सिद्ध करें। मैं माफ़ी माँगूँगा, उनका भक्त बन जाऊँगा। फिर मुझे काम ही कौन-सा बचने वाला है। मैं तो यह भी कहता हूँ कि यह बात केवल महाराज तक या मुझ तक सीमित नहीं है, यह दिव्य शक्तियाँ सिद्ध होती हैं तो देश में एक भी टेररिस्ट एक्टिविटी नहीं होगी, एक भी बॉम्ब स्पॉट नहीं होगा।

सवाल : देश की हर मज़ार पे झाड़-फूँक हो रही है। ईसाई धर्म का एक वीडियो चलता है कि किसी खिलौने से भूत भगाया जा रहा है। जल छिड़क रहे हैं। इन पर आपत्तियाँ नहीं हैं क्या?

जवाब : हैं न! उसके लिए औरंगाबाद हाईकोर्ट ने निर्णय लिया है कि इस ढंग की जो भी एडवरटाइज़मेंट आती है उसके ख़िलाफ़ सरकार को क़दम उठाने चाहिए। उसके आधार पर तब के उप मुख्यमंत्री अजीत जी पवार के नेतृत्व में बैठक हुई थी। चार लोगों की कमेटी भी बनी जिसमें मैं हूँ, पुलिस प्रमुख हैं, हमारे पब्लिसिटी के डायरेक्टर हैं और साथ में सामाजिक न्याय विभाग के सदस्य-सचिव हैं। इन चार लोगों की कमेटी के माध्यम से इन सब चीज़ों को बार-बार देखा जाएगा। पहले ऐसा तय हुआ कि क़ानून का एकदम से इम्प्लिमेंटेशन नहीं करेंगे। पहले उनको एक नोटिस देंगे कि यह क़ानूनन अपराध है। इसके बाद भी यह नहीं रुका तो एक्शन लेंगे। सरकार बदल गई, काम वहीं का वहीं रह गया। कहने का मतलब है कि सोचा नहीं, हुआ ऐसा नहीं है। रहा सवाल जब भी डायरेक्ट क़ानून के तहत कंपलेंट, अभी यह संभव है कि औरंगाबाद हाईकोर्ट ने जो निर्णय दिया उसके आधार पर जो मैं बात कर रहा था, वह संभव है लेकिन जहाँ डायरेक्टली क़ानून का

उलंधन होता है और वहाँ कोई कंपलेंट करता है और अगर कंपलेंट दर्ज नहीं होती तो मैंने पूरे महाराष्ट्र में जनजागरण सभाएँ की हुई हैं। तब लोगों को हमने अपने नंबर दिए थे। मेरे कोई-न-कोई कार्यकर्ता के पास फ़ोन आता है या फिर सोशल मीडिया के माध्यम से कंपलेंट आती है कि अमुक-अमुक इंस्पेक्टर के पास मैं गया था वह दायर करने के लिए तैयार नहीं। मैं उनको फ़ोन करता हूँ, जनरली वह मुझे पहचानता है, अगर मेरे हाथ के नीचे का ट्रेनिंग किया हुआ है। तब वह बोलता है कि सर, कैसे लागू होगा, मार्गदर्शन कीजिए। मुझे तो पूरा क़ानून रटा हुआ है। मैं उनको बताता हूँ। तो यह ऐसे होता है। वैसे जनरली दायर होता है। नए इंस्पेक्टर होते हैं तो मुझे समझाना पड़ता है। हमेशा से हम इस ढंग से काम करते आ रहे हैं। ऐसा नहीं है कि होता नहीं है इसलिए तो काफ़ी केसेज़ दायर हुए हैं। उनमें मुस्लिम भी हैं, क्रिस्चन भी। क्रिस्चन पादरियों के ख़िलाफ़ तो कंपलेंट मेरे ही पास आईं। पुलिस ने मुझे ही पूछा।

सवाल : अब बस आख़िरी बात कि अगर आप एफ़आईआर नहीं करा पाए? और फिर आपकी संस्था भी दांव पर है। आगे क्या आप कोर्ट जाएँगे सरकार के ख़िलाफ़?

जवाब : हमारे लिए साइंटिफिक टेम्पर और उसका प्रचार-प्रसार सबसे ज़्यादा महत्त्वपूर्ण है। चालीस सालों से अपनी लाइफ़ डेंजर में डालकर हम यह काम कर रहे हैं। मैं यह क्षमता दूसरी चीज़ों पर डालता तो कहाँ का कहाँ होता। मैं बड़ा पॉलिटिकल लीडर भी बन सकता था। लेकिन हमने रोज़ लोगों की गालियाँ खा-खाकर यह काम किया, हमारे साथियों ने भी। अब इतना चालीस सालों तक हमने काम किया है। बड़ी मेहनत से क़ानून बना है तो उसका ठीक ढंग से इम्प्लिमेंटेशन नहीं होगा या हमें पता चलेगा कि सरकारी स्तर पर यह निर्णय फ़ाइनल हो चुका है कि वे नहीं करने वाले, तो जो भी मार्ग उपलब्ध होंगे सभी का हम अवलंभ करेंगे। औरंगाबाद हाईकोर्ट का निर्णय इतना पॉज़िटिव निर्णय है, इतना बड़ा आधार है कि हम इसका बहुत ईज़ली उपयोग कर सकते हैं। हमें करना ही पड़ेगा। यह मेरा कर्तव्य होगा। जैसा शासन कमेटी की ओर से मेरा कर्तव्य है, उसी ढंग से इस काम को यहाँ तक लेकर आए, क़ानून बनावाया, यह सब प्रोसेस में हम रहे हैं तो वह भी मेरा कर्तव्य है। इसका इम्प्लिमेंटेशन ढंग से हो। वह जाति या फिर वर्ण के आधार पर न हो यह भी देखने की आवश्यकता होगी तो इसके लिए जो भी करने की आवश्यक होगी, वह करना पड़ेगा।

सुहानी शाह[34] की बागेश्वर बाबा विवाद में एँट्री

एक तरफ अंधश्रद्धा निर्मूलन समिति के श्याम मानव दावा कर रहे थे कि किसी के मन की बात जानना संभव नहीं है। दूसरी तरफ, अचानक टीवी चैनलों पर मेंटलिस्ट सुहानी शाह छा गईं। उन्होंने टीवी डिबेट में दावा किया कि मन की बात जानना संभव है, लेकिन यह कोई चमत्कार नहीं, बल्कि एक ऐसी तकनीक है, जिसे अभ्यास से सीखा जा सकता है। सोशल मीडिया पर उस समय सुहानी के लाखों प्रशंसक थे। उन्हें माइंड रीडर कहा जाता था और कुछ लोग उन्हें जादूगर भी मानते थे। सुहानी खुद को भारत की एकमात्र महिला जादूगर बताती थीं। उन्होंने कई बड़े सेलिब्रिटी को अपनी कला से हैरान किया था। मूल रूप से राजस्थान के उदयपुर की रहने वाली सुहानी का परिवार बाद में गुजरात चला गया था। वे देश-विदेश में जादू के शो करती थीं और कई किताबें भी लिख चुकी थीं।

इधर, श्याम मानव बागेश्वर धाम के धीरेन्द्र शास्त्री पर सवाल उठा रहे थे, तो उधर सुहानी शाह के बहाने यह बहस शुरू हो गई कि क्या धीरेन्द्र शास्त्री किसी तकनीक को चमत्कार बताकर लोगों की धार्मिक भावनाओं का फायदा उठाते हैं? लोगों को लगा कि इन आरोपों से धीरेन्द्र शास्त्री की लोकप्रियता और चमक फीकी पड़ जाएगी। लेकिन धीरेन्द्र शास्त्री ने दूसरा ही रास्ता चुना। श्याम मानव के विवाद को सनातन धर्म पर सवाल से जोड़कर, रायपुर की एक कथा में उन्होंने माहौल को अपने पक्ष में कर लिया।

नागपुर में शुरू हुए विवाद के बाद, जब देश का एक बड़ा हिस्सा पं. धीरेन्द्र शास्त्री पर सवाल उठाने लगा, तो उससे कहीं बड़ा वर्ग उनके समर्थन में खड़ा हो गया। इस समर्थन को भाँपते हुए धीरेन्द्र शास्त्री ने एक ऐसा मुद्दा उठाया, जिसने उनकी छवि को एक नए रूप में सामने ला दिया।

23 जनवरी 2023 को रायपुर के मंच से उन्होंने खुलकर कहा, "नेताजी सुभाष चंद्र बोस ने कहा था—तुम मुझे खून दो, मैं तुम्हें आजादी दूँगा। आज हमने भारत के इतिहास में एक नया नारा गढ़ा है—तुम मेरा साथ दो, हम हिंदू राष्ट्र बनाएँगे। भारत के लोग, अब चूड़ियाँ पहनकर घर में मत बैठो। यह सिर्फ बागेश्वर धाम पर उंगली नहीं, हर सनातनी पर उंगली उठाई गई है[35]।"

इस बयान ने हिंदू राष्ट्र के मुद्दे को हवा दे दी। देखते ही देखते लोग श्याम मानव और सुहानी शाह की चर्चा भूल गए। धीरेन्द्र शास्त्री के समर्थन में ऐसा ज्वार उठा कि उन्हें हिंदुत्व का नया चेहरा कहा जाने लगा। कुछ समय पहले तक अपनी

अनूठी कथा शैली और दिव्य दरबारों के लिए सुर्खियों में रहने वाले धीरेन्द्र शास्त्री अब अपने आक्रामक बयानों के कारण हिंदुत्व और हिंदू राष्ट्र की बहस के केंद्र में आ गए।

6 फरवरी 2023 को *न्यूज़ नेशन* के टीवी साक्षात्कार में उन्होंने हिंदू राष्ट्र और घर वापसी जैसे मुद्दों पर खुलकर बात की। उनके जवाबों से साफ था कि भले ही उनकी शैली सहज और अल्हड़ लगे, लेकिन उनके बयान सोचे-समझे और रणनीतिक हैं। उस साक्षात्कार के कुछ संपादित अंश यहाँ दिए जा रहे हैं :

प्रश्न: हिंदू राष्ट्र की मांग आप लेके जाएँगे तो मेरे जीवन में क्या बदल जाएगा?

धीरेन्द्र शास्त्री: हमारी कोई मांग नहीं, हम सरकार से कोई मांग नहीं रखते। सरकार से अपेक्षा नहीं। हम सिर्फ सनातनी व्यक्तियों को जगा रहे हैं।

प्रश्न: अगर हिंदू राष्ट्र घोषित हो जाता है तो कल से क्या बदल जाएगा?

धीरेन्द्र शास्त्री: हिंदू राष्ट्र अगर होता है कल से तो सबसे पहले तो ये जो वैमनयस्ता, बार-बार हिंदू-मुसलमानों के नाम पर की जाती है, ये बदल जाएगा। ये वैमनयस्ता दुर हो जाएगी। जातियों के नाम की वैमनयस्ता बदल जाएगी। जातिवाद फैलना बंद हो जाएगा। हिंदू राष्ट्र हो जाएगा तो सबके जीवन में मैं हिंदू हूँ, सिर्फ मैं हिंदू हूँ। और ये जो बार-बार धर्म, बार-बार धर्म की लड़ाई, बार-बार ईश्वर की लड़ाई, बार-बार प्रमाण, बार-बार संतों को प्रमाण, ये जो टारगेट किए जाते हैं, ये सभी टारगेट शून्य हो जाएँगे। क्योंकि हिंदू राष्ट्र बनते ही रामराज्य की स्थापना हो जाएगी, राम का देश हो जाएगा। फिर किसी बात की लड़ाई नहीं।

प्रश्न: और बाकी धर्मों का क्या होगा?

धीरेन्द्र शास्त्री: यहीं रहें अगर उन्हें अच्छा लगता है।

प्रश्न: और उन्हें भी क्या ये मानना होगा कि भाई हिंदू धर्म सर्वोपरि है?

धीरेन्द्र शास्त्री: मान रहे हैं न! मानने से कोई फर्क नहीं पड़ता है, न मानने से कोई फर्क नहीं पड़ता है। आपके मानने या ना मानने से ईश्वरीय सत्ता पर कोई फर्क नहीं पड़ता है। अगर आप नहीं मानते बागेश्वर धाम, तो क्या बागेश्वर धाम मिट गया। करोड़ों लोग ऐसे हैं जो नहीं मानते। तो उनके न मानने से हनुमान जी नहीं हैं? वो तो अपनी लीला कर ही रहे हैं। तो आपके मानने, न मानने से कोई फर्क नहीं पड़ता है। और फर्क किसी को पड़े तो पड़े। हमें लगता नहीं पड़ता है। और ज्यादा दिक्कत है तो फिर पासपोर्ट तैयार कर सकते हैं।

प्रश्न: मतलब वो देश छोड़ के चले जाएँ।

धीरेन्द्र शास्त्री: अगर दिक्कत आपको है तो।

प्रश्न: मतलब या तो ये मानें कि भारत हिंदू राष्ट्र है, नहीं तो देश छोड़ के चले जाएँ ?

धीरेन्द्र शास्त्री: अगर दिक्कत आपको लगती है तो छोड़ देना चाहिए। देखिए, अगर आपका टीवी का चैनल किसी को देखना पसंद नहीं तो चैनल बदल दीजिए। तो मतलब आपको आपके चैनल से किसी को प्रॉब्लम है, तो आप उसको क्या जवाब देंगे? आपके चैनल से किसी को प्रॉब्लम है, कि हमें आपका चैनल बहुत बेकार लगता? तो क्या कहोगे, कि मत देखो।

प्रश्न: हम ये कहेंगे कि आप बताइए, अपना सुझाव दीजिए।

धीरेन्द्र शास्त्री: देखिए हमने खूब सुझाव मांगे हैं। हमने खूब सामाजिक गंगा-जमुनी की तहजीब दी है। पर बार-बार वही टारगेट! बार-बार वही श्रद्धा के कांड! कारण बार-बार राम चरित्र मानस पर टिप्पणी।

प्रश्न: बार-बार राम चरित्र मानस पर टिप्पणी करने वाले तो हिंदू धर्म के लोग ही हैं।

धीरेन्द्र शास्त्री: हम किसी धर्म पर जा ही नहीं रहे। हम सिर्फ सनातन विरोधी की बात कर रहे हैं। हमारी लड़ाई मुसलमानों से या ईसाइयों से नहीं है। हमारी सबके प्रति संवेदना है। उन पंथों के प्रति हृदय से भावना है हमारी और उनका उनके प्रति जो भाव है उसकी हमारी शुभकामनाएँ और साधुवाद है साधु पीठ से। हमारी लड़ाई सनातन विरोधी से है और प्रत्येक सनातन विरोधी से है जिनको अगर सनातन व हिंदू राष्ट्र से दिक्कत है। हम कोई पॉलिटिशियन नहीं, ना हम कोई राजनेता हैं। उस व्यक्ति को भारत में रहना है तो कायदे में रहना है, उसे दिक्कत है तो पासपोर्ट तैयार करे। वो जा सकता है। हमें कोई दिक्कत नहीं।

प्रश्न: ये बताइए कि 2024 में चुनाव होने जा रहे हैं। और ऐसे में क्या आप मोदी जी के सामने हिंदू राष्ट्र की मांग करेंगे।

धीरेन्द्र शास्त्री: राजनीति पर हमारी कोई टिप्पणी नहीं। हमारी सरकार से कोई अपेक्षा ही नहीं। हमारी भगवान से प्रार्थना है। हमारी खुद अपनी इष्ट के प्रति प्रार्थना है। भारतीय नागरिक होने के नाते हमको बोलने का अधिकार है। हमने अपनी बात रख दी और सरकार सुन रही। आपकी टीवी को देखेगी तो भी सुनेगी। लोगों

की धारणा अलग है कि हम वोट के लिए या फिर पॉलिटिक्स को मिलने के लिए या बहुत बड़ा कैनवास खड़ा करने के लिए ये बार-बार बयान दे रहे हैं। चिल्ला रहे हैं। ये छोटी मानसिकता है। कोई मिले, तो साधु के नाते स्वीकार है। कोई धाम पर आए, तो साधु के नाते प्रेम। और कोई अगर मिले भी तो माननीय प्रधानमंत्री और गद्दी के प्रति हमारी शुभकामना, क्योंकि वो देश के राजा हैं तो प्रधानमंत्री के प्रति हमारी सद्भावना, ईश्वर से कामना और सुभाशीष। अपने प्रभु से, इष्ट से प्रार्थना है। पर हमारा कोई औचित्य इस उद्देश्य से नहीं है कि ये मुद्दा लेकर के हम वहाँ जाएँ।

हिंदू राष्ट्र का मुद्दा उठाकर धीरेन्द्र शास्त्री एक बार फिर सुर्खियों में छा गए। उन्होंने कट्टर हिंदुत्व की राह अपनाकर खुद को सबसे बड़े हिंदूवादी चेहरे के रूप में स्थापित कर लिया। जैसा कि पहले बताया गया है, धीरेन्द्र शास्त्री के हर बयान और कदम के पीछे एक सोची-समझी रणनीति होती है। नागपुर से रायपुर तक उनके बदलाव को देश ने देखा। लेकिन वे यहीं नहीं रुके। एक के बाद एक तीखे और कड़े बयानों से उन्होंने अपनी कट्टर हिंदूवादी छवि को और मजबूत किया। उनके बयान अब मीडिया की सुर्खियाँ बटोर रहे थे। इसी बीच, अप्रैल 2022 का उनका एक पुराना बयान फिर से वायरल हो गया।

सागर जिले के बंडा विकासखंड के चील पहाड़ी गाँव में कथा के दौरान[36] उन्होंने कहा, "आज दो खबरें हैं—एक सुखद, एक दुखद। सुखद खबर यह है कि भारत में हिंदू जाग रहे हैं। लेकिन दुखद खबर यह है कि वे पत्थर खाकर जाग रहे हैं। हम निवेदन करते हैं कि अपने गाँव और क्षेत्र में ऐसा न होने दें। आज ही पंडाल से प्रण लें कि सभी हिंदू एक हैं। जो विचित्र खबरें टीवी पर चल रही हैं, उनसे हम हिंदुओं से प्रार्थना करते हैं—अब न जागे तो हर गाँव को यही भुगतना पड़ेगा। इसलिए, सभी हिंदू जाग जाओ और पत्थर फेंकने वालों के घरों पर बुलडोजर चलाओ।"

अप्रैल 2022 में धीरेन्द्र शास्त्री ने अपने एक तीखे बयान[37] में कहा, "कुछ दिन बाद हम भी बुलडोजर खरीदेंगे। अभी पैसे की कमी है, लेकिन हम बुलडोजर लेंगे। जो राम के काम में, सनातनी महात्माओं, संतों और हिंदुओं पर पत्थर फेंकेगा, उसके घर पर हम बुलडोजर चलाएँगे। हिंदुओं, जागो! जो तुम्हारे घर पर पत्थर मारे, उसके घर जेसीबी लेकर जाओ। भारत सनातनियों का देश है। अगर रामनवमी पर राम की यात्रा में कोई पत्थर मारे, तो हे कायरों, जागो और हथियार उठाओ। कहो, हम सब हिंदू एक हैं। हम बुलडोजर खरीदेंगे। क्यों? क्योंकि सरकार कब तक घर गिराएगी? हिंदुओं को खुद गिराना होगा। जब हर हिंदू में यह ताकत होगी, तो पत्थर फेंकने वाले

खुद अपने सिर पर पत्थर मार लेंगे।" उन्होंने आगे कहा कि यह जरूरी है क्योंकि संतों पर अत्याचार बढ़ रहे हैं। "महाराष्ट्र में दो संतों को मार दिया गया, किसी ने बात नहीं की। संतों को पत्थरों से पीट-पीटकर मारा गया। हमारी सरकारों से निवेदन है कि सनातन धर्म पर उंगली उठाने वालों के घर बुलडोजर चलाया जाए।"

हालांकि, इस कड़े बयान के बाद उन्होंने यह भी स्पष्ट किया, "मेरी बात को गलत न समझा जाए। हम किसी पार्टी के नहीं, हम रामजी की पार्टी के हैं।"

इस तरह के बयानों से समाज का एक बड़ा हिस्सा उन्हें भाजपा के हिंदूवादी एजेंडे से जोड़ने लगा। विपक्षी दल उन्हें आँखों की किरकिरी मानने लगे, जबकि हिंदूवादी चेहरे के रूप में उनका जनसमर्थन लगातार बढ़ता गया। उनकी बात अब सिर्फ धार्मिक कथाओं तक सीमित नहीं थी, बल्कि हिंदुत्व की दिशा में मुखर हो चुकी थी।

लगभग दो साल से हिंदू राष्ट्र के मुद्दे को जोर-शोर से उठा रहे धीरेन्द्र शास्त्री ने हाल ही में *टाइम्स नाउ* के मंच पर अपनी सोच स्पष्ट की। जब उनसे पूछा गया कि उनके लिए हिंदू राष्ट्र का मतलब क्या है, तो उन्होंने अपनी परिकल्पना को विस्तार से समझाया।

पंडित धीरेन्द्र शास्त्री कहते हैं, "हम एक हाथ में संविधान और दूसरे में गीता-पुराण लेकर चलते हैं। भगवान ने हमें दो हाथ दिए हैं। हमने कभी नहीं कहा कि संविधान बदलना है या कागज पर हिंदू राष्ट्र चाहिए। हमें तो लोगों के दिलों में हिंदू राष्ट्र चाहिए। इसका मतलब है कि हिंदुत्व के प्रति प्रखर हों, मुखर हों, उनमें एकता हो, हिंदू बिखरने की बजाय एकजुट हों, जात-पात से ऊपर उठकर राष्ट्र के लिए काम करें, ताकि भारत विश्व गुरु बने।"

उन्होंने कहा कि यहाँ बाकी लोग भी तो हैं, और रहेंगे। जैसे दुबई में सब रहते हैं, लेकिन वहाँ मुसलमानों को प्रमुखता मिलती है। तो भारत में हिंदुओं को प्रमुखता मिले, इसमें क्या गलत है? भारत में हिंदू सबसे ज्यादा हैं। सबको रहने का हक है, सभी के पूर्वजों ने देश को आजाद कराने में मदद की। हम राम-रहीम, रसखान, अब्दुल कलाम सबकी बात करते हैं। लेकिन जो देश तोड़ने की बात करें, उन्हें नहीं छोड़ेंगे।

उन्होंने इस सवाल के जवाब में कि उन पर आरोप है कि वे 'कायदे में रहो, फायदे में रहो[38]' की बात करते हैं, कहा कि ये नियम सबके लिए है। उन्होंने कहा कि इसका अर्थ है—सीमा में रहकर काम करो। सड़क पर नमाज क्यों? *रामचरितमानस* क्यों

जलाएँ? गाय क्यों काटें? पालघर में संतों की हत्या क्यों? 'भारत तेरे टुकड़े' जैसे नारे या गजवा-ए-हिंद की सोच क्यों?

उन्होंने आगे कहा कि भारत राम का देश है, न अकबर का, न बाबर का। यहाँ राम की बात होगी। अगर तुम इसके खिलाफ जाओगे, तो सीमा लाँघ रहे हो। इसलिए वे उनको विनम्रतापूर्वक समझा रहे हैं कि भैया कायदे में रहोगे तो फायदे में रहोगे।

कुल मिलाकर श्याम मानव की अंधश्रद्धा निर्मूलन समिति के द्वारा धीरेन्द्र शास्त्री पर लगाए आरोपों वाले विवादों का कालक्रम में पटाक्षेप हो गया। 25 जनवरी 2023 को नागपुर पुलिस ने धीरेन्द्र शास्त्री को क्लीन चिट दे दी[39]। पुलिस आयुक्त अमितेश कुमार ने कहा कि श्याम मानव द्वारा दी गई शिकायत और उनके "सबूतों" की जांच में ऐसा कुछ नहीं मिला जो महाराष्ट्र अंधविश्वास विरोधी कानून के तहत कार्रवाई को आकर्षित कर सके।

श्याम मानव ने फिर से 2024 में अपनी चुनौती को दोहराया, यह कहते हुए कि वे अभी भी अपनी बात पर कायम हैं और शास्त्री को नागपुर में चमत्कार सिद्ध करने के लिए बुलाया। उन्होंने महाराष्ट्र सरकार और देवेंद्र फडणवीस पर भी शास्त्री के खिलाफ कार्रवाई न करने का आरोप लगाया।

दूसरी तरफ धीरेन्द्र शास्त्री कहते रहे कि वे हिंदू धर्म और सनातन संस्कृति की रक्षा के लिए काम कर रहे हैं और किसी से डरते नहीं। उन्होंने श्याम मानव को रायपुर में चुनौती दी थी, लेकिन मामला आगे नहीं बढ़ा।

विवाद ने सोशल मीडिया और समाचारों में खूब सुर्खियाँ बटोरीं, लेकिन दोनों पक्षों के बीच कोई प्रत्यक्ष मुलाकात या सार्वजनिक मंच पर चमत्कार सिद्ध करने की घटना नहीं हुई। श्याम मानव ने अपनी चुनौती को ज़रूर दोहराया, लेकिन शास्त्री ने इसे अपने दरबार में आने की शर्त पर सीमित कर दिया।

अध्याय 7

रायपुर की कथा में पत्रकार ज्ञानेंद्र तिवारी प्रकरण

किस्मत कनेक्शन क्या है?

किस्मत कनेक्शन वो अनोखा संयोग है, जब समय और परिस्थितियाँ दो लोगों को एक ही घटना से जोड़ देती हैं, भले ही उनकी राहें अलग हों। मैं, सचिन चौधरी, 2009 से भोपाल में पत्रकार हूँ। 2010 में मेरी मुलाकात ज्ञानेंद्र तिवारी से हुई, जो पत्रकारिता की पढ़ाई कर रहे थे। हमारी उम्र एक जैसी थी, सो दोस्ती हो गई। उन्होंने मुझे गुरु माना, पर हम दोस्तों की तरह रहे। ज्ञानेंद्र बाद में *दैनिक भास्कर* और फिर *एबीपी न्यूज़* में रायपुर और दिल्ली में मशहूर पत्रकार बने। मैंने 2018 में *बुंदेली बौछार* शुरू किया, लेकिन हमारी बातचीत, खासकर बागेश्वर धाम और पंडित धीरेन्द्र शास्त्री को लेकर जारी रही।

किस्मत का खेल देखिए! जब श्याम मानव ने धीरेन्द्र शास्त्री पर विवाद खड़ा किया, तो मैं नागपुर में श्याम मानव का इंटरव्यू ले रहा था और उसी समय ज्ञानेंद्र रायपुर में धीरेन्द्र शास्त्री से बात कर रहे थे। दो दिन में ज्ञानेंद्र ने धीरेन्द्र शास्त्री का इंटरव्यू लिया, जिसने मीडिया में तहलका मचा दिया। अगले दिन उन्होंने मंच पर शास्त्री के पैर छुए, जिससे बुद्धिजीवी और पत्रकार उन पर भड़क गए[40]। यह बात जनवरी 2023 की है। यह रोचक घटनाक्रम किस्मत कनेक्शन का जीता-जागता सबूत है।

इस विवाद पर पत्रकार ज्ञानेंद्र तिवारी ने कहा कि श्याम मानव वाला विवाद नागपुर से लेकर पूरे देश में सुर्खियों में था और उन्हें जानकारी मिली कि धीरेन्द्र शास्त्री रायपुर आ रहे हैं। उस समय वे *एबीवी न्यूज* की तरफ से 'जनता जिंदाबाद' शो किया करते थे। उनका घर भी रायपुर ही था, सो हरेक शनिवार-इतवार वे दिल्ली से रायपुर आ जाते थे। उन्होंने सोचा कि अगर धीरेन्द्र शास्त्री से इंटरव्यू का

मौका मिले तो वे जरूर करना चाहेंगे और उनके तत्कालीन विवाद पर भी सवाल-जवाब कर लेंगे।

उसके बाद उन्होंने अपने चैनल से जरूरी इजाजत लेने के बाद इन पंक्तियों के लेखक को फोन किया कि वे साक्षात्कार दिलवाने में मदद करें। साथ ही उन्होंने इस क्षेत्र के विधायक विकास उपाध्याय से भी इसमें मदद के बावत बात की। ज्ञानेंद्र तिवारी की धीरेन्द्र शास्त्री से मुलाकात तो हुई लेकिन उन्होंने बात करने से साफ इनकार कर दिया। लेकिन ज्ञानेंद्र के काफी आग्रह के बाद और यह आश्वासन देने के बाद कि वे सही नीयत से आए हैं और हिंदुत्व या सनातन को बदनाम करने का उनका कोई इरादा नहीं है, धीरेन्द्र शास्त्री साक्षात्कार के लिए राजी हो गए। फिर उन्होंने शास्त्री का चरण स्पर्श किया और शाम के छह बजे वही पंडाल से 'जनता जिंदाबाद' शो करने लगे जिसका वही नियत समय होता था।

जब शो के दौरान ज्ञानेंद्र बागेश्वर बाबा के बारे में तमाम बातें बता रहे थे और कह रहे थे कि आजकल बागेश्वर सरकार और श्याम मानव विवाद सुर्खियों में है, उसी दौरान धीरेन्द्र की नजर फिर से ज्ञानेंद्र पर पड़ी और उन्होंने उन्हें व्यास पीठ के पास बुला लिया। उसी क्रम में ज्ञानेंद्र ने उनसे पहला सवाल किया कि धीरेन्द्र शास्त्री के ऊपर तो कई आरोप हैं, इस पर उनका क्या कहना है? इस पर धीरेन्द्र शास्त्री ने कहा, 'आरोप तो कृष्ण के ऊपर भी हैं।"

उसके बाद धीरेन्द्र शास्त्री ने उनसे कहा कि वे रात्रि 8 बजे के बाद उनसे इस विषय पर विस्तार से बात करेंगे। लेकिन उस कथा में लोगों की इतनी भीड़ थी और दर्शनार्थियों की इतनी संख्या थी कि वो बातचीत रात के 12 बजे ही संभव हो पाई।

ज्ञानेंद्र कहते हैं, "मैंने उनसे वो तमाम सवाल पूछे जिसको लेकर पूरे देश में चर्चा चल रही थी। चाहे वो श्याम मानव का चैलेंज हो, चाहे वो उनके पैसा कमाने को लेकर हो, कैंसर हॉस्पिटल, जिसकी बुनियाद अब रखने वाले हैं, उसको लेकर कहाँ से आपके पास इतना पैसा आता है?"

इसके अलावा उन्होंने उनसे पैसे के इस्तेमाल से लेकर उनकी शादी तक के बारे में तमाम सवाल किए जिसका धीरेन्द्र शास्त्री ने खुलकर जवाब दिया। ये बात 18-19 जनवरी 2023 के दरम्यानी रात की है[41]।

धीरे-धीरे वो इंटरव्यू बहुत चर्चा में आ गया। पहली बार आचार्य धीरेन्द्र कृष्ण शास्त्री, बागेश्वर वाले बाबा ने खुल कर इतनी बात कही थी। इसका नतीजा यह हुआ कि बाकी चैनल भी, जो एबीपी के प्रतिद्वंद्वी चैनल थे, उनमें भी पंडित धीरेन्द्र

शास्त्री के इंटरव्यू की होड़ लग गई। दिल्ली से बड़े-बड़े पत्रकार वहाँ पहुँच गए और वहाँ ओवी वैन की कतारें खड़ी हो गईं। धीरेन्द्र शास्त्री की पर्चा वाली विद्या पर, श्याम मानव विवाद पर और उनके दरबार के बारे में जमकर चर्चा हुई।

उसके अगले दिन क्या हुआ, यहाँ वो भी जानना जरूरी है। ज्ञानेंद्र कहते हैं कि श्याम मानव ने जो सवाल उठाए थे, वे कई लोगों के मन में तैर रहे थे और पत्रकार होने के नाते उन्हें लगा कि उन्हें भी इसकी तह में जाना चाहिए। बागेश्वर बाबा सभी का लाइव टेस्ट करते हैं तो पत्रकार को भी उनका लाइव टेस्ट करना चाहिए। ज्ञानेंद्र मन ही मन सोच रहे थे कि अगर बाबा उन्हें आज मंच पर बुला लें तो वे जरूर इस संबंध में उनसे सवाल पूछेंगे।

इसी बीच अचानक से उन्होंने ज्ञानेंद्र की छोटी बहन सरीखी रजनी ठाकुर को मंच पर बुलाया जो उस समय *ज़ी न्यूज* में पत्रकार हुआ करती थीं। धीरेन्द्र शास्त्री ने कहा कि मंच पर ये बिटिया आएगी और साथ में उन्होंने किसी और को भी आने को कहा। ज्ञानेंद्र कहते हैं, “उन्होंने मेरा नाम नहीं लिया। अचानक उन्होंने मेरे चाचा जी का नाम लिया। मेरे बारे में कई और बातें बोलते हुए मुझे बुलाया। मेरे मन में चल रहे एक सवाल का जवाब पहले ही उन्होंने लिख रखा था। इसके बाद मैंने अपनी पदोन्नति को लेकर सवाल किया, जिसका जवाब पहले ही बागेश्वर धाम सरकार ने लिख कर रखा था। यह देखकर मैं चकित था। कुछ और बात भी उन्होंने बताई जो आज तक उनके और मेरे बीच में ही है।”

तभी अचानक वो घटना घटी जिसका असर और जिस पर विवाद बहुत बड़ा होने वाला था।

ज्ञानेंद्र आगे कहते हैं, “मैं मंच पर गया तो, पत्रकार के हाथ में तो माइक रहता ही है, सो माइक लेकर ही गया। मैं हिंदू हूँ, मैं धार्मिक व्यक्ति हूँ, ब्राह्मण कुल में पैदा हुआ हूँ। मेरे अपने संस्कार हैं, कि कोई धार्मिक व्यक्ति, जिसके सामने एक से डेढ़ लाख लोग बैठकर कथा सुन रहे हों, अगर मुझे उनके पास जाने का मौका मिले तो मैं चरण स्पर्श तो करूँगा। तो मैंने माइक को किनारे रखा और चरण स्पर्श किया। मैं आज भी इस बात को गलत नहीं मानता। लेकिन कई लोगों की नजर में, मैंने एक यही गलती कर दी। मैं पेशे से पत्रकार हूँ, लेकिन पत्रकार के साथ-साथ मैं एक इंसान भी हूँ। मैं धार्मिक व्यक्ति भी हूँ। इसलिए मैंने चरण स्पर्श किया।”

बातचीत के दौरान धीरेन्द्र शास्त्री थोड़े आवेश में भी आ गए कि लोग उनकी इतनी परीक्षाएँ ले रहे हैं और ऐसा स्वाभाविक ही था क्योंकि लोग उन पर सवाल

उठा रहे थे। फिर उन्होंने ज्ञानेंद्र को एक पर्चा लिखकर दिया जिसमें बहुत सी बातें सच्चाई के इर्द-गिर्द थीं। ज्ञानेंद्र कहते हैं, "उन्होंने कहा कि मेरी ज़िन्दगी में कुछ चीजें घट रही हैं तो और वो हो रही है तो मेरी आस्था उनसे जुड़ गई। मैं उनका सम्मान करने लगा और फिर उसके बाद एक बड़ी घटना यह भी हुई, जिसको लेकर मैं आज तक कहीं नहीं बोला हूँ और मुझे लगता है उसको पर्दे में रहना चाहिए।"

लेकिन मंच से उतरने के बाद ज्ञानेंद्र बहुत परेशान हुए क्योंकि उन्हें सोशल मीडिया पर ट्रोल किया जाने लगा। उनके बारे में कहा जाने लगा कि उन्होंने पत्रकारिता को शर्मसार किया है और वे इसे लेकर रात भर रोते रहे। हालाँकि कई पत्रकारों ने उन्हें फोन भी किया। मशहूर टीवी पत्रकार रूबिका लियाकत, जो उनकी अच्छी दोस्त हैं, ने उन्हें फोनकर ढाँढ़स बंधाया और इस बावत ट्वीट भी किया। उस ट्वीट[42] को कोट करते हुए ज्ञानेंद्र ने लिखा, "सनातन को प्रणाम था, सनातन को प्रणाम है, सनातन को प्रणाम रहेगा[43]।"

कुल मिलाकर कथित बुद्धिजीवियों की नजर में सबसे बड़ा अपराध ये था कि एक पत्रकार ने एक धार्मिक व्यक्ति के पैर क्यों छू लिए। उसके बाद जब ज्ञानेंद्र फिर धीरेन्द्र शास्त्री से मिले तो उन्हें एहसास हुए कि वे काफी दुखी हैं। उन्होंने कहा कि वे जानते हैं कि ज्ञानेंद्र दुखी हैं, लेकिन वे तो पत्रकारों को बुलाते ही रहते हैं और आगे भी बुलाएँगे। ज्ञानेंद्र कहते हैं, "इस दौरान कुछ ऐसी घटना हुई जिसका मैं जिक्र नहीं करूँगा। केवल वो गुरुजी जानते हैं। मैं जानता हूँ और मेरे गुरुजी जानते हैं। बस इतना ही कहूँगा, इससे ज़्यादा मुझे लगता है इस संदर्भ में नहीं बोलना चाहिए।"

इन बातों से ऐसा लगता है कि ज्ञानेंद्र को धीरेन्द्र शास्त्री ने कुछ अविश्वसनीय सी बातें बताईं जो ज्ञानेंद्र के सिवा किसी को पता नहीं थीं। जाहिर है, धीरेन्द्र शास्त्री की लोकप्रियता को बढ़ाने में ऐसी बातों का बड़ा योगदान है।

उसके बाद धीरेन्द्र शास्त्री ने *टीवी9, टाइम्स नाऊ, इंडिया टीवी* समेत अन्य चैनलों के पत्रकारों को भी बात करने के लिए बुलाया, लेकिन ट्रॉलिंग के डर से किसी ने उनके पैर छूने की हिम्मत न की। लेकिन उसके बाद आचार्य धीरेन्द्र कृष्ण शास्त्री मीडिया में इतने चर्चित हो गए कि फिर वो टीआरपी का विषय बन गए। हर आदमी, हर बड़ा आदमी, देश का हर बड़ा संपादक, हर चैनल का कर्ता-धर्ता अब उनके साथ इंटरव्यू करना चाहता था। अब वे दिल्ली और नोएडा के फ़िल्म सिटी स्थित टीवी स्टूडियो में जाने लगे।

बहरहाल, ज्ञानेंद्र तिवारी ने इस विवाद के प्रकरण पर कहा कि इस प्रकरण से उन्हें बड़ा सबक भी मिला। पत्रकारिता में जब कोई दस-बारह साल सड़क के रास्ते, ट्रक के रास्ते बीहड़ों में जंगलों में भटकता है और इतनी मेहनत से अपना एक मुकाम बनाता हो, उसे सब देखते हैं। एक पत्रकार किन-किन मुश्किल परिस्थितियों में संघर्ष करता है। ऐसे में उसके बाद इतने विवाद से उसका बहुत नुकसान होता है। तिवारी कहते हैं, "लेकिन उस नुकसान को मैं नुकसान नहीं मानता। मुझे लगता है कि जिस चीज़ को देश की आधी आबादी जानना चाहती हो, देश के लोग यह समझना चाहते हों कि यह विद्या कौन-सी है, उसको अगर आप डिकोड करते हों या उसको इन्वेस्टिगेट करते हों तो ये मेरी पत्रकारिता का धर्म था।"

वे कहते हैं कि अगर वे नास्तिक होते तो धीरेन्द्र शास्त्री के पैर नहीं पूछे। अगर वे भगवान को नहीं मानते, धर्म को नहीं मानते, धर्म-गुरुओं को नहीं मानते, आस्था को नहीं मानते या सनातन को नहीं मानते तो वे कुछ नहीं करते। लेकिन वे एक धार्मिक व्यक्ति हैं। उन्होंने कहा, "जब मेरे ऊपर सवाल उठे तब भी मैंने यह सफाई में कहा था कि मैं सुबह बिना हनुमान चालीसा के नहीं उठता हूँ। मैं बिना हनुमान चालीसा पढ़े खाना नहीं खाता हूँ। दस साल हो गए तो मैं हनुमान जी का भक्त हूँ। हनुमान जी के भक्त, बागेश्वर वाले बाबा भी हैं।"

ज्ञानेंद्र तिवारी कहते हैं कि लोगों का आरोप है कि बागेश्वर बाबा ने उनके बारे में फेसबुक की डिटेल से सारा पता किया—जबकि उन्होंने उन्हें बहुत कवर किया है और जितने लोगों के बारे में वे बताते हैं उन सब की डिटेल तो फेसबुक पर होती नहीं है। लाखों लाख लोग उनकी कथाओं में आते हैं और फिर वे उनका पर्चा निकालते हैं। वे आगे कहते हैं, "मैं तो उनको प्रणाम करता हूँ और हमेशा प्रणाम करूँगा। जहाँ तक ये पर्चा निकालने वाली विद्या की बात है, मैं क्या मानता हूँ, यह महत्त्वपूर्ण नहीं है, लेकिन जो लाखों लोग हैं, अगर वो उनको मानते हैं, उनका सम्मान करते हैं तो मुझे लगता है कि इस भावना का भी सम्मान करना चाहिए।"

अध्याय 8

सेलिब्रिटी और बागेश्वर धाम

साल 2022 के आखिर तक बागेश्वर धाम और पं धीरेन्द्र कृष्ण शास्त्री की प्रसिद्धि लगातार बढ़ रही थी। अब उनकी कथाएँ बुंदेलखंड के बाद मध्य प्रदेश और उत्तर प्रदेश से आगे बढ़कर भी होने लगी थीं। पं धीरेन्द्र शास्त्री के प्रति लोगों में अलग ही आकर्षण का भाव था। इस वजह से वे जहाँ जाते, जिस रास्ते पर होते, लोग उनके पीछे हो लेते। एक युवा कथावाचक का ऐसा ग्लैमर शायद ही किसी ने पहले कभी देखा हो। ऐसे में जब ग्लैमर की बात हो तो भला ग्लैमर वाली दुनिया कैसे पीछे रहती। एक-एक करके बॉलीवुड, टीवी इंडस्ट्री, भोजपुरी इंडस्ट्री, क्रिकेट सहित मनोरंजन जगत के कई सितारे बागेश्वर धाम से जुड़ते चले गए।

बागेश्वर धाम से जुड़ने वाले बॉलीवुड से शुरुआती नामों में से एक हैं प्रसिद्ध फिल्म अभिनेता गोविन्द नामदेव[44]। लेकिन चर्चा में आए भोजपुरी गायक/अभिनेता और दिल्ली के सांसद मनोज तिवारी। अगस्त 2022 में पहली बार मनोज तिवारी पं धीरेन्द्र शास्त्री से मिले। इसके बाद दोनों के सम्बन्ध बेहद प्रगाढ़ हो चले। बागेश्वर धाम के हर बड़े कार्यक्रम में मनोज तिवारी की उपस्थिति होती। दोनों एक-दूसरे को भाई कहते हैं।

मनोज तिवारी के लिए पं धीरेन्द्र शास्त्री से जुड़ना राजनैतिक और लोकप्रियता दोनों मामलों में लाभदायक रहा और बागेश्वर धाम से मनोज तिवारी का यूँ खुलकर जुड़ना बिहार, पूर्वांचल क्षेत्र के लोगों के बीच बागेश्वर धाम की महिमा को पहुँचा गया। क्योंकि मनोज तिवारी उस समय बागेश्वर धाम और पंडित धीरेन्द्र शास्त्री के संपर्क में आए जब पंडित धीरेन्द्र शास्त्री पर तंत्र-मन्त्र, अन्धविश्वास फैलाने जैसे आरोप समाज के कई हिस्सों में लग रहे थे। उस समय समाज का कथित संभ्रांत तबका, धीरेन्द्र शास्त्री की लोकप्रियता को स्वीकार नहीं कर पा रहा था लेकिन मनोज तिवारी पहली बार धीरेन्द्र शास्त्री से कैसे मिले, कैसे यह रिश्ता, प्रगाढ़ होता चला गया, यह सब विस्तार से उन्होंने खुद ही बताया।

मनोज तिवारी कहते हैं, "हमारी साक्षात सामने से पहली मुलाकात *संस्कार टीवी* के कार्यालय में हुई। मनोज त्यागी जी, जो संस्कार के सीईओ है, उन्होंने हमें उनसे मिलवाया। पहली मुलाकात में ही कुछ अद्भुत था। ऐसा लगा जैसे हम एक-दूसरे को कितना दिल से जानते हैं।" मनोज तिवारी ने कहा कि फिर जब बातचीत होने लगी, तो पता चला कि वे तो इनसे सात-आठ साल पहले मिल चुके हैं, जब वह गुरुजी रामभद्राचार्य जी के यहाँ, अपनी संस्कृत की शिक्षा लेते थे। तिवारी के मुताबिक चूँकि रामभद्राचार्य गुरु जी से वे बहुत जुड़े हुए रहते थे—एक तो भोजपुरी के बहुत मर्मज्ञ है और उनकी विद्वता तो जगत विख्यात है ही। ऐसे में जब वे रामभद्राचार्य जी से मिलने जाते थे, कुछ सीखने जाते थे, उस दौरान कुछ नए-नए गीत रचते थे तो उन्हें पता चला कि धीरेन्द्र शास्त्री वहाँ पढ़ते हैं। तिवारी कहते हैं, "लेकिन इनके स्वरूप में, वर्तमान में जो हनुमान जी की कृपा हुई है बालाजी की, मैं उसको ऐसा समझता हूँ तो हमारी संस्कार टीवी के ऑफिस में ही पहली मुलाकात हुई। उसके बाद तो हम लगातार उनके पास ही हैं।"

क्या मनोज तिवारी ने उससे पहले धीरेन्द्र शास्त्री के बारे में कभी सुना था? इस पर तिवारी कहते हैं कि नहीं, उन्होंने इससे पहले उनके बारे में नहीं सुना था। जब वे उनसे मिले तो उन्हें लगा कि ये बालक कौन है, जो इतना तेजस्वी है और जिसके पास इतने शब्दों का भंडार है। तिवारी कहते हैं, "लेकिन उनसे मिलने के बाद उसी दिन दूसरी मुलाकात हुई मेरी अकेले में। तो वो जो अकेले में एकांत में बातें हुईं, तो उन्होंने कुछ ऐसी बात कही जो जीवन में, मैं ही जानता हूँ और कोई नहीं जानता। फिर तो मेरे आश्चर्य का ठिकाना नहीं था।"

उसके बाद धीरे-धीरे उनकी धीरेन्द्र शास्त्री से मुलाकातें होने लगीं और वे बागेश्वर धाम भी गए। उन्होंने एक गीत गाया था—*आज बागेश्वर धाम की धरती छूके झूम गया हूँ मैं।* उसके बाद मनोज तिवारी को लगा कि ये सब बालाजी का चमत्कार है। वे कहते हैं, "और फिर मैं बहुत प्रश्नों में नहीं उलझा। अब तो मैं बागेश्वर का ही हो गया।"

तिवारी से जब पूछा गया कि क्या उनके बाद ही बहुत सारे भोजपुरी कलाकार उनसे जुड़े, तो उनका कहना था कि शुरू में तो वे जोड़ते रहे लेकिन बाद में खुद हनुमानजी ने जोड़ा। वे कहते हैं कि अब तो उनकी यश पताका इतनी फैल गई है कि लोग उनसे सिफारिश लगवाते हैं कि उनसे मिलवा दें।

जब मई 2023 में बिहार के नौबतपुर में पंडित धीरेन्द्र शास्त्री की कथा चल रही थी, उसी समय भोजपुरी की प्रसिद्ध अभिनेत्री अक्षरा सिंह[45] अपने पिता विपिन

सिंह के साथ पहुँची। इसके बाद से ही वे लगातार बागेश्वर धाम आती हैं। वहीं भोजपुरी के एक और चर्चित कलाकार खेसारी लाल यादव[46] भी लगातार बागेश्वर धाम के कार्यक्रमों में आते हैं और और प्रस्तुति भी देते हैं। भोजपुरी इंडस्ट्री के कई सितारों के बागेश्वर धाम से जुड़ने का यह भी बड़ा प्रभाव है कि आज बागेश्वर धाम पर आने वाले श्रद्धालुओं में एक बड़ी संख्या बिहार और पूर्वांचल क्षेत्र की है।

बात अगर बॉलीवुड की करें तो जैसा कि पहले भी लिखा गया है कि गोविन्द नामदेव शुरू में ही बागेश्वर धाम से जुड़े, इसके बाद तो सोनू सूद, जैकलीन फर्नांडिस, उर्वशी रौतेला सहित कई कलाकार बागेश्वर धाम से जुड़े[47]। लेकिन दो अभिनेता ऐसे रहे, जिनके मुंबई स्थित आवास पर भी धीरेन्द्र शास्त्री पहुँचे। इनमें से एक हैं अनुपम खेर और दूसरे हैं संजय दत्त। पंडित धीरेन्द्र शास्त्री बॉलीवुड के दिग्गज अभिनेता अनुपम खेर से मिलने मुंबई में उनके स्टुडियो पहुँचे। यहाँ पर उन्होंने अनुपम खेर की माँ दुलारी का आशीर्वाद भी लिया।

इस मुलाकात के बाद एक्टर अनुपम खेर ने एक्स हैंडल[48] पर वीडियो पोस्ट किया। उन्होंने लिखा, “ये हमारा सौभाग्य रहा कि बागेश्वर धाम सरकार मुझसे और ख़ासकर माँ दुलारी से मिलने हमारे ऑफ़िस आए। सब लोग उनसे मिलकर, उनकी अच्छी बातें सुनकर, उनकी बेबाक़ हंसी सुनकर बहुत खुश भी हुए और कृतार्थ भी। सनातन के प्रति ऐसी सद्भावना से मन प्रफुल्लित हुआ! माँ ने आशीर्वाद लिया भी और दिया भी।”

वहीं अनुपम खेर के अलावा बॉलीवुड के सुपर स्टार संजय दत्त भी बागेश्वर धाम[49] से जुड़ चुके हैं। सबसे पहले वह जून 2024 में बागेश्वर धाम पहुँचे। यहाँ धीरेन्द्र शास्त्री से पहली ही मुलाकात में दोनों के बीच खूब प्रगाढ़ सम्बन्ध बने। इसके बाद नवम्बर 2024 में धीरेन्द्र शास्त्री की हिन्दू सनातन एकता पदयात्रा में भी संजू बाबा पहुँचे। यहाँ उत्तर प्रदेश मध्य प्रदेश की सीमा पर स्थित देवरी गाँव में पदयात्रा के दौरान जमीन पर दोनों साथ बैठे। जब उनसे सवाल किया गया तो संजय दत्त ने कहा कि यह बहुत बड़ा काम है, जो इन्होंने शुरू किया है। उन्होंने कहा, “यह मेरे लिए भाई हैं। मैंने इनके लिए कहीं भी खड़ा होऊँगा। वहीं जमीन पर बैठने को लेकर अभिनेता ने कहा कि जब मैं जेल काट चुका हूँ तो जमीन क्या चीज है।” इसके बाद धीरेन्द्र शास्त्री ने कहा कि मैं खुद को सुरक्षित महसूस करता हूँ। उन्होंने कहा, “जब मुझे असुरक्षित महसूस होता है तो मैं भैया यानि संजय दत्त को याद कर लेता हूँ[50]।”

इसके बाद पं धीरेन्द्र शास्त्री जनवरी 2025 संजय दत्त के में मुंबई स्थित घर भी पहुँचे।

इस मुलाकात को लेकर संजय दत्त ने एक्स यानी ट्विटर पर पोस्ट शेयर की[51], जिसमें उन्होंने बाबा बागेश्वर के अचानक घर आने पर खुशी का इजहार किया।

संजय दत्त ने एक्स पर लिखा, "धीरेन्द्र शास्त्री बागेश्वर धाम का मेरे घर पधारना और हम सभी को आशीर्वाद देना मेरे लिए सम्मान की बात है। गुरुजी और मैं भाई जैसे परिवार की तरह हैं।"

बॉलीवुड और भोजपुरी इंडस्ट्री के अलावा टीवी दुनिया के योगेश त्रिपाठी, हप्पू सिंह, रजत बेदी सहित कई कलाकार बागेश्वर धाम के मंच पर लगातार आ रहे हैं। वहीं खेल जगत से द ग्रेट खली, क्रिकेटर कुलदीप यादव, यजुवेंद्र चहल बागेश्वर धाम के शिष्य हैं, उनके अलावा साल 2025 के कन्या विवाह समारोह में क्रिकेटर वीरेंद्र सहवाग,रॉबिन उथप्पा और आरपी सिंह भी पहुँचे। प्रसिद्ध बॉलीवुड गायक सोनू निगम, भजन गायक अनूप जलोटा भी यहाँ अपने भजनों की प्रस्तुति से भाव विभोर कर चुके हैं। काव्य क्षेत्र से कवि कुमार विश्वास, पंडित धीरेन्द्र शास्त्री को अपना भाई बताते हुए बागेश्वर धाम पर राम कथा कर चुके हैं तो वहीं अनामिका अम्बर[52] सहित देश के कई नामी कवि यहाँ श्रद्धा भाव से अपनी प्रस्तुति दे चुके हैं।

किसी भी धार्मिक स्थल पर, इन मशहूर हस्तियों का जाना कोई नई बात नहीं है, बल्कि जिस तरीके से बीते तीन-चार साल में बागेश्वर धाम से इन सेलिब्रिटी का जुड़ाव हुआ है, उसने धाम के प्रचार और प्रसार में एक बड़ा योगदान दिया है

हालाँकि लगातार भोजपुरी-बॉलीवुड सेलिब्रिटी को मिलने वाले वीआईपी ट्रीटमेंट को लेकर कई बार सवाल भी उठे। जब पहली बार अक्षरा सिंह बिहार में पंडित धीरेन्द्र शास्त्री से मिलने पहुँचीं, तो उनकी फोटो पर सोशल मीडिया में कई नकारात्मक टिप्पणियाँ आईं। इसके साथ ही अन्य सेलिब्रिटी के साथ तस्वीरों पर भी वीआईपी को ज्यादा रेस्पोंस देने का आरोप सोशल मीडिया पर लगता रहा है। लेकिन धीरेन्द्र शास्त्री ने समय पर अपने ही अंदाज में इसका जवाब दिया। जब बीते साल हिन्दू सनातन एकता पदयात्रा के दौरान धीरेन्द्र शास्त्री ने राह चलते आम लोगों को गले लगाया तो उनकी तस्वीरें सोशल मीडिया की सुर्खियाँ बनीं।

इतना समझने के बाद हमें एक अंदाज तो लग ही गया है कि धीरेन्द्र शास्त्री इन मशहूर हस्तियों के बीच कितनी तेजी से लोकप्रिय हुए हैं। चलिए जानते हैं कि फ़िल्म, टीवी, खेल एवं साहित्य जगत से जुड़ी देश की चर्चित हस्तियों के बागेश्वर धाम और पंडित धीरेन्द्र के बारे में क्या विचार हैं और इससे उनके बागेश्वर धाम और धीरेन्द्र शास्त्री से जुड़ाव का भी अंदाज लगता है। यह पर उन वक्तव्यों के कुछ संपादिक अंश प्रस्तुत हैं :

वीरेंद्र सहवाग,[53] फरवरी 2025 के कन्या विवाह महोत्सव में बागेश्वर धाम पर

'मैं बहुत भाग्यशाली हूँ जो मुझे बागेश्वर धाम आने का सौभाग्य मिला और ऐसे परिवार से जुड़ने का अवसर मिला। गुरुवर से तो मेरे बच्चे भी प्रभावित हैं और उनको फॉलो करते हैं।'

उर्वशी रौतेला,[54] फरवरी 2025 के कन्या विवाह महोत्सव में बागेश्वर धाम पर

"मैंने कभी सपने में भी नहीं सोचा था कि 251 विवाह एक साथ हो सकते हैं। यह सब आप सभी और हमारे पूज्य शास्त्री जी के आशीर्वाद से संभव हुआ। मैं कल सुबह यहाँ पहुँची, यहाँ भोजन बनाया, परोसा और मैंने फूलों की मालाएँ बनाईं। इस आयोजन में अपार आनंद की अनुभूति हुई। यह समारोह समाज में समानता का प्रतीक है। शास्त्री जी ने दिखाया कि यदि मन में दृढ़ संकल्प हो, तो सब कुछ संभव है।

"महाराज जी से मेरी मुलाकात पिछले साल 11 नवंबर को मुंबई में हुई थी। उन्होंने मुझे बागेश्वर धाम आने का निमंत्रण दिया था, और मैं अपने जन्मदिन पर इस पवित्र विवाह समारोह में शामिल होने आई हूँ।"

ग्रेट खली[55]

"जिसका कोई नहीं, उसका परमात्मा होता है। भगवान ने आपके लिए साक्षात् महाराज जी के रूप में दूत भेजा है। उन्होंने पूरे सम्मान के साथ आपका विवाह संपन्न करवाया। महाराज जी ने मेरा भी पर्चा निकाला और कहा, 'ग्रेट खली, आपको आना है।' उनके आदेश और प्रभु की कृपा से ही यहाँ आना संभव हुआ।"

धीरेन्द्र शास्त्री पर क्या बोले कुमार विश्वास[56]

"माँ भगवती ने बुंदेलखंड के एक छोटे से गाँव के साधारण परिवार के लड़के को अपार लोकप्रियता और करोड़ों लोगों के जीवन में आनंद फैलाने की शक्ति दी है। यह ईश्वर की कृपा का प्रमाण है। इसे स्वीकार कीजिए।"

एक कार्यक्रम के सिलसिले में टीवी की दुनिया में चर्चित किरदार हप्पू सिंह यानि योगेश त्रिपाठी और देश की प्रसिद्ध मंच कवियत्री अनामिका जैन अंबर[57] इन पंक्तियों के लेखक के साथ बागेश्वर धाम गए थे। दोनों ही पहली बार धाम पर

गए थे। लेकिन जब वे पंडित धीरेन्द्र शास्त्री से मिले, उन्होंने मंदिर का दर्शन किया और लौटे तो उनके विचार ही अलग थे। योगेश त्रिपाठी[58] कहते हैं कि वे सुबह की फ्लाइट से भोपाल आए, वहाँ से कार से खजुराहो गए, फिर बिना आराम किये बागेश्वर धाम आ गए, फिर वहाँ उन्होंने मंच पर एक कार्यक्रम भी किया, लेकिन जैसे ही उन्होंने महाराज जी को सामने पाया, उनकी सारी थकान गायब हो गई। वे कहते हैं, "ऐसी मुस्कुराहट और तेज वाला व्यक्तित्व मैंने कभी नहीं देखा। उस दिन के बाद से मैं पक्का भक्त बन चुका हूँ धाम का।"

वहीं कवियत्री अनामिका अंबर[59] भी धाम से जुड़े अनुभव पर कहती हैं कि हजारों की भीड़ में महाराज जी का शांतचित्त रहना और मंच के कार्यक्रमों में भी अपनी सहभागिता देना सच में उनकी अनंत ऊर्जा से ही संभव है। बालाजी सरकार की सीधी कृपा उन पर है।

देश की नामी-गिरामी हस्तियों के ऐसे विचार और उनके धाम से जुड़ाव से क्या बागेश्वर धाम को कुछ लाभ मिलता है?

"देखिये सिंपल सी बात है कि जब आप किसी से प्रभावित होते हैं और उसके साथ खड़े होते हैं, तो अगर कोई बहुत चर्चित आदमी है तो दोनों को उसका प्रभाव पड़ता है, दोनों पर। अगर क्रिकेटर कुलदीप यादव वो जाते हैं, और जाने के बाद फिर चैंपियंस ट्रॉफी में ऐसा विकेट लेते हैं, तो लोग वो मुलाकात का वीडियो वायरल करने लगते हैं। अब मानो तो देव, नहीं तो पत्थर," ऐसा तिवारी का कहना है।

वे आगे कहते हैं कि ऐसे बड़े-बड़े लोग हैं और अगर उनकी आस्था है, तो देखिए विश्वास का कोई आर-पार नहीं है। मनोज तिवारी[60] ने कहा, "अगर किसी को लग गया कि हमारी कृपा बागेश्वर से चल रही है, हमारी कृपा विंध्यवासिनी से चल रही है, अयोध्या से चल रही है। तो उसको आप कैसे नकारेंगे। उसका विश्वास आ गया तो वह बढ़ गया। अब आपके सवाल का जवाब यह है कि बिहार के या किसी कलाकारों के बहाने बाबा का बागेश्वर पीठाधीश्वर का रथ नहीं चल रहा। वो तो हनुमान जी कृपा से चल रहा है।" वे आगे कहते हैं कि कई लोगों का तो महज इस मंच पर आने से बहुत बड़ा नाम हो गया, ऐसे में ऐसे प्रश्नों से उलझना ही नहीं है, "ये सब एक-दूसरे की पूरक सिचुएशन होती है। आज सब कोई, बाबा बागेश्वर धाम से मिलना चाहता है। हमारे पास इतने सोर्स लगते हैं कि मैं पूरा ही नहीं कर पाता हूँ। तो मैं प्रार्थना करते रहता हूँ। बात पहुँचाते रहता हूँ।"

अध्याय 9

विदेशों में बागेश्वर धाम

कहा जाता है कि पानी जितनी ऊँचाई से गिरता है, उसकी धार उतनी ही प्रबल होती है। ठीक वैसे ही, आज के युग में लोगों की सोच वैश्विक मंच से अधिक प्रभाव डालती है। बागेश्वर धाम और पंडित धीरेन्द्र शास्त्री की ख्याति सोशल मीडिया के माध्यम से पहले ही बढ़ रही थी, लेकिन उनकी विदेश यात्राओं ने इसे और विस्तार दिया। जब देश में आस्था और सिद्धि पर सवाल उठ रहे थे, तब बुंदेलखंड के इस साधारण से संत ने इंग्लैंड, नेपाल, दुबई, ऑस्ट्रेलिया, न्यूजीलैंड, फिजी और मॉरीशस जैसे देशों में न केवल कथाएँ कीं, बल्कि अपने दरबार से लोगों को मंत्रमुग्ध कर विदेशी भक्तों को भी बागेश्वर धाम का नियमित दर्शनार्थी बना दिया।

धीरेन्द्र शास्त्री की विदेश यात्राएं 2022 में लंदन से शुरू हुईं, फिर 2023 में नेपाल, दुबई और पुनः लंदन, तथा 2024 में ऑस्ट्रेलिया, न्यूजीलैंड, फिजी और एक विशेष अनौपचारिक यात्रा मॉरीशस की हुई। इन यात्राओं के कई रोचक किस्से और अप्रत्याशित घटनाएँ हैं। पहली विदेश यात्रा की योजना पर *संस्कार टीवी* के सीईओ मनोज त्यागी हँसते हुए कहते हैं, "मैंने महाराज जी को अपना मान लिया, और उन्होंने मुझे। पेशेवर रूप से, यदि कोई आप पर भरोसा करता है, तो दोनों को 100% समर्पण देना चाहिए। एक दिन मैंने सहजता से पूछा, "महाराज जी, विदेश में कथा करेंगे?" उन्होंने कहा, "भैया, कहाँ करेंगे?" मैंने कहा, "लंदन में!" वे बोले, "कब?" मैंने जवाब दिया, "जल्दी ही तैयारी करता हूँ[61]।"

यानी धीरेन्द्र शास्त्री की प्रथम वैश्विक यात्रा के सूत्रधार मनोज त्यागी ही थे जिसके बाद से उनकी विदेश यात्राओं की एक श्रृंखला प्रारम्भ हो गई।

लंदन में पहली कथा[62]

धीरेन्द्र कृष्ण शास्त्री पहली बार 2022 में लंदन गए। उनकी यह यात्रा 1 जून से 15 जून 2022 तक थी, जिसके दौरान उन्होंने लंदन और लेस्टर शहर में श्री हनुमत कथा और श्रीमद् भागवत कथा का वाचन किया। इस यात्रा के दौरान उन्हें ब्रिटेन के संसद भवन में वर्ल्ड बुक ऑफ रिकॉर्ड लंदन, वर्ल्ड बुक ऑफ रिकॉर्ड ब्रिटेन, और संत शिरोमणि अवॉर्ड से सम्मानित किया गया।

इस यात्रा में मनोज त्यागी भी उनके साथ थे। वहाँ बागेश्वर महाराज की कथा के आयोजन में सिद्धाता आश्रम के राजराजेश्वर गुरुजी ने उनकी बड़ी मदद की। त्यागी कहते हैं, "उनकी भी गजब कहानी है। उन्होंने एक चर्च को खरीद कर उसे मंदिर में तब्दील किया है[63]। यही बहुत बड़ी बात है। हिंदू और सनातन से जुड़ा, कोई भी व्यक्ति उनके पास पहुँच जाए कि मुझे ये कार्य करना है। तो वो सहज स्वीकार करते हैं और उसमें सबको सहयोग करते हैं।"

राजराजेश्वर गुरु जी, जिन्हें पूज्य राजराजेश्वर जी महाराज के नाम से भी जाना जाता है, लंदन में सनातन धर्म के प्रचार-प्रसार और एकता को बढ़ावा देने वाले एक प्रमुख आध्यात्मिक नेता हैं। वे इंटरनेशनल सिद्धाश्रम शक्ति सेंटर, लंदन के संचालक हैं और सनातन धर्म के मूल्यों को विदेशों में स्थापित करने में महत्त्वपूर्ण भूमिका निभाते हैं। उनके नेतृत्व में लंदन में कई धार्मिक आयोजन, जैसे श्रीराम कथा, हनुमान चालीसा पाठ, और अन्य सनातन संस्कृति से जुड़े कार्यक्रम आयोजित होते हैं।

सिद्धाश्रम शक्ति सेंटर की वेबसाइट पर लिखे परिचय के मुताबिक राजराजेश्वर गुरु जी का जन्म 3 दिसंबर को भारत के गुजरात में वलसाड के पास एक छोटे से गाँव वाघलधारा में हुआ था। वे स्वर्गीय केशवलाल और स्वर्गीय मधुबेन परमार के पुत्र हैं। उनका एक भाई, मुकेश, और एक बहन, रीता चावड़ा हैं। उनका जन्म नाम राजेश है, और उन्हें भारत के एक प्रसिद्ध संत द्वारा आध्यात्मिक नाम राजराजेश्वर गुरु जी प्रदान किया गया था। चौदह वर्ष की आयु (1986 में) में, गुरु जी ने सद्गुरुदेव परमहंस स्वामी निखिलेश्वरानंद, जिन्हें डॉ. नारायण दत्त श्रीमाली के नाम से भी जाना जाता है, से अपनी पहली गुरुदीक्षा[64] प्राप्त की। वर्षों में, उन्होंने कई पुरस्कार प्राप्त किए हैं और वैश्विक समुदाय में उनके योगदान के लिए मान्यता प्राप्त की गई है।

जब राजराजेश्वर गुरु जी से बागेश्वर महाराज की कथा की बात कही गई, तो उन्होंने कहा कि इन्हें कौन यहाँ जानता है? बात तो सही थी। लंदन में धीरेन्द्र शास्त्री

को कोई नहीं पहचानता था। इस पर मनोज त्यागी ने कहा कि इसकी चिंता करना उनका काम है कि उनकी कथा में लोग कहाँ से आएँगे।

मनोज त्यागी के *संस्कार* चैनल की शाखा *संस्कार यूके* पूरे यूरोप में चलता है। संस्कार ने लगातार तीन महीने तक नियत समय तक धीरेन्द्र शास्त्री के वीडियो लगातार संस्कार यूके पर चलाए। एक पूरा अभियान चलाया। वह अभियान इतना कारगर हुआ कि लोग उन्हें पहचानने लगे। त्यागी कहते हैं, "हमने फिर प्रोमो चलाए कि बाबाजी आ रहे हैं। तो जब सिद्धाता आश्रम में फ़ोन की घंटियाँ बजनी शुरू हुईं, तो उनको भी थोड़ा एहसास हुआ।"

यह सब उनकी लंदन यात्रा से पहले की कहानी है।

उसके बाद लंदन जाने की तैयारी हुई और धीरेन्द्र शास्त्री के साथ लंदन जाने वाले एक छोटे से समूह का चुनाव किया गया—चूँकि ज्यादा लोगों को साथ ले जाने में बहुत धन खर्च होने की संभावना थी। लंदन में पहले से ही संस्कार की टीम मौजूद थी।

त्यागी आगे कहते हैं, "महाराज जी ने पहली कथा वेम्बली मंदिर में की। बड़ा छोटा मंदिर है। 400–500 लोगों की सिटिंग होती है। वहाँ जमीन पर नहीं बैठते। लोग कुर्सी पर ही बैठते हैं। तो वो मंदिर का हॉल भर गया तीसरे दिन, तो हमें कॉन्फिडेंस आया कि हाँ, हम कुछ कर गए हैं।" उसी श्रृंखला में फिर लंदन के एक और मंदिर में कथा हुई। वहाँ तीसरे दिन से जो हॉल भरना शुरू हुआ वो भरता ही गया और फिर धीरेन्द्र शास्त्री का दरबार भी लगा। पहली बार लोग ऊपर के हॉल में, बालकनी में, नीचे के हॉल में सब जगह भरे हुए थे। वहाँ से त्यागी और धीरेन्द्र शास्त्री को ये आत्मविश्वास भी आया कि लंदन में लोग उनका दौरा सफल हो रहा है।

इसके बाद पंडित धीरेन्द्र शास्त्री कई बार विदेश यात्रा पर गए। जब वे दूसरी बार लंदन पहुँचे और लेस्टर में प्रजापति हॉल में कथा की घोषणा की, तो वह माहौल अविस्मरणीय था। तीन हजार की क्षमता वाला हॉल पूरी तरह भर गया, और लगभग तीन से चार हजार लोग सड़कों पर थे, जिन्हें पुलिस ने नियमों के कारण रोक दिया, क्योंकि हॉल की क्षमता से अधिक लोग न अंदर जा सकते थे, न आसपास रह सकते थे। दोनों ओर बैरिकेडिंग थी और हल्की बारिश हो रही थी। उनकी प्रजापति हॉल में यह दूसरी कथा 23 जुलाई से 30 जुलाई 2023 तक हुई थी।

उनकी गाड़ी के वहाँ पहुँचते ही मनोज त्यागी ने कहा, "महाराज जी, पहले बाहर खड़े लोगों से मिलना होगा।"

इसके बाद एक छोटा माइक और साउंड सिस्टम लगवाया गया। महाराज जी ने बूंदाबांदी के बीच सड़क पर खड़े लोगों को संबोधित किया और आशीर्वाद दिया[65]। यह दृश्य देखकर लगा कि जैसे राजनेताओं या अभिनेताओं के लिए भीड़ उमड़ती है, वैसे ही एक धार्मिक संत के लिए भी इतनी भीड़ इकट्ठा हो सकती है। अब स्थिति ऐसी है कि जब भी पता चलता है कि बाबा बागेश्वर लंदन आ रहे हैं, तो हवाई अड्डे के बाहर इतनी भीड़ जुट जाती है कि कुछ कहने की आवश्यकता नहीं पड़ती।

प्रजापति हॉल, जिसे आधिकारिक तौर पर श्री प्रजापति एसोसिएशन लेस्टर (एसपीएएल) के सामुदायिक केंद्र के रूप में जाना जाता है, लेस्टर, इंग्लैंड में 21 उल्वरस्क्रॉफ्ट रोड, LE6 4BY पर स्थित एक बहुउद्देशीय सामुदायिक और भोज हॉल है। यह गुजराती हिंदू समुदाय, विशेषकर प्रजापति समुदाय (जिनमें मिस्त्री, गज्जर, सुथार, लड, और प्रजापति जैसे उपनाम आम हैं) के लिए एक महत्त्वपूर्ण सांस्कृतिक, सामाजिक, धार्मिक और खेल केंद्र है। यह केंद्र शादी समारोह, धार्मिक आयोजन, सांस्कृतिक कार्यक्रम, कॉन्सर्ट, और सामुदायिक गतिविधियों जैसे विभिन्न अवसरों के लिए किराए पर उपलब्ध है।

श्री प्रजापति एसोसिएशन लेस्टर (एसपीएएल) की स्थापना 1975 में एक गैर-लाभकारी संगठन के रूप में हुई थी, और यह एक पंजीकृत चैरिटी संस्था है। इसका मुख्य उद्देश्य स्थानीय समुदाय, विशेषकर गुजराती प्रजापति समुदाय, की जीवन गुणवत्ता में सुधार करना और सांस्कृतिक, सामाजिक, धार्मिक, और खेल गतिविधियों को बढ़ावा देना है।

धीरेन्द्र शास्त्री की इस लंदन यात्रा में और इस कथा में केशव मेहता भी गए थे जो संस्कार टीवी की ओर से बागेश्वर धाम का सोशल मीडिया मैनेंजमेंट करते हैं। उन्होंने धीरेन्द्र शास्त्री की पहली लंदन यात्रा को कुछ यूँ बयान किया :

"जब महाराज जी पहली बार लंदन गए। उनके साथ मनोज त्यागी सर भी गए थे। जब कथा हुई पहले दिन, तो ठीकठाक-सी पब्लिक आई, जैसा कि वहाँ के लोकल आयोजक ने व्यवस्था की हुई थी। लेकिन अचानक क्या कृपा बरसी कि जैसा हाल आपने बिहार के अंदर देखा न, वैसा ही नजारा उन्होंने लंदन में पैदा कर दिया। अब वहाँ बिहार जितनी जनता तो नहीं हो सकती, लेकिन इतनी जनता थी कि वहाँ सड़क जाम हो गई। पूरी तरह से व्यवस्थित एक शहर, जो यातायात के नियमों का शानदार तरीके से पालन करता जो, बेहद सभ्य शहर, जहाँ के लोग

एकदम से डेकोरम बनाए रखते हों, उस जगह पर भी पुलिस को हाथ खड़े करने पड़ गए। पुलिस को सख्त होना पड़ गया।"

केशव मेहता के अनुसार जिस हॉल की क्षमता 6000 थी, वह पूरा भर गया और वहाँ 10,000 से ज्यादा लोग हॉल से बाहर खड़े थे। हालाँकि उस हॉल की क्षमता में अतिशियोक्ति हो सकती है, लेकिन इतना तय है कि हजारों लोग वहाँ जरूर मौजूद थे। ऐसे में धीरेन्द्र शास्त्री को बाहर निकलकर माइक से लोगों को संबोधित करना पड़ा। मेहता कहते हैं, "जिसको कहते हैं न ठठरी बांधना, वो ठठरी जो अब तक बुंदेलखंड में बांध रहे थे, वह अब लंदन में बांध दी। यही नजारा ऑस्ट्रेलिया में, फिजी, न्यूजीलैंड सहित हर विदेश यात्रा में में दिखाई दिया। तो महाराज जहाँ भी गए प्रभाव इसी स्तर का बना।"

जब इंग्लैंड के संसद भवन में गूंजे, जय श्रीराम के नारे, बागेश्वर सरकार को मिले 3 सम्मान

धीरेन्द्र शास्त्री के जून 2022 में इंग्लैंड के संसद भवन में सम्मान समारोह का आयोजन इंटरनेशनल सिद्धाश्रम शक्ति सेंटर (सिद्धाता आश्रम), लंदन द्वारा किया गया था। इस केंद्र के संचालक राजराजेश्वर गुरु जी हैं, जैसा कि पहले ही उल्लेख किया जा चुका है। इस आयोजन में धीरेन्द्र शास्त्री को वर्ल्ड बुक ऑफ रिकॉर्ड्स लंदन, वर्ल्ड बुक ऑफ रिकॉर्ड्स ब्रिटेन और संत शिरोमणि अवार्ड से सम्मानित किया गया, जो उनके सनातन धर्म के प्रचार-प्रसार और सामाजिक कार्यों, जैसे अन्नपूर्णा रसोई और बेसहारा लड़कियों की शादी[66] के लिए था।

देखा जाए तो इस विषय का महत्त्व न तो उनके इंग्लैंड जाने से था और न ही सिर्फ वहाँ मिले सम्मान का—बल्कि जिन अंग्रेजों ने सालों तक भारत का शोषण किया था, उनके संसद भवन में 'जय श्रीराम' का उद्घोष कहीं ज्यादा महत्त्वपूर्ण था। जब अपनी पहली विदेश यात्रा में ही, बागेश्वर सरकार को इंग्लैंड के संसद भवन में संत शिरोमणि, वर्ल्ड बुक ऑफ़ लंदन और वर्ल्ड बुक ऑफ़ यूरोप के अवार्ड से सम्मानित किया गया, तो वहाँ के संसद भवन जयश्रीराम के नारों से गुंजायमान हो गई। इंग्लैंड के सांसद गैरिक थॉमस एवं एँड्रयू, सिद्धाश्रम पीठ के पीठाधीश्वर श्री राज राजेश्वर महाराज सहित महाराज के साथ गए लोग और कई अप्रवासी भारतीय इस महत्त्वपूर्ण क्षण के गवाह बने।

जब बाल रूप में मॉरीशस गए पं धीरेन्द्र शास्त्री

जैसा कि पं धीरेन्द्र शास्त्री से जुड़े हुए लोग जानते हैं कि वे मनमौजी हैं। लगातार मिल रही सामाजिक ऊंचाई के बाद भी वे कई बार एकदम से बाल-बच्चों जैसा व्यवहार करते हैं। शायद उनका यह पहलू भी कई लोगों से उनका आत्मीय लगाव बना देता है। एक ऐसी ही विदेश यात्रा का रोचक विवरण मनोज त्यागी देते हैं जब वे 18 जून से लेकर 25 जून 2023 तक धीरेन्द्र शास्त्री के साथ मॉरिशस की यात्रा[67] पर थे।

मनोज त्यागी मॉरिशस अपनी पारिवारिक यात्रा की योजना बना रहे थे और उन्होंने इसकी चर्चा धीरेन्द्र शास्त्री से की। इस पर धीरेन्द्र शास्त्री मानो बालक-सी उत्सुकता से बोल उठे कि वे भी जाएँगे! इस पर त्यागी ने कहा कि वे उनके परिवार के सदस्य की तरह जाएँगे, न कि किसी साधु-संत की तरह। वे सदा की तरह अपना झोला साथ ले जाना चाहते थे, लेकिन शर्त ये थी कि इस बार वहाँ वे कोई पर्चा नहीं पढ़ेंगे। उनके साथ उनके भाई शालिग्राम गर्ग और केशव मेहता भी थे। यानी दो लोगों से शुरू हुई वो यात्रा अब नौ लोगों की थी।

वे समुद्र के किनारे किसी जगह पर ठहरे थे और थके हुए से बीच पर जाकर बैठ गए। त्यागी कुर्सी पर बैठ-बैठे सो गए और धीरेन्द्र शास्त्री साधना पर बैठ गए। वैसे तो वे कहते हैं कि उन्हें बहुत ठंड लगती है और वे स्वभाव से बंदर हैं, लेकिन वहाँ पर वे करीब ढाई घंटे तक साधना में बैठे रहे। त्यागी को जब नींद लग गई तो वे उठकर अपने कमरे में चले गए। केशव मेहता वहीं बैठे रहे। मेहता बताते हैं कि जब रात को धीरेन्द्र शास्त्री दो-ढाई घंटे बाद उठे तो उनका चेहरा एकदम लाल और तमतमाया हुआ था। वे अपने कमरे में चले गए और उन्होंने किसी से बात नहीं की। अगले दिन उठकर उन्होंने इन लोगों को एक नया टास्क दे दिया और कहा, "मुझे यहाँ(मॉरिशस) के प्रधानमंत्री और राष्ट्रपति से मिलना है।"

इस पर मनोज त्यागी ने कहा कि उन्हें यहाँ तो कोई नहीं जानता। लेकिन संस्कार टीवी से होने के नाते त्यागी ने अपने संपर्कों को साधा और फिर उन्हें मॉरिशस के राष्ट्रपति और प्रधानमंत्री से मिलने का समय भी मिल गया।

त्यागी के पास हनुमानजी की एक मूर्ति थी तो उन्होंने सोचा कि भेंट स्वरूप ये मूर्ति देना ठीक रहेगा। उन्हें पता था कि धीरेन्द्र शास्त्री कुछ-न-कुछ जरूर करेंगे, तो ऐसे में उन्होंने अपने पास कागज और कलम भी रख ली।

गाड़ी में बैठते ही धीरेन्द्र शास्त्री ने पूछा, "कागज और पेन लिए हो?"

त्यागी ने कहा कि उन्होंने तो कहा था कि पर्चा नहीं बनाएँगे और वहाँ कोई वाईफाई भी नहीं है!

इस पर धीरेन्द्र शास्त्री ने कहा, "हम कल बैठे थे न साधना में, तो हमने आधे गण बुलवा लिए। हमने कहा कि हमें साढ़े छह घंटे लगेंगे आने में, तु ढाई घंटे में ही आ जाओगे। सो हमने धाम पर से आधे गण बुलवा लिए।"

यह सुनकर त्यागी भौंचक्के थे।

अब हुआ ये कि त्यागी के अनुसार राष्ट्रपति से मिलने से पहले उन्होंने गाड़ी में वहाँ जाते समय उनका पूरा इतिहास लिख लिया। उनसे मिलने का 10 मिनट का समय सुनिश्चित था लेकिन दोनों की मुलाकात 45 मिनट[68] तक चली। ऐसा ही प्रधानमंत्री से मिलने पर भी हुआ। चूँकि धीरेन्द्र शास्त्री को वहाँ के प्रधानमंत्री के सचिव पहचानते नहीं थे, सो उन्हें देखकर उन्होंने कुछ कहा—शायद वे कुछ भुनभुनाए। लेकिन धीरेन्द्र शास्त्री ने उसके जीवन से जुड़ी हुई कोई दो बातें उसे बता दीं। अब सचिव ने उनके सामने हाथ जोड़ लिए। जो वार्ता प्रधानमंत्री के साथ दस मिनट के लिए होनी थी, वो पौने दो घंटे में समाप्त हुई—क्योंकि त्यागी के अनुसार "महाराजजी ने पहले ही तीन पन्नों में उनकी कहानी लिख रखी थी"।

जब ऑस्ट्रेलिया की कथा के बीच में, अंबानी परिवार ने भेजा चार्टेड प्लेन

4 जुलाई 2024 को पंडित धीरेन्द्र शास्त्री का जन्मदिन बागेश्वर धाम में मनाया गया। इसके बाद 6 जुलाई को वे ऑस्ट्रेलिया रवाना हुए, जहाँ 17 जुलाई तक ब्रिस्बेन, मेलबर्न और सिडनी में उनकी कथा, दरबार और गुरु दीक्षा के कार्यक्रम थे। उसी समय भारत में अनंत अंबानी की शादी के आशीर्वाद समारोह में देश के प्रमुख साधु-संतों के साथ बागेश्वर सरकार को भी निमंत्रण मिला। लेकिन ऑस्ट्रेलिया के पूर्व नियोजित कार्यक्रमों के कारण उन्होंने अंबानी परिवार को अपनी असमर्थता बताई। फिर भी, अनंत अंबानी ने अपना निजी विमान भेजकर उन्हें ससम्मान भारत लाने का आग्रह[69] किया। धीरेन्द्र शास्त्री ने आग्रह को स्वीकार कर लिया और 13 जुलाई को चार्टर्ड विमान से भारत आए। उन्होंने वहाँ हुए समारोह में नवदंपत्ती को आशीर्वाद दिया और 14 जुलाई को उसी विमान से मेलबर्न लौट गए। फिर वे सिडनी में हनुमंत कथा के लिए गए।

नेपाल यात्रा[70]

पंडित धीरेन्द्र शास्त्री ने अगस्त 2023 और अप्रैल 2024 में नेपाल की यात्रा की। 19 अगस्त से 21 अगस्त 2023 तक चली उनकी पहली नेपाल यात्रा पर भव्य स्वागत हुआ। उन्होंने नेपाल को पुनः हिंदू राष्ट्र बनाने की कामना[71] की और कहा, "नेपाल आना जैसे ननिहाल आने जैसा है, क्योंकि यह सीता मैया का मायका है। धन्य हैं नेपालवासी, जिन्हें माता जानकी जैसी बहन का आशीर्वाद मिला।" भक्तों को संबोधित करते हुए उन्होंने कहा, "नेपाल वह भूमि है, जहाँ जन्म लेने वालों को अयोध्या नहीं जाना पड़ता, बल्कि प्रभु श्रीराम स्वयं यहाँ आते हैं।" उन्होंने भारत और नेपाल को सनातन का झंडा फहराने वाला अभिन्न मित्र बताया। उनकी 2024 की यात्रा में भी भारी भीड़ उमड़ी और अब हजारों नेपाली भक्त बागेश्वर धाम पहुँच रहे हैं।

दुबई यात्रा[72]

मई 2024 में पंडित धीरेन्द्र शास्त्री दुबई पहुँचे। सोशल मीडिया पर एक वीडियो साझा कर उन्होंने कहा, "दुबई अद्भुत है। इसकी प्राकृतिक सुंदरता, विनम्र लोग और सुरक्षा इसे विश्व में अनूठा बनाते हैं। यहाँ सभी संस्कृतियों और धर्मों का समान सम्मान होता है।" उन्होंने हनुमान जी से दुबई की शांति और समृद्धि की प्रार्थना की[73]। कथा के साथ-साथ उन्होंने बुर्ज खलीफा और डेजर्ट सफारी का आनंद लिया। उनकी अन्य विदेश यात्राओं की तरह यहाँ भी भक्तों की भारी भीड़ उमड़ी।

फिजी यात्रा[74]

पंडित धीरेन्द्र शास्त्री 29 से 31 जुलाई 2024 तक फिजी में थे। नाड़ी शहर में श्रीहनुमंत कथा से पहले वे मुरुगन स्वामी मंदिर गए। उनके स्वागत में फिजी के उप-प्रधानमंत्री विलियामे गवाको और विश्व सनातन संथा के अध्यक्ष व सांसद परवीन बाला उपस्थित थे। यहाँ भी उन्होंने सनातन धर्म की अलख जगाई।

न्यूजीलैंड यात्रा[75]

फिजी के बाद पंडित धीरेन्द्र शास्त्री न्यूजीलैंड पहुँचे। ऑकलैंड के द ट्रस्ट एरिना में 3 से 5 अगस्त 2024 तक उन्होंने श्रीहनुमंत कथा, दिव्य दरबार और अन्य धार्मिक गतिविधियों के माध्यम से सनातन धर्म का प्रचार किया।

यहाँ सवाल यह उठता है कि विदेशों में कथाओं और अन्य कार्यक्रमों का समन्वय कौन करता है? इस सवाल पर *संस्कार टीवी* के सीईओ मनोज त्यागी बताते हैं कि शुरुआत में संस्कार टीवी के माध्यम से यह समन्वय होता था, लेकिन अब यह जिम्मेदारी नितेंद्र चौबे संभालते हैं। त्यागी आगे बताते हैं, "बागेश्वर धाम की ख्याति विश्व भर में फैल चुकी है, और संपर्क सूत्र स्वतः लोगों तक पहुँच जाते हैं। दुनिया भर से कनेक्शन जुड़ते चले जाते हैं। यदि संस्कार टीवी पर कोई कॉल आता है, तो वे नितेंद्र चौबे या संबंधित विभाग के व्यक्ति का नंबर दे देते हैं।" चैनल और सोशल मीडिया की वैश्विक पहुँच के कारण लोग स्वयं जुड़ते चले जाते हैं। वे कहते हैं, "मैं कथाओं या धाम की दैनिक गतिविधियों में सीधे शामिल नहीं होता, लेकिन महाराज जी और संस्था से जुड़ाव के कारण किसी भी मामले में मेरी राय अवश्य ली जाती है।" नितेंद्र चौबे बागेश्वर धाम के प्रमुख सेवादार और धीरेन्द्र शास्त्री के सबसे करीबी हैं।

क्या विदेशी दौरों के लिए, महाराज जी ने अंग्रेजी सीखी?

महाराज जी के सोशल मीडिया और कई विदेश यात्राओं का हिस्सा रहे केशव मेहता इस सवाल पर रोचक किस्सों के साथ जवाब देते हैं। वे कहते हैं, "शुद्ध देसी ठसक और अंदाज! मॉरीशस से लौटते वक्त वीजा ऑफिसर ने महाराज जी से कहा, 'आप कार्तिक आर्यन जैसे दिखते हैं।' महाराज जी ने हमसे पूछा, 'ये क्या कह रहा है?' हमने बताया कि कार्तिक एक हीरो है। तुरंत उन्होंने जवाब दिया, 'यह आई एम बागेश्वर धाम सरकार!' उनका हास्य भरा अंदाज गजब है। कोई कितना भी उदास हो, उनसे मिलकर मुस्कुराए बिना नहीं रहता। उनका गाँव वाला देसी अंदाज अब भी वही है। उन्हें फाइव-स्टार होटल या अरबपतियों से ज्यादा मजा मजदूरों, चायवाले, या गोलगप्पे वाले के साथ आता है। उनकी वीडियोज में देखिए, कभी आइसक्रीम वाले के पास बैठकर आइसक्रीम खाने लगते हैं, तो कभी चाय की टपरी पर। उनकी सुरक्षा में लगे लोग परेशान हो जाते हैं, पर उनका यह बचपना ही उनकी खासियत है। यही बचपन उन्हें अलग बनाता है। प्रधानमंत्री मोदी जैसे गंभीर व्यक्ति के सामने भी उन्होंने मंच से 'ठठरी' जैसे शब्द कहे, शादी-ब्याह की बातें कीं, और मोदी जी को भी मुस्कुराने पर मजबूर कर दिया। यह उनका अनोखा अंदाज है, जिसे पूरी दुनिया ने स्वीकार किया[76]।"

विदेशियों में कैसा होता है पंडित धीरेन्द्र शास्त्री का प्रभाव?

महाराज जी के साथ कई विदेश यात्राओं में गए छतरपुर के पूर्व विधायक पज्जन चतुर्वेदी[77] कहते हैं, "महाराज जी विदेश में भी देशी स्टाइल में ही होते हैं। विदेशों में भी हिन्दू हैं और बढ़-चढ़ कर धार्मिक गतिविधियों में हिस्सा लेते हैं। लंदन में बहुत सारे अंग्रेज लोग भी इंट्रेस्ट रखते थे, दरबार, में पर्चा बनने में। उनमें भी जिज्ञासा थी, अपनी दुःख तकलीफ जानने में, उनका निवारण करने में।"

जाहिर है उनकी भी ईश्वर में आस्था है। फर्क बस इतना ही है कि हिंदू लोग भगवान को मानते हैं, वे गॉड को मानते हैं। चतुर्वेदी कहते हैं कि उनकी विदेश यात्रा के दौरान बड़ी संख्या में विदेशी उनसे मिलने आते हैं, हाँ, ये बात सही है कि बड़ी संख्या भारतीय मूल के लोगों की ही होती है। हिंदी सभी को समझ में आती है, सो ऐसे में धीरेन्द्र शास्त्री की बातें सभी समझ लेते हैं।

अध्याय 10

कन्या विवाह और सामाजिक कार्य

पंडित धीरेन्द्र शास्त्री का मानना है कि जब मंदिरों की दानपेटियों का धन गरीब बेटियों के विवाह में खर्च होगा, तभी भारत विश्व गुरु बनने की राह पर अग्रसर होगा[78]। बागेश्वर धाम में सब कुछ निःशुल्क है—दरबार, अर्जी, दर्शन, और भंडारा। यहाँ का चढ़ावा गरीब बेटियों के विवाह में लगाया जाता है और यहाँ निःशुल्क अन्नपूर्णा भंडारा चलता है। भविष्य में कैंसर अस्पताल के माध्यम से बुंदेलखंड के गरीबों के स्वास्थ्य के लिए भी यहाँ कार्य होगा। इस तरह के सामाजिक कार्यों से वे न केवल धार्मिक, बल्कि मानव कल्याण के प्रकल्पों को बढ़ावा देते हैं और आलोचकों को अपनी मानवसेवा की सोच से जवाब देते हैं।

कन्या विवाह और लोक कल्याण के लिए उनकी प्रतिबद्धता 2021 में ही स्पष्ट हो गई थी, जब धाम के पास आय और संसाधन बहुत कम थे। तब उन्होंने कहा था, "हमारा ध्येय यह नहीं रहता कि लोग चमत्कार मानें। सबसे बड़ा चमत्कार तो यही है कि हम मानव हैं। दूसरा चमत्कार यह है कि हम भारत में हैं। तीसरा चमत्कार यह है कि हम लोग बोल रहे हैं। इससे बड़ा कोई चमत्कार नहीं है।" वे कहते हैं कि जब किसी संत के चरणों में जाकर भक्ति और मानव सेवा का भाव जागे, उससे बड़ा चमत्कार नहीं है। बागेश्वर धाम में यह परंपरा रही है कि दादा गुरुजी भी दक्षिणा से भंडारा कराते[79] थे।

एक अन्य वीडियो में पं. धीरेन्द्र शास्त्री ने कहा कि बागेश्वर धाम पहला ऐसा स्थान है जहाँ अर्जी, दरबार, भंडारा, और ठहरना—सब निःशुल्क है। जब भीड़ बढ़ी और लोगों पर कृपा हुई—किसी का कैंसर ठीक हुआ, किसी की नौकरी लगी—तो भक्तों ने एक-दो महीने का वेतन चढ़ा दिया। वे आगे कहते हैं, "हमने सोचा, ज्यादा पैसा बढ़ जाए तो क्या करेंगे? तो गुरुजी ने अंदर से प्रेरणा दी कि

गरीब कन्याओं की शादी कराई जाए।" धीरेन्द्र शास्त्री कहते हैं कि जब तक तन में प्राण हैं और चढ़ोतरी आती रहेगी, वे इसे समाजसेवा में लगाएँगे। उन्होंने मीडिया के माध्यम से अपील की कि यदि भगवान किसी को सक्षम बनाते हैं, तो वे अपने धन का कुछ हिस्सा मानव सेवा में अवश्य लगाएँ।

बागेश्वर धाम में कई वर्षों से महाशिवरात्रि पर भव्य सामूहिक कन्या विवाह का आयोजन होता है। इसकी प्रेरणा की कहानी पंडित धीरेन्द्र शास्त्री ने कई मंचों से साझा की है। इसके पीछे उनके एक बचपन के मित्र की अहम भूमिका है। फरवरी 2022 में, अपने मित्र के सामने मंच से उन्होंने इस घटना का खुलासा किया।

पंडित धीरेन्द्र शास्त्री हर कथा में एक घटना साझा करते हैं, जो बागेश्वर धाम में तीन साल से महाशिवरात्रि पर गरीब बेटियों के विवाह के संकल्प की शुरुआत को दर्शाती है। यह कहानी उनके निजी जीवन से जुड़ी है। उनकी बहन के विवाह के लिए धन की कमी थी। लाखों रिश्ते पैसे की मौजूदगी में बनते हैं, पर गरीबी में टूट जाते हैं। रिश्तेदारों ने कुछ नहीं माँगा, फिर भी एक लाख की व्यवस्था भी असंभव थी। उधारी के लिए गाँव और परिचितों से मदद माँगी, पर दीन-हीन को उधार भी नहीं मिलता। उस समय उनके एक घनिष्ठ मित्र थे। शास्त्री जी ने उन्हें नोकिया मोबाइल से फोन किया और बमीठा में मिलने गए। वहाँ मित्र ने उन्हें मोटरसाइकिल पर बैठाकर पेट्रोल पंप पर ले जाकर चाय पिलाई। शाम हो चुकी थी। धीरेन्द्र शास्त्री ने बताया कि बहन की शादी में दस दिन बाकी हैं, पर धन की व्यवस्था नहीं हो रही। मित्र ने प्रेम से उनका हाथ पकड़ा और कहा, "आप चिंता मत करो, हम व्यवस्था करते हैं"। और उन्होंने अगले दिन उन्हें 20,000 रुपये दिए और टेबल, बेड, अलमारी समेत दहेज का सारा सामान जुटाकर उनके घर पहुँचाया। उन्होंने पूरे विवाह का आयोजन अपनी बहन की तरह करवाया। शास्त्री जी दो साल बाद गुजरात के एक कथा कार्यक्रम की दक्षिणा से यह राशि चुका पाए।

वे कहते हैं, "जिस जमाने में मुझे कोई नहीं पूछता था, कोई नहीं जानता था, उस समय मदद की। आज मेरे लिए वह मदद बीस-बीस करोड़ से बढ़कर है।" उसी दिन उन्होंने संकल्प लिया कि बालाजी और गुरु जी की कृपा से जो धन मिलेगा, उसे वे गरीब बेटियों के विवाह में लगाएँगे, ताकि कोई भाई न रोए। उनकी मित्रता में उतार-चढ़ाव जरूर आए। व्यस्तता के कारण मित्र नाराज़ हुए, बोले, "अब तुम कृष्ण बन गए, सुदामा को भूल गए।" फिर भी उन्होंने साथ नहीं छोड़ा। धीरेन्द्र

शास्त्री कहते हैं, "बालाजी से प्रार्थना है कि सबको ऐसा मिल दे। कमाना आसान है, पर जरूरतमंद की मदद करना कठिन। हम सब ऐसा करें।" इसी संकल्प से बागेश्वर धाम पर कन्या विवाह महोत्सव शुरू हुआ।

जैसे-जैसे पं. धीरेन्द्र शास्त्री की प्रसिद्धि बढ़ी और बागेश्वर धाम व कथाओं के माध्यम से दान में वृद्धि हुई, वैसे-वैसे गरीब बेटियों के विवाह की संख्या भी बढ़ती गई। 2019 में सत्रह बेटियों का विवाह हुआ। 2020 में कोरोना के कारण आयोजन रुका। 2021 में 21, 2022 में 108, 2023 में 125 और 2024 में 157 बेटियों का घर बसाया गया। 2025 में 251 कन्या विवाह हुए, जिनमें 108 आदिवासी समुदाय की बेटियाँ थीं। इस तरह, बागेश्वर धाम के सहयोग से अब तक 669 निर्धन बेटियों की शादी कराई जा चुकी है।

26 फरवरी 2025 को महाशिवरात्रि के अवसर पर बागेश्वर धाम में कन्या विवाह समारोह आयोजित हुआ। कुछ दिन पहले वधु पक्ष को लहँगा और श्रृंगार सामग्री वितरित की जा रही थी। उस दिन धाम पर मौजूद एक व्यक्ति की नजर बांदा जिले के बबेरू तहसील के एक बुजुर्ग दंपत्ति पर पड़ी। पूछने पर उन्होंने बताया, "हमारी नातिन की शादी है। उसकी माँ का देहांत हो गया था, जब वह गोद में थी। दामाद तब से गायब है। हमने उसे पाला, अब वह अठारह साल की है। टीवी पर धाम के कन्या विवाह के बारे में सुना और अर्जी लगाई। भगवान और महाराज जी की कृपा से अर्जी स्वीकार हुई। मेरे बेटे-बहू हमें और नातिन को मारते थे। मैं इतना परेशान था कि कृपा न मिलती तो शायद आत्महत्या कर लेता। लेकिन अब नातिन का भविष्य[80] बन गया।"

यह दर्द सिर्फ एक दंपत्ति का नहीं, बल्कि 251 परिवारों की कहानियों में समानता थी। 2025 के इस समारोह में विशेष बात थी कि 251 में से 100 आदिवासी और 151 अन्य समाज की कन्याएँ थीं। चयन के लिए मापदंड बनाए गए, जिसमें अनाथ बेटियों, फिर जिनके पिता या माँ नहीं थे, उन्हें प्राथमिकता दी गई। बागेश्वर धाम के शिष्य मंडल ने गाँव-गाँव जाकर आवेदनों का सत्यापन किया। समारोह में 251 दूल्हों ने घोड़े पर बारात निकाली, जो सामंतवादी और जातिवादी मानसिकता पर प्रहार था, क्योंकि ग्रामीण क्षेत्रों में दलित और आदिवासी दूल्हों का घोड़े पर बैठना अक्सर विवाद का कारण बनता है।

पंडित धीरेन्द्र शास्त्री ने समारोह में बताया, "एक बेटी के घर में चाय के कप तक नहीं थे, लेकिन उसकी शादी में पाँच लाख लोग, देश भर के सेलिब्रिटी और

राष्ट्रपति द्रौपदी मुर्मू शामिल हुईं।" चार दिन पहले प्रधानमंत्री नरेंद्र मोदी के बाद, राष्ट्रपति मुर्मू भी 251 कन्याओं को आशीर्वाद देने धाम पहुँचीं[81]। जिन बेटियों के विवाह की चिंता उनके परिवारों को सताती थी, उनके विवाह में देश की राष्ट्रपति ने आकर आशीर्वाद दिया।

राष्ट्रपति द्रौपदी मुर्मू ने कहा, "यह बहुत ही प्रसन्नता का विषय है कि यह विवाह समारोह जन सहयोग से संपन्न हो रहा है। विवाहित जोड़ों को गृहस्थी के जरूरी सामान के साथ साथ, उन्हें स्वावलम्बी बनाने के उद्देश्य से सिलाई मशीन और आता चक्की जैसी वस्तुएँ उपहार में दी जा रही हैं। जनसहयोग द्वारा जन कल्याण या यह बहुत ही अच्छा उदाहरण है।"

इन विवाह समारोहों में आने वाले मेहमानों की सूची देखकर इसकी विराटता और महत्ता का पता चलता है। साध्वी ऋतम्भरा, आचार्य बालकृष्ण सहित देश भर के कई संत इस समारोह का हिस्सा बनते हैं तो दूसरी ओर बॉलीवुड अभिनेत्री उर्वशी रौतेला यहाँ अन्नपूर्णा रसोई में पूड़ी बेलती दिखाई देती हैं। इस मंच पर मध्य प्रदेश के राज्यपाल मंगूभाई पटेल, मुख्यमंत्री मोहन यादव सहित कई मंत्री विधायक सांसद होते हैं तो क्रिकेट की दुनिया के धुरंधर वीरेंद्र सहवाग, आरपी सिंह और रॉबिन उथप्पा भी शिरकत करते हैं। भोजपुरी फिल्म इंडस्ट्री से और अब राजनेता मनोज तिवारी और खेसारी लाल भी यहाँ होते हैं। इसके साथ ही उद्योग जगत की कई हस्तियाँ भी इसमें शामिल होती हैं। दरअसल सामूहिक विवाह उत्सव शासकीय और सामाजिक स्तर पर लगातार होते हैं, लेकिन धीरेन्द्र शास्त्री ने इस आयोजन को अलग ही स्तर दिया है।

बागेश्वर धाम पर कन्या विवाह महोत्सव तो हर साल हो रहे हैं। हर बार संख्या और उसकी भव्यता दोनों बढ़ रही है। पहली बार 2023 में यहाँ बतौर मुख्यमंत्री शिवराज सिंह चौहान पहुँचे। तो 2024 में बतौर मुख्यमंत्री मोहन यादव भी यहाँ आए। 26 फरवरी 2025 को यानी शिवरात्रि के दिन देश की प्रथम नागरिक यानि राष्ट्रपति द्रोपदी मुर्मु की उपस्थिति से यह आयोजन अपनी भव्यता और श्रेष्ठता के शिखर पर पहुँच गया। ऐसे में अब यह जानना और समझना जरूरी हो जाता है कि आखिर धीरेन्द्र शास्त्री ऐसे आयोजन की रचना से लेकर सफलतापूर्वक संचालन तक सब कैसे करते हैं। इस विषय को गहराई से समझने पर ये पता चलता है कि कन्या विवाह आयोजन के बाद उनकी लोकप्रियता क्यों और ज्यादा बढ़ जाती है।

आम तौर पर शासकीय सामूहिक विवाह समारोहों में, ऐसी खबरें आती हैं कि शादीशुदा जोड़ों ने फिर से शादी कर ली या अन्य तरह की अनियमितताओं की बात आती है। योजना के तहत उपहार या नकद पाने के लिए ऐसे फर्जीवाड़ों की खबरें छपती रहती हैं। ऐसे में यदि एक भी अपात्र व्यक्ति की इस आयोजन में शादी की खबर आई तो इसकी सार्थकता पर ही सवाल खड़े हो जाते। इसीलिए बागेश्वर धाम में विवाह के लिए आवेदन मंगाए जाने से लेकर कन्या के चयन तक में, कई स्तर की जांच और पारदर्शिता होती है। इसके बाद बागेश्वर धाम के लोग हर एक कन्या के घर जाकर इस बात की पुष्टि करते हैं कि जो भी जानकारी आवेदन में दी गई है, वह सत्य है या नहीं।

बागेश्वर धाम में किसी भी कार्यक्रम की तैयारी एक विशाल संगठनात्मक चुनौती होती है। यह दर्शाता है कि कैसे एक सफल आयोजन के पीछे अथक मेहनत और सटीक रणनीति होती है। साल 2025 में 23 फरवरी को प्रधानमंत्री और 26 फरवरी को राष्ट्रपति के आगमन को देखते हुए इन पंक्तियों के लेखक ने इन तैयारियों को करीब से समझने का फैसला किया।

15 फरवरी की रात करीब 12 बजे हम बागेश्वर धाम पहुँचे। धीरेन्द्र शास्त्री जी से रात 12:30 बजे मिलने पर पता चला कि वे अभी-अभी मीडिया इंटरव्यू देकर एक बैठक में गए हैं। ढाई घंटे के इंतजार के बाद, रात 3 बजे वे बाहर आए, ऊर्जा से भरपूर। उन्होंने तुरंत इंटरव्यू दिया, जिसमें हमने कार्यक्रम की तैयारियों पर बात की। इंटरव्यू के बाद, वे अचानक बोले कि कुछ लोगों से मिलकर कार्यक्रम स्थल की व्यवस्था देखने चलेंगे। रात 3:30 बजे वे अपनी कार से निकले और हम उनके पीछे हो लिए।

कार्यक्रम स्थल पर, मंच पर पहुँचने के बाद, धीरेन्द्र शास्त्री कुछ व्यवस्थाओं से नाखुश दिखे। उन्होंने तुरंत संबंधित लोगों को फोन किया और कुछ को मैसेज भेजने के लिए कहा। यह दर्शाता है कि उन्हें अपने सहयोगियों की कार्यशैली और उपलब्धता का पूरा ज्ञान है। मंच पर सो रहे श्रद्धालुओं को देखकर उन्होंने अपनी टीम से धीमी आवाज में बात करने को कहा ताकि उनकी नींद खराब न हो। इसके बाद दो और जगहों का दौरा करते हुए, वे सुबह 4:30 बजे मंदिर के सामने अपने मुख्य कक्ष में विश्राम करने गए। उस समय भी करीब 200 श्रद्धालु उनसे मिलने पहुँच गए, जिन्हें उन्होंने भभूति बांटी।

सुबह 7 बजे धीरेन्द्र शास्त्री सतना के लिए रवाना हो गए और दोपहर 1 बजे बागेश्वर धाम में एक प्रेस कॉन्फ्रेंस बुलाई। हम लगभग 1 बजे पहुँचे, जहां वे नीचे

हॉल में सेवादारों के साथ बैठक कर रहे थे। लगभग 2 बजे वे पत्रकारों के बीच आए और प्रधानमंत्री व राष्ट्रपति के कार्यक्रम का विस्तृत विवरण दिया। इसके बाद वे फिर सेवादारों और शिष्य मंडलों के साथ लगातार बैठकें करते रहे। यह क्रम कई दिनों तक चला, 22 फरवरी तक। एक बार तो वे देर रात अपनी बाइक पर व्यवस्थाओं का जायजा लेने भी निकल पड़े।

यह सब धीरेन्द्र शास्त्री की प्रभावी नेतृत्व क्षमता को दर्शाता है। जब वे खुद दिन-रात तैयारियों में जुटे रहते हैं, तो उनकी टीम का जोश दोगुना हो जाता है। वे जानते हैं कि भले ही काम धाम की सेवा समिति द्वारा हो, लेकिन इसकी सफलता या असफलता की जिम्मेदारी उन्हीं पर है। वे स्थानीय और क्षेत्रीय मीडिया को भी बहुत महत्त्व देते हैं, क्योंकि बड़े आयोजनों के बाद साल भर उन्हीं का सहयोग आवश्यक होता है। इसीलिए वे बुंदेलखंड और छतरपुर की मीडिया से इस आयोजन को 'अपना' मानने और किसी भी कमी को संभालने का अनुरोध करते हैं, यह कहकर कि उन्हें इतने बड़े कार्यक्रम का अनुभव नहीं है।

हर विवाह से एक नया संदेश : बागेश्वर धाम की दूरदर्शी पहल

बागेश्वर धाम का सामूहिक कन्या विवाह सिर्फ एक समारोह नहीं, बल्कि पंडित धीरेन्द्र कृष्ण शास्त्री की दूरदर्शिता, रणनीति और कुशल प्रबंधन का प्रतीक है। हर साल वे इस आयोजन के माध्यम से समाज को एक नया संदेश देते हैं और अगले वर्ष के लिए एक नया संकल्प भी लेते हैं।

इसकी शुरुआत 2023 में हुई, जब 18 फरवरी को 121 बेटियों का विवाह हुआ। उस समय बेटियों को एलइडी टीवी, फ्रिज, बर्तन और गैस-चूल्हा जैसे आवश्यक घरेलू सामान उपहार में दिए गए। इसी समारोह में धीरेन्द्र शास्त्री ने 2024 में 151 बेटियों की शादी करवाने का संकल्प लिया और उपहार के रूप में हर दूल्हे को मोटरसाइकिल देने की घोषणा की। यह संकल्प और घोषणा 2024 में पूरी हुई, जब 157 बेटियों का विवाह हुआ और सभी दूल्हों को चमचमाती मोटरसाइकिलें मिलीं।

लेकिन यहीं पर बात खत्म नहीं हुई। 2024 के समारोह में ही पंडित धीरेन्द्र शास्त्री ने अगले साल के लिए एक और महत्त्वपूर्ण संकल्प लिया। उन्होंने कहा कि 2025 में मोटरसाइकिल देने के बजाय, उस पैसे का उपयोग विवाहों की संख्या बढ़ाने में किया जाएगा। और जैसा कहा गया, 2025 में 251 बेटियों की शादी

कराई गई। इस बार उपहारों में एक बड़ा बदलाव देखने को मिला : आटा चक्की और सिलाई मशीन दी गईं, जो बेटियों को आत्मनिर्भर बनाने का स्पष्ट संदेश था।

पंडित धीरेन्द्र शास्त्री की यह पहल सिर्फ भौतिक उपहारों तक सीमित नहीं रही। जब देश में *रामचरितमानस* को लेकर बहस चल रही थी, तब 2023 में उन्होंने विवाह में बेटियों को *रामचरितमानस* भी भेंट की, जो एक सांस्कृतिक और धार्मिक संदेश था।

दरअसल, यदि आप केवल बागेश्वर धाम में होने वाले कन्या विवाह कार्यक्रमों को देखें, तो आपको पंडित धीरेन्द्र शास्त्री की परियोजना नियोजन, रणनीति, मैनेजमेंट और कार्यकुशलता के साथ-साथ उनकी मीडिया वैल्यू का भी सहज ही अंदाजा हो जाएगा। यह सब देखकर आप निश्चित रूप से उनके कार्य के प्रशंसक बन जाएंगे।

रिश्ता समाजसेवी का नहीं, पिता का

बागेश्वर धाम का अनोखा कन्या विवाह

आमतौर पर सामूहिक विवाह समारोहों में समाजसेवी संस्थाएँ या संगठन पुण्य कमाने के उद्देश्य से गरीबों की मदद करते हैं। यह एक नेक कार्य है, जिसमें ईश्वर की प्रसन्नता निश्चित है। लेकिन पंडित धीरेन्द्र कृष्ण शास्त्री की सोच इस सबसे हटकर है। बागेश्वर धाम में होने वाले विवाह समारोहों में वे दूल्हा-दुल्हन और उनके परिवारों के साथ एक पारिवारिक रिश्ता बना लेते हैं।

अविवाहित होने के बावजूद और अभी 30 साल की उम्र भी पूरी न करने के बावजूद, धीरेन्द्र शास्त्री इन कन्याओं को अपनी बेटी मानते हैं। वे कहते हैं, "मैं तो कुंवारा हूँ, लेकिन अब इन बेटियों का धर्म पिता[82] बन गया हूँ।" यही कारण है कि वे इन कन्याओं को अपनी बेटी और उनके पतियों को अपना दामाद बताते हैं। वर-वधू के माता-पिता को भी वे अपना समधी-समधन मानते हैं। बुंदेलखंड की सामाजिक रीति-रिवाजों के अनुरूप, वे मंच से समधी-समधनों के साथ हास्य-विनोद भी करते हैं, जिससे यह सामान्य विवाह समारोह एक पारिवारिक आयोजन में बदल जाता है। बारात और वधू पक्ष के लोगों का मान-सम्मान भी रिश्तेदारों की तरह ही किया जाता है।

हालांकि, धीरेन्द्र शास्त्री मंच से यह नसीहत देना भी नहीं भूलते कि यह एक धार्मिक स्थान है और यहाँ शराब का सेवन करके न आएं। यह सब इस कन्या

विवाह आयोजन को बेहद रोचक और मजेदार बना देता है। हर बार की तरह, इस बार भी धीरेन्द्र शास्त्री महाराज मंच पर नाचते-गाते हैं और एक घरेलू विवाह समारोह का आनंद लेते हैं। वे दूल्हों से बेटियों को खुश रखने का निवेदन करते हैं, और जब विदाई की बेला आती है, तो एक पिता की तरह भावुक भी होते हैं। यह सामूहिक विवाह आयोजन का समापन एक पारिवारिक कार्यक्रम की तरह ही होता है।

इस बार, यानी 2025 में, विवाह समारोह के समापन पर धीरेन्द्र शास्त्री महाराज का उद्बोधन उनके इस अनोखे रिश्ते को और स्पष्ट करता है। एक तरफ वे स्वयं गीत गाकर लोगों को थिरकने पर मजबूर करते हैं, तो दूसरी ओर विदाई के समय भावुक होकर दूल्हा-दुल्हन को कई महत्त्वपूर्ण सीख भी देते हैं। विदाई के समय ही वे हिंदू राष्ट्र का मुद्दा फिर से उठाते हुए कहते हैं कि जिस दिन भारत हिंदू राष्ट्र होगा, उस दिन भारत के मंदिरों की दानपेटियों का पैसा गरीब बेटियों की शादियों में लगाया जाएगा। वे भावुक होकर कहते हैं, "आज सब दूल्हे जब घोड़ों पर बैठें, तो क्या ऊंच-नीच, क्या भेदभाव, क्या बड़ा क्या छोटा, सबको एक सा मंच मिला, सबको घोड़े पर बैठने को मिला। सबके चेहरे पर मुस्कुराहट देखी। इससे प्यारा और क्या देश हो सकता है, कि बेटियाँ किसी और की हैं, लेकिन हमने इन्हें अपनी बेटियाँ मानकर विदा किया है।"

कन्या विवाह समारोह। 8 मार्च 2024: एक प्रेरणादायक आयोजन

बागेश्वर धाम में 8 मार्च 2024 को आयोजित कन्या विवाह समारोह, पंडित धीरेन्द्र कृष्ण शास्त्री की सोच और संकल्प का अद्भुत उदाहरण था। यह आयोजन सिर्फ शादियों तक सीमित नहीं था, बल्कि समाज को एक गहरा संदेश भी दे रहा था।

कार्यक्रम की शुरुआत में धीरेन्द्र शास्त्री ने कहा, "डले रहो दरबार में, धक्का मुक्का धनी के खाओ। एक दिन ऐसा आएगा, तुमई धनी हो जाओ।" उन्होंने भक्तों के पागलपन, उदारता और निष्ठा की सराहना करते हुए कहा कि भारत "हिंदू राष्ट्र" बनने जा रहा है और मंदिरों की दान पेटियों को गरीब बेटियों के लिए खोलने से भारत को विश्वगुरु बनने से कोई नहीं रोक सकता। यह कथन दर्शाता है कि कैसे आस्था और सामाजिक सेवा एक साथ मिल सकती हैं।

शुरुआत में विवाह के लिए 151 कन्याओं की सूची थी, जो समारोह होते-होते 156 तक पहुँच गई। कन्याओं को कई उपहार मिले, जिनमें हर दूल्हे को मिली

पंडित धीरेन्द्र कृष्ण शास्त्री की माता सरोज देवी गर्ग व पिता रामकृपाल गर्ग

शुरुआती दिनों के दरबार का एक दृश्य
संभवत: 2011 की तस्वीर

वर्ष 2018 के दरबार का एक दृश्य

गढ़ा गाँव में माध्यमिक विद्यालय में पंडित धीरेन्द्र
कृष्ण शास्त्री के शिक्षक सुरेन्द्र सिंह

हनुमान जी की प्रतिमा जो पंडित धीरेन्द्र कृष्ण शास्त्री के साथ हर कथा में जाती है

बागेश्वर धाम मंदिर में बागेश्वर बालाजी की प्रतिमा

बागेश्वर बालाजी की
सेवा करते पंडित धीरेन्द्र
कृष्ण शास्त्री

पंडित धीरेन्द्र कृष्ण शास्त्री
की गौ भक्ति

अपने गुरु, जगद्गुरु रामभद्राचार्य
के संग पंडित धीरेन्द्र कृष्ण शास्त्री

10 फरवरी 2025 को जब बागेश्वर धाम आए प्रधानमंत्री नरेंद्र मोदी

बागेश्वर धाम में प्रधानमंत्री नरेंद्र मोदी के संग धीरेन्द्र कृष्ण शास्त्री

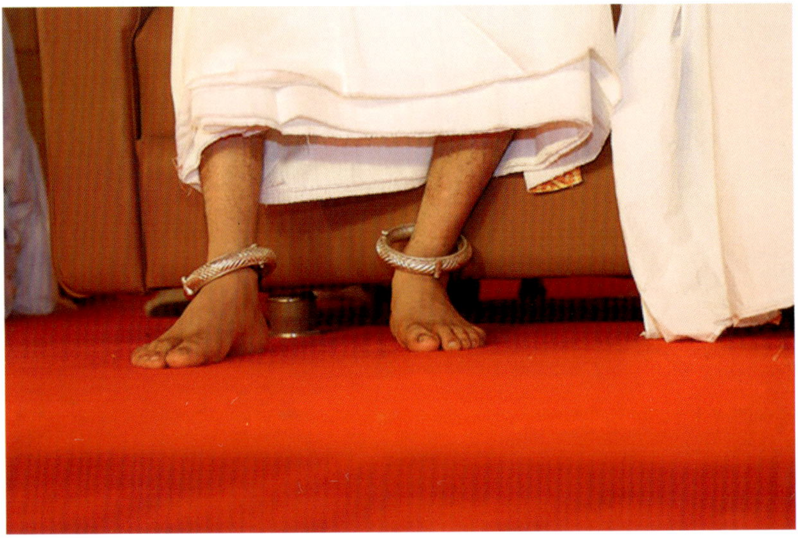

पंडित धीरेंद्र कृष्ण शास्त्री पैरों में ऐसे चांदी के कड़े पहनते हैं

पंडित धीरेन्द्र कृष्ण शास्त्री के इंतज़ार में मंच और उनके भक्तजन वेम्बली (लंदन) में

विख्यात क्रिकेट खिलाड़ी शिखर धवन के साथ बल्लेबाजी करते हुए

क्रिकेट के मैदान पर गेंदबाजी; पंडित धीरेन्द्र कृष्ण शास्त्री का एक अलग रूप

बागेश्वर धाम द्वारा कराये जा रहे कन्या विवाह में बेटियों को दिए जाने वाले उपहार

बागेश्वर धाम में भंडारा

चित्र सौजन्य 1 : पहले 4 चित्र लेखक द्वारा संग्रहित

चित्र सौजन्य 2 : शेष चित्र बागेश्वर धाम के आधिकारिक सोशल मीडिया हैंडल से साभार

मोटरसाइकिल खास आकर्षण रही। इसके अलावा, वर-वधू को डेढ़ सौ से ज़्यादा अन्य उपहार भी दिए गए।

इस भव्य समारोह में पहली बार गायक सोनू निगम और WWE स्टार खली[83] भी पहुँचे। खली का स्वागत करते हुए धीरेन्द्र शास्त्री ने अपने अंदाज़ में कहा, "खली आए बजरंग बली के पास, अब धर्म विरोधियों में मची खलबली।" सोनू निगम ने धीरेन्द्र शास्त्री को "अवतार" बताते हुए सनातन की जड़ों को मजबूत करने के लिए उन्हें प्रणाम किया। मध्य प्रदेश के नए मुख्यमंत्री मोहन यादव ने भी अपनी उपस्थिति दर्ज कराई और महाराज के पुण्य कार्यों में सरकार के सहयोग का आश्वासन दिया।

पंडित धीरेन्द्र शास्त्री ने इस भव्यता का कारण बताते हुए कहा कि इन बेटियों का कोई नहीं है, और वे ससुराल जाकर यह कह सकें कि उनकी शादी में बड़े-बड़े मंत्री और मुख्यमंत्री आए थे। उन्होंने यह भी स्वीकार किया कि इस बार खर्च ज़्यादा हुआ, इसलिए अगली बार मोटरसाइकिल न देकर विवाहों की संख्या बढ़ाने का संकल्प लिया। उनका लक्ष्य 2025 में 251 बेटियों का विवाह कराना था। उन्होंने भविष्य में बागेश्वर धाम में मैरिज हाउस बनाने और उपहार के रूप में *रामचरितमानस* भेंट करने की बात भी कही।

यह समारोह सिर्फ एक विवाह आयोजन नहीं था, बल्कि एक पिता के स्नेह, सामाजिक जिम्मेदारी और भविष्य की दूरदृष्टि का प्रमाण था, जहाँ हर बेटी को सम्मान और खुशी के साथ विदा किया गया।

कन्या विवाह 2023: बागेश्वर धाम के लिए एक निर्णायक मोड़

18 फरवरी 2023 का कन्या विवाह समारोह पंडित धीरेन्द्र कृष्ण शास्त्री के लिए एक महत्त्वपूर्ण मोड़ साबित हुआ। यह आयोजन तब हुआ जब जनवरी में उनके दिव्य दरबार और पर्चा बनाने को लेकर कई सवाल उठे थे। रायपुर की कथा में शास्त्री जी ने न केवल जवाब दिए, बल्कि हिंदू राष्ट्र का मुद्दा उठाकर अपनी स्थिति मजबूत कर ली। यह कार्यक्रम उनकी लोकप्रियता और स्वीकार्यता की अग्निपरीक्षा था।

आयोजन से कई दिन पहले ही हजारों लोग बागेश्वर धाम पहुँच गए थे। कड़ाके की ठंड के बावजूद, रात भर पंडाल में 50 हजार से ज़्यादा लोग मौजूद थे। हर किसी की जुबान पर हिंदू राष्ट्र का नारा था। यह दृश्य धीरेन्द्र शास्त्री की बढ़ती लोकप्रियता और हिंदुत्व के प्रति उनके मजबूत पक्ष को दर्शाता था। कई लोगों को

लगा था कि रायपुर के घटनाक्रम के बाद उनका ग्राफ गिरेगा, पर यहाँ तो उनकी असल लोकप्रियता की शुरुआत हो रही थी।

इस विवाह समारोह में लाखों की संख्या में आम लोग थे, और समाज के हर वर्ग के वीआईपी भी पहुँचे। इसी उत्साह में धीरेन्द्र शास्त्री ने कैंसर अस्पताल बनाने की घोषणा की, जिसका श्रेय उन्होंने बजरंगबली और उपस्थित बड़े लोगों (मुख्यमंत्री) को दिया।

121 कन्याओं के विवाह का लक्ष्य था, जो बढ़कर 125 तक पहुँच गया। धार्मिक जगत से कई संत और राजनैतिक जगत से मुख्यमंत्री शिवराज सिंह चौहान सहित कई मंत्री और चर्चित हस्तियाँ मंच पर थीं। मुख्यमंत्री ने बागेश्वर धाम को "ज्ञान, कर्म और भक्ति का त्रिवेणी संगम[84]" बताया और शास्त्री जी के सामाजिक कार्यों की सराहना की।

आयोजन में उच्च स्तर की व्यवस्था थी, और हर कन्या को अनेक उपहार दिए गए, जिनमें घर-गृहस्थी का पूरा सामान शामिल था। धीरेन्द्र शास्त्री खुद भी इस कार्यक्रम में सक्रिय दिखे; उन्होंने भंडारे में पूरी बेली और अपनी माँ को दंडवत प्रणाम करती हुई तस्वीर भी वायरल हुई।

विदाई की बेला पर, आँखों में आँसू लिए धीरेन्द्र शास्त्री ने समाज से अपील की कि वे ऐसे गरीब बेटियों के विवाह में भी आएँ, जिनका कोई नहीं होता। उन्होंने स्वयं को "धर्म पिता" बताते हुए कहा कि बेटी ईश्वर का अनमोल उपहार है, और कभी भी भ्रूण में बेटियों को न मारें। यह आयोजन सिर्फ एक विवाह समारोह नहीं, बल्कि सामाजिक एकजुटता, सेवा भावना और एक मजबूत संदेश का प्रतीक बन गया।

बागेश्वर धाम कन्या विवाह महोत्सव 2022: एक ऐतिहासिक शुरुआत

2022 में बागेश्वर धाम में अब तक का सबसे बड़ा आयोजन होने जा रहा था, भले ही कोरोना का दौर पूरी तरह खत्म नहीं हुआ था। पंडित धीरेन्द्र कृष्ण शास्त्री की लोकप्रियता यूट्यूब से टीवी तक पहुँच चुकी थी, और उनकी कथा वाचन शैली, कटाक्ष और प्रस्तुति तेज़ी से वायरल हो रही थी। यही कारण था कि कोरोना के बावजूद बागेश्वर धाम के प्रति लोगों का आकर्षण बढ़ा और भीड़ भी उम्मीद से कहीं ज़्यादा जुटने लगी। बागेश्वर धाम पहली बार 108 कन्याओं का सामूहिक विवाह करवाने जा रहा था।

आयोजन का विभाजन : दूरदर्शिता का परिचय

बढ़ती भीड़ और कोरोना के जोखिम को देखते हुए, धीरेन्द्र शास्त्री ने 28 जनवरी को ही एक घोषणा की। कम श्रद्धालुओं के बीच ऑनलाइन कथा के माध्यम से उन्होंने बताया कि कार्यक्रम को दो हिस्सों में बाँटा जाएगा :

1 मार्च को महाशिवरात्रि पर 108 गरीब कन्याओं का विवाह।
22 मार्च से 251 कुंडीय लक्ष्मीनारायण महायज्ञ और 9 दिवसीय राम कथा (जगद्गुरु रामभद्राचार्य जी महाराज द्वारा)।

शास्त्री जी ने स्पष्ट किया कि एक साथ लाखों की भीड़ को संभालना मुश्किल होगा और यह शासन-प्रशासन के नियमों के भी अनुरूप नहीं होगा। उनका कहना था, "हम नहीं चाहते कि कोई उँगली उठाए[85]।"

कार्यक्रम को दो हिस्सों में करने के बावजूद, 1 मार्च को कन्या विवाह में उम्मीद से कहीं ज़्यादा भीड़ और उत्साह देखने को मिला। राजनैतिक अतिथि हों या संत समाज, इस बार आने वालों की संख्या और प्रसिद्धि दोनों बड़ी थीं। खजुराहो सांसद वीडी शर्मा और मंत्री गोविंद राजपूत पहली बार इस कार्यक्रम में पहुँचे। कथावाचक इंद्रेश उपाध्याय, श्याम सुंदर पाराशर, योगेश्वर दास जी महाराज, महंत शरणानंद स्वामी महाराज जैसे संतों की उपस्थिति ने आयोजन को और दिव्य बना दिया।

सबका स्वागत करते हुए पंडित धीरेन्द्र कृष्ण शास्त्री ने कहा कि यह सामूहिक विवाह भारत के 10 मूर्धन्य विद्वानों की पावन उपस्थिति में हो रहा है। उन्होंने बताया कि 108 बेटियों का विवाह हो रहा है और उन्हें 44 तरह की उपहार सामग्री दी जा रही है। उन्होंने विशेष रूप से 12 अनाथ बेटियों का उल्लेख किया, जिनके लिए बालाजी स्वयं माता-पिता और भाई बन गए थे। उन्होंने कहा, "जिनके जीवन में हनुमान होता है, वो सबसे बड़ा धनवान होता है। आज से इनके पिता बागेश्वर बालाजी हो गए।" उन्होंने अतिथियों को इसलिए नहीं बुलाया था कि वे उनका गुणगान करें, बल्कि इसलिए कि वे उन बेटियों के विवाह में सहभागी बनें, जिनका कोई नहीं है। उन्होंने संकल्प लिया कि "जब तक मेरे शरीर में साँस रहेगी, जब तक मेरे जीवन में शिवरात्रि आएगी, यहाँ से बेटियों का विवाह होता रहेगा[86]।"

संतों और नेताओं की सराहना

शरणानंद स्वामी जी महाराज ने आयोजन को सीता-राम विवाह जैसा बताया और कहा कि हनुमान जी ने जैसे सारे स्वर्ग को यहीं ला दिया हो।

इंद्रेश उपाध्याय जी महाराज ने धीरेन्द्र शास्त्री को “सचल हनुमान जी महाराज” बताते हुए कहा कि उन्होंने इन परिवारों का जीवन बालाजी के हाथों में सौंप दिया है।

योगेश्वर दास जी महाराज ने बागेश्वर धाम की अलौकिक शक्तियों और धीरेन्द्र शास्त्री की तपस्या की सराहना की।

श्याम सुंदर पाराशर ने धीरेन्द्र कृष्ण जी महाराज के “जादू” का अनुभव बताया।

वीडी शर्मा ने कन्यादान को सबसे बड़ा दान बताया और इसे अपना सौभाग्य कहा।

गोविंद सिंह राजपूत लाखों श्रद्धालुओं की भीड़ देखकर दंग रह गए और इसे गुरु जी की कृपा बताया।

यह आयोजन बागेश्वर धाम पर अब तक का सबसे बड़ा आयोजन साबित हुआ, और यह एक बड़े इतिहास की बस शुरुआत थी। जैसा कि महाराज जी ने कहा था, इसके बाद 22 से 30 मार्च तक 251 कुंडीय यज्ञ हुआ, जिसमें 111 ब्राह्मणों ने आहुतियाँ दीं, और उनके गुरु रामभद्राचार्य जी महाराज द्वारा वहाँ नौ दिन की राम कथा का पाठ भी किया गया।

बागेश्वर धाम कन्या विवाह महोत्सव 2021: विनम्र शुरुआत से भव्यता की ओर

साल 2021 में बागेश्वर धाम में आयोजित 21 बेटियों का विवाह समारोह, पंडित धीरेन्द्र कृष्ण शास्त्री की यात्रा में एक महत्त्वपूर्ण पड़ाव था। यह आयोजन उस समय की विनम्र शुरुआत को दर्शाता है, जिसने अगले चार सालों में बागेश्वर धाम और शास्त्री जी के व्यक्तित्व में हुई अविश्वसनीय प्रगति की नींव रखी।

यह बागेश्वर धाम की ओर से आयोजित पहला बड़ा कन्या विवाह कार्यक्रम था, हालाँकि ऐसे आयोजन पहले भी हुए थे। उस समय मंच पर छतरपुर जिले के स्थानीय विधायक, पूर्व मंत्री, नगर पालिका अध्यक्ष और कुछ प्रशासनिक अधिकारी ही अतिथि के रूप में मौजूद थे। वहाँ पर विधायक आलोक चतुर्वेदी

(छतरपुर), विधायक राजेश बबलू शुक्ला (बिजावर), पूर्व मंत्री ललिता यादव, छतरपुर नगर पालिका की अध्यक्ष अर्चना सिंह समेत अन्य गणमान्य लोग मौजूद थे। वहाँ बमुश्किल 2 हजार लोगों की भीड़ थी, साथ ही जापान से आए दो भक्त भी उपस्थित थे। मंच का संचालन भी स्थानीय पत्रकार कर रहे थे। उस समय धाम पर प्रतिदिन लगभग 2 हजार श्रद्धालु आते थे और चढ़ावा भी कम था। फिर भी, इस छोटे स्तर के आयोजन में ही अगले सालों में दिखने वाली भव्यता और दिव्यता की झलक साफ थी।

इस विवाह समारोह में कन्याओं को अलमारी, कुर्सी, पंखा, बर्तन और ढेरों अन्य उपहार दिए गए। इसी आयोजन में पंडित धीरेन्द्र शास्त्री ने अगले साल 108 बेटियों की शादी करवाने का ऐलान किया, जो उनके बढ़ते संकल्प को दर्शाता था।

उन्होंने इस महोत्सव का उद्देश्य स्पष्ट करते हुए कहा, "यह महोत्सव धाम पर इसलिए रखा है, ताकि गरीबों की बारात में सब लोग जाएँ। गरीबों का कोई नहीं होता। इसलिए बागेश्वर बालाजी ने प्रेरणा दी कि जिनकी बारात में कोई नहीं जाता, उसमें हजारों लोग जाएँ।" उन्होंने आगे कहा कि धाम के दरवाज़े हमेशा खुले हैं और चढ़ावे के पैसे से भंडारा चलता है तथा गरीब बेटियों की शादी होती है।

शास्त्री जी ने लोगों से आग्रह किया कि वे व्यक्ति विशेष से न जुड़ें, बल्कि बागेश्वर बालाजी से जुड़ें, जिनसे वे चल रहे हैं। उन्होंने सहायता को सबसे बड़ी अर्जी बताते हुए कहा, "सबसे बड़ी अर्जी है गरीब की सहायता करना। इससे बड़ी कोई अर्जी नहीं। उन सबका सहयोग करें जिनका कोई नहीं है।"

2021 का यह आयोजन, भले ही आकार में छोटा था, लेकिन इसने बागेश्वर धाम के सामाजिक कार्यों और पंडित धीरेन्द्र कृष्ण शास्त्री के बढ़ते प्रभाव की दिशा तय कर दी थी, जो आने वाले वर्षों में और भी भव्य रूप लेने वाला था।

अध्याय 11
अखंड भंडारा

भूख से जन्मी सेवा

धीरेन्द्र शास्त्री के जीवन का शुरुआती संघर्ष ही बागेश्वर धाम में चल रहे अखंड भंडारे की नींव बना। सितंबर 2019 में, जब धाम पर सिर्फ कुछ ही लोग और सीमित व्यवस्थाएँ थीं, धीरेन्द्र शास्त्री ने कहा था : "जो गरीब आदमी, जिसके पास किराया नहीं है. . . उसके लिए हनुमान जी ने बढ़िया विकल्प चुना. . . बागेश्वर धाम है। जहाँ न किराया लगना, न शुल्क लगना, और निःशुल्क भोजन भी शुरू हो रहा है. . . हमारी गारंटी है, हम आजीवन उनको खिलाएँगे[87]।" उनकी सोच उस समय भी बड़ी थी, जब वे सिर्फ 20 लोगों के बीच, एक छोटे, कम रोशनी वाले कमरे में बैठकर यह बात कह रहे थे।

धीरेन्द्र शास्त्री अक्सर अपने बचपन की कठिनाइयों को साझा करते हैं। वे बताते हैं कि कैसे उनके परिवार को तीन-तीन दिन तक खाने को नहीं मिलता था, और बारिश में माँ उन्हें पलंग के नीचे सुलाती थीं क्योंकि छत टपकती थी। गरीबी ऐसी थी कि गाँव के सरपंच से बात करने की भी हिम्मत नहीं होती थी। अपने गुरु से उन्होंने यही पीड़ा साझा की थी, जब तीन दिन भूखे रहने के बाद, दस-ग्यारह साल की उम्र में उन्होंने गुरु से भोजन और जीवन में कुछ सुधार की कामना की थी। गुरु ने उन्हें बागेश्वर बालाजी से जुड़ने को कहा।

इसी भूख और गरीबी का सामना करने वाले धीरेन्द्र शास्त्री ने, जब थोड़े भी सक्षम हुए, तो बागेश्वर धाम पर अखंड भंडारा शुरू कराया। धाम की प्रसिद्धि और आर्थिक सामर्थ्य बढ़ने के साथ, अन्नपूर्णा रसोई भी लगातार व्यवस्थित होती गई। प्रतिदिन हजारों श्रद्धालु यहाँ प्रसाद ग्रहण करते हैं। सामान्य दिनों में यहाँ

10,000-15000 लोग भंडारा में प्रसाद ग्रहण करते हैं और विशेष आयोजनों के समय यह संख्या 100,000 तक पहुँच जाती है। इन भंडारों में खर्च की व्यवस्था आम लोगों के दान से की जाती है—न कि किसी व्यक्ति विशेष द्वारा दिए गए पैसे से।

हाईटेक अन्नपूर्णा रसोई का शुभारंभ (अगस्त 2024)

अगस्त 2024 में, मध्य प्रदेश की सबसे बड़ी हाईटेक अन्नपूर्णा रसोई का बागेश्वर धाम में शुभारंभ हुआ। इस अवसर पर धीरेन्द्र शास्त्री ने बताया कि पहले छोटे टीनशेड के नीचे भोजन बनता था और लोगों को असुविधा होती थी। इस कष्ट को देखकर ही उन्होंने कथाएँ करके व्यवस्था जुटाई और अब 100x300 फीट का एक विशाल हॉल बन गया है।

यह नई रसोई पूरी तरह हाईटेक है, जिसमें रोटी बनाने की मशीन, आलू काटने की मशीन, आटा गूंथने की मशीन और पूड़ी बनाने की मशीन जैसी आधुनिक सुविधाएँ हैं। शुद्ध पेयजल, हवा की समुचित व्यवस्था, और साफ-सफाई का विशेष ध्यान रखा गया है। एक साथ हजारों श्रद्धालु प्रसाद ग्रहण कर सकते हैं और महिलाओं-पुरुषों के लिए अलग लाइन की व्यवस्था है। यह रसोई सुबह 10 बजे से रात तक अनवरत चलती है, जो भूखों को भोजन और धाम पर आने वालों को प्रसाद देती है।

यह अखंड भंडारा पंडित धीरेन्द्र शास्त्री के व्यक्तिगत अनुभवों से उपजी करुणा और सामाजिक सेवा के प्रति उनकी प्रतिबद्धता का जीता-जागता प्रमाण है।

भारत में विभिन्न तीर्थ स्थलों और धार्मिक संस्थानों में इस तरह के सैकड़ों अन्नदान के कार्यक्रम चलते हैं। हरिद्वार, मथुरा, अयोध्या इत्यादी तीर्थस्थलों में इस तरह के भंडारे चलते हैं जहाँ हजारों लोग प्रसाद के रूप में अन्न या भोजन ग्रहण करते हैं। जीवन में विशेष अवसरों पर आम लोग भी भोज और अन्नदान करते ही हैं। सिख धर्म में भी लंगर का विशेष महत्त्व है। अन्नदान को वैसे भी हमारी परंपरा में उच्च स्थान प्राप्त है। ऐसे में धीरेन्द्र शास्त्री उसी सनातन परंपरा का निर्वहन कर रहे हैं जो इस देश में सदियों से चलती आ रही है।

अध्याय 12

कैंसर अस्पताल और रिसर्च इंस्टीट्यूट

सेवा का एक और संकल्प

पंडित धीरेन्द्र कृष्ण शास्त्री के हर सामाजिक कार्य के पीछे अक्सर उनके जीवन से जुड़ी कोई न कोई घटना होती है, और कैंसर अस्पताल की योजना भी इसी भावना से जन्मी है। वे हमेशा से कहते रहे हैं कि किसी भी मरीज के ठीक होने में दवा और प्रार्थना दोनों काम आती हैं। सागर के डॉ. रजनीश एक ऐसी ही घटना बताते हैं, जो गरीब मरीजों के प्रति उनके भाव को दर्शाती है।

डॉ. रजनीश बताते हैं कि 2018 में जब वे पहली बार महाराज जी से मिले, तो एक गरीब महिला अपने चार-पाँच साल के छोटे बच्चे को लेकर दरबार में आई। बच्चे के दिल में छेद था, और महाराज जी ने पर्चा बनाकर ऑपरेशन की बात कही। महिला के पास ऑपरेशन के लिए पैसे नहीं थे, उसने रोते हुए अपने आँचल में बंधे दस रुपये और नारियल महाराज जी को भेंट किए। यह देखकर धीरेन्द्र शास्त्री भावुक हो गए। डॉ रजनीश उस समय वहीं मौजूद थे। उन्होंने धीरेन्द्र शास्त्री से कहा, "मेरे मित्र की एक साली रायपुर में डॉक्टर हैं। अगर आप कहें तो उनसे बात करूँ?" धीरेन्द्र शास्त्री की सहमति मिलने पर उन्होंने डॉक्टर से बात की जिन्होंने कहा कि वे मरीज को रायपुर तक भिजवाने की व्यवस्था कर दें, बाकी इलाज और दवाई का इंतजाम हो जाएगा।

डॉक्टर ने बच्चे के ऑपरेशन और दवा का सारा खर्च उठाने की जिम्मेदारी ले ली। इतना ही नहीं, डॉ रजनीश के मुताबिक धीरेन्द्र शास्त्री ने तुरंत अपने कुर्ते की जेब से 5000 रुपये निकालकर उस दंपती को किराए और खर्चे के लिए दिए। 2018 में, जब उन्हें सिर्फ 100-50 रुपये का दान मिलता था, 5000 रुपये की

यह मदद बहुत बड़ी थी। डॉ. रजनीश कहते हैं, "जीवन में ऐसी परोपकारी सोच के लोग बहुत कम मिलते हैं। वह भी तब जब इतने संसाधन उपलब्ध[88] नहीं थे।"

यह घटना और कैंसर से जूझते कई अन्य लोगों को देखकर धीरेन्द्र शास्त्री के मन में यह विचार आया कि यदि वे कभी सक्षम हुए तो कैंसर अस्पताल अवश्य बनवाएँगे।

लगभग 300 करोड़ रुपये की लागत से बनने वाले कैंसर हॉस्पिटल एंड रिसर्च इंस्टीट्यूट के शिलान्यास की तैयारी शुरू हुई। एक बड़ा संयोग हुआ कि महाराज जी ने सहज भाव में इसके शिलान्यास के लिए प्रधानमंत्री नरेंद्र मोदी को न्यौता दिया और कुछ ही दिनों में प्रधानमंत्री के आगमन की खबर आ गई।

इस पर स्थानीय सांसद और मध्य प्रदेश भाजपा के अध्यक्ष वीडी शर्मा कहते हैं कि प्रधानमंत्री मोदी जैसे दूरदर्शी नेता हर जगह नहीं जाते। वे कहते हैं, "माननीय मोदी जी इतने विजनरी नेता हैं। महाराज जी के निमंत्रण के बाद ही प्रधानमंत्री जी का आना सुनिश्चित हुआ। लेकिन मुझे लगता है कि हमारे विचार परिवार के लोगों के साथ बात हुई होगी, तो उनके माध्यम से महाराज जी और माननीय प्रधानमंत्री के बीच जो संवाद हुआ। उसके कारण से ही कैंसर हॉस्पिटल के शिलान्यास के लिए प्रधानमंत्री जी आए। इतने बड़े युवा संत के द्वारा चलाए जा रहे अभियान, इतने बड़े धर्म अध्यात्म केंद्र को चिकित्सा और शिक्षा से जोड़ना—ये उन्होंने जो शुरुआत की, मुझे ऐसा लगता कि प्रधानमंत्री जी ने उस बात की प्रशंसा करते हुए यहाँ आने का कार्यक्रम बनाया। क्योंकि प्रधानमंत्री जी धर्म अध्यात्म के केन्द्रों को ताकत देने का काम हमेशा से ही करते हैं।"

संयोग जैसे भी बना हो, लेकिन आखिरकार 23 फरवरी 2025 को प्रधानमंत्री नरेंद्र मोदी ने बागेश्वर धाम आकर इस कैंसर अस्पताल की आधारशिला रखी[89], जो पंडित धीरेन्द्र शास्त्री के सेवा भाव और दूरदृष्टि का एक और बड़ा प्रमाण है।

बागेश्वर धाम का यह कैंसर अस्पताल बुंदेलखंड क्षेत्र में स्वास्थ्य सेवाओं में क्रांति लाने की दिशा में एक महत्त्वपूर्ण कदम है। यह परियोजना आस्था, विज्ञान, और सामाजिक सेवा का एक अनूठा मिश्रण है, जो कैंसर जैसी गंभीर बीमारी से जूझ रहे मरीजों के लिए आशा की किरण लाएगा।

यहाँ 100 बिस्तरों वाला एक मल्टी-स्पेशियलिटी कैंसर हॉस्पिटल, बालाजी सरकार कैंसर इंस्टीट्यूट, बनाया जा रहा है। यह अस्पताल पच्चीस एकड़ भूमि पर बनाया जाएगा, जो बागेश्वर धाम के निकट है। पहले चरण में इसकी अनुमानित

लागत 218-200 करोड़ रुपये है और कुल परियोजना चार चरणों में पूरी होगी। पहले चरण का निर्माण अगले तीन वर्षों (2028 तक) में पूरा होने की उम्मीद है। अस्पताल का प्रबंधन बागेश्वर धाम जन सेवा समिति और मेदांता ग्रुप के सहयोग से किया जाएगा।

अत्याधुनिक चिकित्सा सुविधाएँ जैसे पैथोलॉजी, सीटी स्कैन, एमआरआई, रेडियोथेरेपी, कीमोथेरेपी, ऑपरेशन थिएटर और आईसीयू उपलब्ध होंगे। गरीब मरीजों के लिए निःशुल्क इलाज और अन्य मरीजों के लिए कम लागत में उपचार का यहाँ इंतजाम किया जाएगा। इस अस्पताल में जर्मनी और इंग्लैंड के विशेषज्ञ डॉक्टरों की सेवाएँ उपलब्ध होंगी। अस्पताल परिसर में फूड कोर्ट, सोलर पार्किंग, प्रदर्शनी क्षेत्र, और धर्मशाला जैसी सुविधाएँ होंगी। भविष्य में यह अस्पताल एक मेडिकल कॉलेज के रूप में विकसित होगा, जिससे चिकित्सा शिक्षा के अवसर भी बढ़ेंगे।

अस्पताल के शिलान्यास के अवसर पर धीरेन्द्र शास्त्री ने घोषणा की कि अस्पताल में एक वार्ड प्रधानमंत्री मोदी की माँ, हीरा बेन, के नाम पर होगा।

यह अस्पताल विशेष रूप से बुंदेलखंड के सत्रह जिलों के लिए लाभकारी होगा, जहाँ कैंसर मरीजों को अब महानगरों में जाने की आवश्यकता नहीं होगी। परियोजना का वित्तपोषण कथाओं से प्राप्त आय और दानदाताओं के सहयोग से किया जाएगा।

इस अस्पताल के शिलान्यास की क्या तैयारियाँ थीं और लोगों में इसे लेकर कितनी उत्सुकता थी, इसका अनुमान इसी बात से लगाया जा सकता है कि भूमिपूजन वाले समारोह के दौरान तीन लाख वर्ग फीट में टेंट, छह-सात पार्किंग स्थल, बीस स्थानों पर पानी की व्यवस्था, और 80,000-1,00,000 लोगों के बैठने की व्यवस्था शामिल थी। साथ ही सुरक्षा के लिए 2500-3000 पुलिसकर्मी तैनात किए गए और क्षेत्र को ड्रोन-रोधी जोन घोषित किया गया।

अध्याय 13

बागेश्वर धाम में प्रधानमंत्री मोदी

माता जी की पर्ची

बागेश्वर धाम में कैंसर अस्पताल के भूमिपूजन के लिए 23 फरवरी 2025 का दिन तय था। सबको पता था कि यह एक भव्य कार्यक्रम होगा, क्योंकि 26 फरवरी को कन्या विवाह का आयोजन भी होना था। लगभग 20 दिन पहले, धाम से जुड़े एक व्यक्ति ने मुझे फोन कर 23 फरवरी को एक 'सबसे बड़े वीआईपी' के आने की सूचना दी। मुझे लगा गृह मंत्री अमित शाह आ रहे होंगे। फिर खबर आई कि राष्ट्रपति द्रौपदी मुर्मू 26 तारीख को आ रही हैं। लेकिन जल्द ही यह अफवाह तेजी से फैली कि प्रधानमंत्री नरेंद्र मोदी 23 फरवरी को बागेश्वर धाम आ सकते हैं। हालाँकि प्रशासनिक स्तर पर इसकी पुष्टि नहीं हो रही थी, क्योंकि प्रधानमंत्री अमेरिका दौरे पर थे और कोई आधिकारिक कार्यक्रम जारी नहीं हुआ था।

इसी बीच, खजुराहो सांसद वीडी शर्मा को दिल्ली से विशेष रूप से खजुराहो भेजा गया, जिससे प्रधानमंत्री के आगमन की खबर पुख्ता हो गई। बाद में मुख्यमंत्री मोहन यादव ने कैबिनेट बैठक में मंत्रियों को जानकारी दी कि 23 फरवरी को मोदी जी बागेश्वर धाम पहुँच रहे हैं। इसके बाद हर स्तर पर तैयारियाँ तेज़ हो गईं।

23 फरवरी को दोपहर में प्रधानमंत्री बागेश्वर धाम पहुँचे। उन्होंने सबसे पहले बालाजी सरकार के दर्शन किए और फिर पं. धीरेन्द्र शास्त्री के परिवार से मुलाकात की। इसके बाद वे कार्यक्रम के मंच पर पहुँचे।

मंच पर प्रधानमंत्री मोदी और पं. धीरेन्द्र शास्त्री के बीच हुए कुछ संवाद उनकी घनिष्ठता को दर्शाते हैं, भले ही उनकी उम्र में 40 साल से ज़्यादा का अंतर है :

प्रधानमंत्री मोदी ने कहा :

"आज मैं हनुमान दादा के चरणों में आया, तो मुझे लगा कि यह धीरेन्द्र शास्त्री अकेले ही पर्ची निकालेंगे कि मैं निकाल पाऊँगा। तो मैंने देखा कि आज हनुमान दादा की मुझ पर कृपा होती है कि नहीं होती है। तो हनुमान दादा जी ने मुझे आशीर्वाद दिया और मैंने आज पहली पर्ची निकाली। उनकी माता जी की पर्ची निकाली और जिसकी बात शास्त्री जी ने बता दी आपको।"

उन्होंने आगे कहा, "संकल्प बड़ा हो, संतों के आशीर्वाद हों, प्रभु की कृपा हो, तो उस समय सीमा में सब पूर्ण होता है। आपने कहा है कि इसके उद्घाटन के लिए मैं आऊँ, दूसरा कहा है कि उनकी बरात में मैं आऊँ, मैं आज सार्वजनिक रूप से वादा करता हूँ, दोनों काम कर दूँगा[90]।"

प्रधानमंत्री ने बुंदेलखंड में दोबारा आने पर खुशी जताई और कहा कि आस्था का यह केंद्र अब आरोग्य का केंद्र भी बनने जा रहा है। उन्होंने श्री बागेश्वर धाम मेडिकल साइंस एंड रिसर्च इंस्टीट्यूट का भूमि पूजन किया, जो दस एकड़ में सौ बिस्तर की सुविधा के साथ बनेगा। उन्होंने धीरेन्द्र शास्त्री जी का इस पुनीत कार्य के लिए अभिनंदन किया और बुंदेलखंड के लोगों को बधाई दी।

प्रधानमंत्री ने सनातन संस्कृति पर हमला करने वालों को आड़े हाथों लिया और कहा, "जो धर्म, जो संस्कृति, स्वभाव से ही प्रगतिशील है, उस पर यह कीचड़ उछालने की हिम्मत दिखाते हैं। हमारे समाज को बाँटना, उसकी एकता को तोड़ना ही इनका एजेंडा है। इस माहौल में 'मेरे छोटे भाई धीरेन्द्र शास्त्री जी' काफी समय से, देश और विदेश में एकता का मंत्र को लेकर लोगों को जागरूक कर रहे हैं[91]।" उन्होंने धीरेन्द्र शास्त्री के कैंसर संस्थान के निर्माण के संकल्प की प्रशंसा की और कहा कि बागेश्वर धाम में अब "भजन, भोजन और निरोगी जीवन" तीनों का आशीर्वाद मिलेगा। उन्होंने 251 बेटियों के सामूहिक विवाह महोत्सव के लिए भी बागेश्वर धाम की सराहना की और नवविवाहित जोड़ों को अग्रिम बधाई दी।

प्रधानमंत्री के सामने पंडित धीरेन्द्र कृष्ण शास्त्री ने अपने चिर-परिचित अंदाज़ में बात की :

"बुंदेलखंड की वो भूमि जो वीरों की भूमि है, हीरों की भूमि है, संतों की भूमि है, महंतों की भूमि है। और एक अनूठा पल बुंदेलखंड के इतिहास में आया है कि परम पूज्य पाद, एक तरफ संत भगवान, व्यास पीठ के

> महापुरुष विराजमान हैं, तो दूसरी तरफ विश्व के सबसे लोकप्रिय नेता, भारत के यशस्वी माननीय प्रधानमंत्री जी विराजमान हैं[92]।"

उन्होंने 60 दिनों में दूसरी बार बुंदेलखंड आने के लिए प्रधानमंत्री का धन्यवाद किया, उन्हें "दल से नहीं दिल से देश की सेवा करने वाला" बताया। शास्त्री ने कहा कि उन्होंने सोचा भी नहीं था कि प्रधानमंत्री बिना विलंब किए उनके छोटे से आमंत्रण पर आ जाएँगे। उन्होंने विपक्षियों पर कटाक्ष करते हुए कहा कि कुछ लोग तरह-तरह की बातें करेंगे, लेकिन उन्हें फर्क नहीं पड़ता क्योंकि उन्हें ऐसे प्रधानमंत्री मिले हैं जो "सड़क पर खड़े जवानों की बात करता है, तो खेत में खड़े किसानों की भी बात करता है।"

उन्होंने भारत की विकास गति की सराहना करते हुए कहा कि "पाकिस्तान वाले भी कह रहे हैं कि हमें भी वापस मिला लो[93]।" उन्होंने प्रधानमंत्री से आग्रह किया कि वे बार-बार आते रहें, और अंत में भावुक होकर कहा : "हमारे ब्याह में भले ही न आप आइयो, पर अस्पताल के उद्घाटन में अगर समय मिल जाए तो जरूर आइयो।" उन्होंने प्रधानमंत्री की माताजी से मुलाकात का जिक्र करते हुए कहा कि वे अस्पताल में उनके नाम पर एक वार्ड बनाएँगे।

अपने वक्तव्य का समापन धीरेन्द्र शास्त्री ने अपने प्रसिद्ध "ठठरी बराय" शब्द से किया, यह दर्शाते हुए कि प्रधानमंत्री जैसे कद के सामने भी वे अपना देशीपन और फक्कड़पन नहीं छोड़ेंगे। उन्होंने कहा, "आप स्वस्थ रहें, और आप ऐसे ही 'सत्ता' में रहें। ताकि भारत ऐसे ही विकास करता रहे। और भैया जीखों आज के कार्यक्रम से बुरा लगे वो ठठरी बराय।"

यही उनकी यूएसपी है।

अध्याय 14

धाम के प्रकल्प

बागेश्वर धाम पर पंडित धीरेन्द्र शास्त्री की पहचान सिर्फ कथावाचक के रूप में नहीं, बल्कि एक ऐसे दूरदर्शी सामाजिक कार्यकर्ता के रूप में भी है, जो निरंतर नए प्रकल्पों की शुरुआत करते हैं। कन्या विवाह, अखंड अन्नपूर्णा रसोई, कैंसर अस्पताल, गौशाला, बागेश्वर बगीचा (पर्यावरण संरक्षण), और वैदिक गुरुकुल (सनातन शिक्षा) जैसे उनके अनेक कार्य उन्हें लोकप्रिय बनाते हैं और समाज में एक अलग पहचान दिलाते हैं।

संस्कार टीवी के सीईओ मनोज त्यागी धीरेन्द्र शास्त्री की सफलता का राज उनकी सरलता, सहजता, स्पष्ट वक्तव्य और लोगों के प्रति करुणा भाव को मानते हैं। वे कहते हैं कि एक संत समाज से लेता है और समाज को लौटा देता है। धीरेन्द्र शास्त्री को जो प्यार, अर्थ और करुणा मिलती है, उसे वे मंदिर, गौशाला, कन्या विवाह या कैंसर अस्पताल के रूप में समाज को लौटाते हैं। त्यागी का मानना है कि जब तक संत में ये गुण बरकरार रहते हैं, तब तक वे समाज का हिस्सा होते हैं।

खजुराहो सांसद वीडी शर्मा का मानना है कि धीरेन्द्र शास्त्री के साथ उनके जुड़ाव का सबसे बड़ा कारण उनका हिंदू समाज को एक सूत्र में बांधने और सामाजिक समरसता का उद्देश्य है। शर्मा कहते हैं कि बागेश्वर धाम अब न केवल देश का, बल्कि दुनिया का एक बड़ा धार्मिक और आध्यात्मिक केंद्र बन रहा है। उन्होंने कैंसर अस्पताल के शिलान्यास को एक बड़ी उपलब्धि बताया, जिसके लिए उन्होंने खुद एम्स जैसे अस्पताल की माँग की थी, लेकिन यह शास्त्री जी के प्रयासों और प्रधानमंत्री मोदी के हाथों संभव हुआ। शर्मा के अनुसार, यह धर्म-अध्यात्म के केंद्र में चिकित्सा सुविधा की एक बड़ी शुरुआत है, जिसे भविष्य में सुपर स्पेशलिटी और आँखों के बड़े अस्पताल के तौर पर भी विकसित करने की योजना है।

कन्या विवाह को सांसद शर्मा, धीरेन्द्र शास्त्री का एक और अद्भुत प्रकल्प मानते हैं, जहाँ गरीब, अनुसूचित जाति और जनजाति की बेटियों का विवाह होता है। वे बताते हैं कि उन्होंने पहली बार कन्या विवाह में शामिल होकर इसे हृदय को छूने वाला कार्यक्रम पाया। बुंदेलखंड जैसे गरीब क्षेत्र में सर्वे कराकर ऐसे विवाह कराना लोगों का हृदय जीतने का काम है।

धीरेन्द्र शास्त्री की सामाजिक समरसता की सोच सिर्फ बातों तक सीमित नहीं है। वीडी शर्मा बताते हैं कि एक बार महाराज जी ने उनसे सामाजिक समरसता को लेकर यात्रा करने की बात कही थी, जिस पर उन्होंने विश्वास के साथ कहा था, "आप देखना, ऐसी अद्भुत यात्रा होगी।" इसका प्रमाण बागेश्वर धाम से ओरछा धाम तक हुई सनातन हिंदू एकता पदयात्रा है। इसके अलावा, पन्ना जिले के कल्दा गाँव में, जो एक आदिवासी बहुल क्षेत्र है, धीरेन्द्र शास्त्री ने 11 आदिवासी परिवारों को यजमान बनाकर कथा की, जिससे जनजाति क्षेत्रों में धर्म और संस्कृति को स्थापित करने का एक बड़ा काम हुआ।

छतरपुर के पूर्व विधायक आलोक चतुर्वेदी कहते हैं कि एक समय खजुराहो विश्व प्रसिद्ध था, आज बागेश्वर धाम है। धाम से संचालित सामाजिक गतिविधियाँ, जैसे कन्या विवाह, अन्नपूर्णा रसोई, वृक्षारोपण और कैंसर अस्पताल का उनका स्वप्न, लोगों के जुड़ाव का बड़ा कारण है।

बागेश्वर धाम का सोशल मीडिया मैनेजमेंट संभाल रहे संस्कार टीवी के केशव मेहता धीरेन्द्र शास्त्री के प्रकल्पों को लेकर उनके उत्साह को अद्भुत बताते हैं। वे याद करते हैं कि जब महाराज जी ने पहली बार 108 बेटियों की शादी की बात कही थी, तो वे अवाक रह गए थे। इसी तरह, जब उन्होंने कैंसर अस्पताल खोलने की बात की, तो मेहता को भी लगा कि यह एक ठेठ देसी आदमी के लिए असंभव होगा। लेकिन धीरेन्द्र शास्त्री ने कहा, "सब बालाजी करवाएँगे।" मेहता इसे ईश्वरीय कृपा मानते हैं, जहाँ एक सोचे हुए प्रकल्प के लिए स्वयं प्रधानमंत्री नरेंद्र मोदी और महामहिम राष्ट्रपति आशीर्वाद देने आती हैं। वे बुंदेलखंड की माटी को नमन करते हैं, जो ऐसे पुण्यात्माओं को जन्म देती है, जिनकी कृपा से बुंदेलखंड का प्रभाव विश्व पटल पर छा रहा है।

कुल मिलाकर, पंडित धीरेन्द्र शास्त्री सिर्फ कथावाचक नहीं, बल्कि एक दृढ़ निश्चयी, दूरदर्शी और सामाजिक कार्यकर्ता हैं, जो अपनी व्यक्तिगत प्रेरणाओं और ईश्वरीय कृपा से बड़े से बड़े प्रकल्पों को साकार कर रहे हैं, और समाज में एक सकारात्मक बदलाव ला रहे हैं।

अध्याय 15
सनातन हिंदू एकता पदयात्रा

सामाजिक समरसता की सबसे बड़ी आवाज

बागेश्वर धाम और पंडित धीरेन्द्र शास्त्री की बढ़ती लोकप्रियता के साथ ही उन पर अक्सर वीआईपी कल्चर और जातिवाद को बढ़ावा देने जैसे आरोप लगते रहते हैं। हालाँकि, शास्त्री जी ने हमेशा से अपने सामूहिक कन्या विवाहों के माध्यम से सामाजिक समरसता का उदाहरण दिया है, जहाँ हर जाति-वर्ग के विवाह पूरे सम्मान के साथ होते हैं। पन्ना के कल्दा में आदिवासी वर्ग के लिए विशेष कथा[94] का आयोजन भी उनकी इस सोच को दर्शाता है। लेकिन धीरेन्द्र शास्त्री आरोपों को नज़रअंदाज़ करने के बजाय उन पर काम करते हैं। यही उनकी सबसे बड़ी ख़ूबी है, और इसी सोच के साथ उन्होंने अगस्त 2024 में सनातन हिंदू एकता पदयात्रा का ऐलान किया।

यह पदयात्रा बागेश्वर धाम (बालाजी सरकार का धाम) से ओरछा धाम (राम राजा सरकार का धाम, बुंदेलखंड की अयोध्या) तक, लगभग 160 किलोमीटर की दूरी तय करनी थी। 21 नवंबर से 29 नवंबर 2024 तक चलने वाली इस 9 दिवसीय यात्रा में पंडित धीरेन्द्र शास्त्री को हर दिन लगभग 20 किलोमीटर पैदल चलना था, और उनके साथ हजारों लोग शामिल होने वाले थे।

शुरुआत में इस यात्रा की सफलता पर संदेह था, खासकर प्रशासन की अनुमति को लेकर, क्योंकि मार्ग में मध्य प्रदेश के साथ उत्तर प्रदेश का हिस्सा भी पड़ता था।

हजारों की भीड़ को 160 किलोमीटर के रास्ते पर संभालना और धीरेन्द्र शास्त्री की सुरक्षा सुनिश्चित करना एक बड़ी चुनौती थी। लेकिन सभी आशंकाएँ निर्मूल साबित हुईं और 21 नवंबर को सनातन हिंदू एकता पदयात्रा तय समय पर शुरू हो

गई। पूरे मार्ग पर होर्डिंग-बैनर पोस्टर सज गए, जिससे ऐसा लगा मानो बुंदेलखंड में कोई बड़ा त्यौहार आ गया हो।

यात्रा शुरू होने से एक दिन पहले, 20 नवंबर को, धीरेन्द्र शास्त्री ने हिंदी/बुंदेली में एक संदेश जारी किया, जिसमें उन्होंने यात्रा के उद्देश्य और प्रतिभागियों के लिए कुछ निर्देश दिए।

उन्होंने इस यात्रा का उद्देश्य बताते हुए कहा, "हिंदू राष्ट्र की जय, हिंदू एकता बनी रहे। जात-पात की करो विदाई, हम सब हिंदू भाई-भाई।" उन्होंने कहा कि "हिंदू को हिंदू से जुड़ना है भैया[95]।"

उन्होंने लोगों से अनुशासन का पालन करने को कहा। उन्होंने लोगों से धीमे चलने, भगदड़ न मचाने, और धर्म ध्वज व राष्ट्रध्वज का सम्मान करने का आग्रह किया।

उन्होंने वृद्धों, बीमारों और छोटे बच्चों को यात्रा में शामिल न होने की अपील की और पदयात्रियों को पैरों में रबड़ के जूते या चप्पल पहनने, गर्म कपड़े, कंबल, लोटा और थाली साथ रखने की सलाह दी ताकि असुविधा न हो।

धीरेन्द्र शास्त्री ने रास्ते में मिलने वाले प्रसाद को शांतिपूर्वक ग्रहण करने, माताओं और वृद्धों को आगे करने, और सबसे बढ़कर अस्त्र-शस्त्र न लाने का निर्देश दिया। उनका मानना था कि "हिंदू अस्त्र-शस्त्र के बल पे न जगे, हिंदू तो विचारों के बल पे जगेगा। धर्मरोधी तब डरेगा, जब हिंदू एक दिखेगा। जब घर से बाहर निकलेगा[96]।"

उन्होंने यात्रा में फूल-माला से स्वागत स्वीकार न करने और खड़ाऊ (लकड़ी की पादुका) का त्याग करने का ऐलान किया, क्योंकि "अभी हिंदू राष्ट्र तो बना नहीं, अभी जातियाँ तो मिटी नहीं[97]।" उन्होंने आर्थिक बोझ न डालने की बात कही और सबसे महत्त्वपूर्ण बात यह कि हर पदयात्री को दूसरे हिंदू से गले मिलकर जात-पात को मिटाने और एक होने का संकल्प दिलाना था। उन्होंने यह भी चेतावनी दी कि जो कोई भी हिंदुओं पर उँगली उठाएगा, उसे बख्शा नहीं जाएगा। धीरेन्द्र शास्त्री ने इस यात्रा को भविष्य की ऐसी कई यात्राओं की शुरुआत बताया, जिनका लक्ष्य भारत को एकजुट करना है।

इस यात्रा की न केवल बेहतरीन तैयारी की गई, बल्कि इसमें आने वाली संभावित परेशानियों और उद्देश्यों पर भी बारीकी से काम किया गया। लाखों लोगों, हजारों वीआईपी और सैकड़ों सेलिब्रिटी की भागीदारी के साथ, यह यात्रा बुंदेलखंड के इतिहास में आजादी के बाद की सबसे बड़ी और अनूठी पदयात्रा बन गई। हर

दिन का अपना एक अलग संदेश था, जो सामाजिक समरसता और हिंदू एकता के लिए धीरेन्द्र शास्त्री के समर्पण को दर्शाता है।

सनातन हिन्दू एकता पदयात्रा का पहला दिन[98]

सुबह के ठीक 10 बजे से बागेश्वर धाम से शुरू होने जा रही थी, सनातन हिन्दू एकता पदयात्रा। लेकिन इसके पहले ही श्रद्धालुओं और पंडित धीरेन्द्र शास्त्री के चाहने वालों से भर चुका था धाम। आम तौर पर बागेश्वर धाम में पंद्रह-बीस हजार लोग औसतन होते ही हैं। मंगलवार-शनिवार या अन्य विशेष दिनों में यह संख्या पचास हजार से लेकर एक लाख तक भी होती है। लेकिन 21 जनवरी को सुबह से ही आम दिनों से लगभग दो गुनी भीड़ हो चुकी थी। ऐसी भीड़ देखकर प्रशासन भी थोड़ा चिंता में था। क्योंकि एक जगह लोगों की व्यवस्था बनाना और हजारों लोगों को सड़क पर नियंत्रित करना दोनों अलग बात हैं। खैर प्रशासन की अपनी तैयारी थी। लेकिन श्रद्धालु अपने ही उत्साह में थे। कोई महिला सिर पर कलश लिए थी, तो कोई अलग वेशभूषा से आकर्षण का केंद्र बना हुआ था। 10 बजे यात्रा शुरू करने के पहले पं धीरेन्द्र शास्त्री ने दो बड़े संदेश दिए। बागेश्वर बालाजी सरकार के दर्शन करने के बाद पं धीरेन्द्र शास्त्री ने राष्ट्रीय ध्वज तिरंगा फहराया, फिर राष्ट्रगान हुआ और साथ ही हुआ हनुमान चालीसा का पाठ। यानि साफ़ संदेश, कि भक्ति देश की भी और धर्म की भी। इसके बाद लगभग ग्यारह बजे सनातन हिन्दू एकता पदयात्रा का आगाज हो गया। हजारों लोग सड़क पर चल रहे थे, हाथों में भगवा ध्वज। जय श्री राम के नारे।

आगे डीजे पर धार्मिक भजन। सबसे आगे एक रथ को अपने बालों से खींचते हुए चल रहे थे, बद्री विश्वकर्मा[99] जिन्हें बुंदेलखंड का खली भी कहते हैं। वे दमोह जिला (मध्य प्रदेश) से ताल्लुक रखते हैं। बद्री विश्वकर्मा न केवल एक पहलवान हैं, बल्कि सामाजिक कार्यों में भी सक्रिय हैं। वे अपने क्षेत्र में गरीब और जरूरतमंद लोगों की मदद करने के लिए जाने जाते हैं, जैसे कि खाद्य वितरण, शिक्षा और स्वास्थ्य सुविधाओं के लिए सहायता प्रदान करना इत्यादि।

खैर, पंडित धीरेन्द्र शास्त्री के लिए त्रि-स्तरीय सुरक्षा घेरा था। पहले घेरे में धाम से जुड़े प्रमुख सेवादार और उनके निजी सुरक्षा गार्ड। दूसरे घेरे में स्थानीय पुलिस प्रशासन और तीसरे घेरे में बाउंसर। इन तीनों घेरे के भीतर केवल वही बाहरी व्यक्ति प्रवेश कर सकता था, जिसे स्वयं धीरेन्द्र शास्त्री जी बुलाते। पहले ही दिन

कुछ रोचक चीजें देखने को मिलीं। मीडिया के लोगों को एक-एक करके धीरेन्द्र शास्त्री के पास बुलाया जा रहा था। हर मीडियाकर्मी को कुछ मिनट चर्चा/ इंटरव्यू करने की अनुमति थी। इस चर्चा के साथ ही धीरेन्द्र शास्त्री के हाथ में भी एक लाउडस्पीकर वाला माइक होता, जिसमें वे नारे लगवा रहे थे 'जात पात की करो विदाई, हम सब हिन्दू भाई[100]।' इस नारे के साथ ही वे लोगों से संवाद करते जा रहे थे। इसी बीच उन्होंने कुछ बुजुर्गों, यात्रा में दोनों तरफ खड़े गाँव वालों को एक-एक करके अपने पास बुलाया। उनसे संवाद किया। अचानक से महाराज जी से मिलने की ख़ुशी इन चेहरों पर साफ़ दिखी। जब ऐसी मुलाकातों की तस्वीरें, वीडियो सोशल मीडिया पर आए तो ये खूब वायरल हुए।

पहले दिन की यात्रा ने दिन का भोजन विश्राम गंज टॉवर पर लिया जो गढ़ा से करीब पाँच किलोमीटर दूर है और रात 8 बजे कदारी में रात्रि विश्राम हुआ। कदारी के फार्मेसी कॉलेज के ग्राउंड में हजारों लोगों के रुकने और भोजन की व्यवस्था थी।

पहले दिन की यात्रा में कई संत और राजनैतिक लोग शामिल हुए।

सनातन हिंदू एकता पदयात्रा का दूसरा दिन : आरोपों का जवाब और मुस्लिम समुदाय का समर्थन[101]

बागेश्वर धाम की बढ़ती लोकप्रियता के साथ ही पंडित धीरेन्द्र शास्त्री पर अक्सर ज़ुबानी हमले होते रहते हैं, खासकर वीआईपी कल्चर और जातिवाद को बढ़ावा देने के आरोप। इन आरोपों को अक्सर राजनीतिक चश्मे से देखा जाता है, क्योंकि उनकी लोकप्रियता और हिंदू राष्ट्र के मुद्दे ने 2023 के विधानसभा और 2024 के लोकसभा चुनावों के दौरान खासी सुर्खियाँ बटोरीं। बुंदेलखंड क्षेत्र में जातिवाद के इतिहास के बावजूद, धीरेन्द्र शास्त्री ने हमेशा सामूहिक कन्या विवाह और पन्ना के कल्दा में आदिवासी कथाओं के माध्यम से सामाजिक समरसता का उदाहरण पेश किया है। लेकिन अपनी पदयात्रा के दूसरे दिन (22 नवंबर), उन्हें सीधे एक विरोधी बयान का सामना करना पड़ा, जिस पर उन्होंने अपने अंदाज़ में जवाब दिया।

मौलाना शहाबुद्दीन रज़वी ने धीरेन्द्र शास्त्री की पदयात्रा की आलोचना करते हुए कहा कि कहीं यह "सांप्रदायिक" रूप न ले ले। उन्होंने आरोप लगाया कि वे हमेशा मुसलमानों के खिलाफ बोलते हैं और भारत को हिंदू राष्ट्र बनाने की बात करते हैं[102]।

मौलाना शहाबुद्दीन रज़वी एक भारतीय इस्लामी विद्वान, सामाजिक कार्यकर्ता और ऑल इंडिया मुस्लिम जमात के राष्ट्रीय अध्यक्ष हैं। वे उत्तर प्रदेश के बरेली

से जुड़े हैं और बरेलवी आंदोलन से संबंधित हैं, जो सूफी परंपराओं और इस्लामी शरीयत के प्रति समर्पित है। मौलाना रजवी अपने विवादित बयानों और फतवों के कारण अक्सर चर्चा में रहते हैं।

इसके जवाब में, पंडित धीरेन्द्र शास्त्री ने तीखी प्रतिक्रिया दी, "ठठरी के बंधे, इस देश में जलसा जायज़ है और पदयात्रा नाज़ायज़ बता रहे हो। दंगों को रोकने के लिए ही ये यात्रा हो रही है। इस देश में दंगे वही फैलाते हैं जो सिर तन से जुदा करने की बात करते हैं[103]।" उन्होंने मौलाना रिजवी से कहा कि यह यात्रा एकता की है, दंगे से ऊपर उठने की है और तलवारों वाली नहीं है। उन्होंने यह भी कहा कि मौलाना हिंदू की यात्राओं पर बोलना बंद करें क्योंकि हिंदुओं की यात्राएँ ध्वज और विचारों के साथ निकलती हैं।

एक तरफ जहाँ कुछ मुस्लिम धर्मगुरु इस यात्रा का विरोध कर रहे थे, वहीं दूसरी तरफ छतरपुर शहर के मुस्लिम समुदाय ने यात्रा का खुलकर स्वागत किया। उन्होंने हिंदू श्रद्धालुओं की तरह ही यात्रा पर फूल बरसाकर धीरेन्द्र शास्त्री का अभिनंदन किया। मुस्लिम समुदाय के लोगों ने कहा कि पंडित शास्त्री उनके आराध्य हैं और उन्हें उनका बेसब्री से इंतजार था। यह दृश्य सामाजिक सौहार्द का एक मजबूत संदेश था।

दोपहर में कदारी से गठेवरा होते हुए, यात्रा शाम 6 बजे छतरपुर शहर पहुँची, जहाँ छत्रसाल चौराहे पर पंडित धीरेन्द्र शास्त्री ने लोगों को संबोधित किया। उनके साथ हैदराबाद के विधायक टी राजा भी थे, जो कट्टर हिंदुत्व के चेहरे के रूप में जाने जाते हैं।

पंडित धीरेन्द्र शास्त्री ने कहा, "हम तो सिर्फ हिंदुओं के पक्ष में हैं। हमको हिंदू-मुसलमान नहीं करना, हमको तो बस हिंदू-हिंदू करना है। इस बात से अब किसी को पेट में दर्द हो तो हम मेडिकल साथ में लेकर चल रहे हैं। अपनी ठठरी बराओ[104]।" उन्होंने कहा कि संविधान हर किसी को अपने कल्चर और संस्कृति का प्रचार करने का अधिकार देता है। उन्होंने लोगों से जात-पात से ऊपर उठकर हिंदू होने पर गर्व करने, शनिवार और मंगलवार को मंदिर जाने, बच्चों को *गीता-रामायण* और वैदिक संस्कृति की शिक्षा दिलवाने, तिलक लगाने, भगवा लहराने, और किसी भी हिंदू पर अत्याचार होने पर उसके साथ खड़े होने का संकल्प लेने को कहा। उन्होंने यह भी कहा कि गाय, गंगा, गौरी, गायत्री, गीता और गुरु के प्रति श्रद्धा रखनी चाहिए। शास्त्री जी ने विश्वास दिलाया, "यदि ऐसा करोगे तो भारत तो ठीक है, पाकिस्तान भी अपना हो जाएगा।"

यात्रा में धीरेन्द्र शास्त्री के साथ चल रहे टी राजा ने अपनी ही शैली में हिंदुओं को जातिवाद के नाम पर बाँटने की आलोचना की। उन्होंने कहा कि जहाँ-जहाँ हिंदू जातिवाद में बंटा है, वहाँ-वहाँ वह “कटा” है, चाहे वह पाकिस्तान, अफगानिस्तान, बांग्लादेश या बंगाल हो। गौरतलब है कि जुलाई 2025 में टी राजा ने भाजपा से तेलंगाना प्रदेश भाजपा अध्यक्ष की नियुक्ति के मुद्दे पर त्यागपत्र दे दिया।

यात्रा के दूसरे दिन, पंडित धीरेन्द्र शास्त्री के पैरों में छाले पड़ गए, लेकिन उन्होंने पट्टी बांधकर यात्रा जारी रखी। यह उनका दृढ़ संकल्प और त्याग दर्शाता है। इस दिन भोजपुरी स्टार खेसारी लाल यादव भी यात्रा में शामिल हुए। उन्होंने कहा कि बाबा का मकसद खुद के लिए नहीं, बल्कि देश को बड़ा करना और भारत को एक करना है। उन्होंने बाबा के संकल्प की सराहना की और इसे अपना सौभाग्य बताया कि वे इस ऐतिहासिक यात्रा में शामिल हुए।

सनातन हिंदू एकता पदयात्रा का तीसरा दिन[105] : एकता का आह्वान और हिंदू राष्ट्र पर विमर्श

सनातन हिंदू एकता पदयात्रा का तीसरा दिन, 23 नवंबर, 2024 को छतरपुर के पेप्टेक टाउन से शुरू हुआ, जिसमें पंडित धीरेन्द्र शास्त्री ने जोशपूर्ण और सीधे शब्दों में हिंदुओं को एकजुट होने का आह्वान किया। उनके पीछे अब केवल भीड़ नहीं, बल्कि भगवा ध्वज लिए, नाचते-गाते भक्तों का एक विशाल रेला चल रहा था।

यात्रा की शुरुआत राष्ट्रीय ध्वज फहराने, राष्ट्रगान और हनुमान चालीसा के पाठ के साथ हुई। धीरेन्द्र शास्त्री रास्ते भर लोगों का उत्साह बढ़ाते रहे। हर 5-10 मिनट में वे किसी बुजुर्ग, अम्मा या नारेबाजी करते युवा को अपने पास बुलाते थे। इन लोगों के लिए, जो उन्हें अब तक सिर्फ दूर से या टीवी पर देखते थे, उनका हाथ पकड़ना एक भावुक क्षण होता था, जिससे अक्सर आँखों में आँसू आ जाते थे। रास्ते भर पुष्पवर्षा और खाने-पीने की व्यवस्थाएँ थीं।

यात्रा मऊसहानियां पहुँची, जहाँ पंडित धीरेन्द्र शास्त्री ने महाराजा छत्रसाल की प्रतिमा का पूजन किया और ग्रामीणों को संबोधित किया। उन्होंने कहा, “आज तीसरा दिन है हिंदू एकता पदयात्रा का। हिंदू अपने अधिकार के लिए, हिंदू एकता के लिए, हिंदू अपनी जागृति के लिए आगे आ रहा है। अपनी संस्कृति को बचाने के लिए. . . जो हिंदू कायर और डरपोक कहा जाता था, वह हिंदू धीरे-धीरे दम लगा रहा है। हिन्दू एक हो रहा है यह देश का सौभाग्य है[106]।” उन्होंने यह भी जोड़ा

कि अगर 100 करोड़ हिंदुओं में से सिर्फ 1 करोड़ हिंदू भी सड़कों पर आ गए, तो भारत एक नया इतिहास लिखेगा और कोई हिंदुत्व के खिलाफ नहीं बोल पाएगा।

यात्रा नौगाँव की ओर बढ़ी, जहाँ नगर में इतनी भीड़ उमड़ी कि कुछ लोग एक छज्जा गिरने से चोटिल भी हो गए। इसी दौरान, प्रसिद्ध कथावाचक अनिरुद्धाचार्य जी भी यात्रा में शामिल हुए। नौगाँव में शहर की भीड़ और यात्रा की भीड़ मिलकर एक विशाल जनसमूह में बदल चुकी थी, जिसके कारण संध्या सभा में अनिरुद्धाचार्य जी ने संबोधन दिया।

अनिरुद्धाचार्य जी ने खास तौर पर हिंदू राष्ट्र के मुद्दे पर बात की। उन्होंने कहा कि अगर भारत हिंदू राष्ट्र नहीं बना तो क्या होगा। उन्होंने दक्षिण भारत का उदाहरण दिया जहाँ हिंदू कई राज्यों में अल्पसंख्यक हो गए हैं। उन्होंने कल्पना करने को कहा कि यदि इस देश में हिंदू अल्पसंख्यक हो गए, तो क्या बहन-बेटियाँ, सिख और जैन सुरक्षित रह पाएँगे। उन्होंने उस सवाल का भी जवाब दिया कि सिख, जैन, बौद्ध हिंदू राष्ट्र में सहयोग क्यों करें, यह कहते हुए कि हिंदू राष्ट्र का मतलब सनातनी राष्ट्र है, और ये सभी लोग सनातनी हैं।

बागेश्वर पदयात्रा का चौथा दिन : 'अलीपुरा' अब 'हरिपुरा'[107]

सनातन हिंदू एकता पदयात्रा का चौथा दिन (24 नवंबर, 2024) छतरपुर के नौगाँव से मऊरानीपुर की ओर बढ़ा, भगवामय नेशनल हाइवे पर भक्तों का हुजूम उमड़ पड़ा।

यात्रा जब अलीपुरा गाँव पहुँची, तो पंडित धीरेन्द्र शास्त्री ने एक प्रतीकात्मक घोषणा करते हुए कहा, "आज से इसका नाम हरिपुरा हो गया[108]!" उन्होंने जात-पात मिटाने और हिंदू एकता का नारा दोहराते हुए कहा, "जात-पात की करो विदाई, हम सब हिन्दू भाई-भाई[109]।"

इस दिन श्रीधाम वृंदावन के प्रख्यात कथावाचक पंडित पुण्डरीक गोस्वामी भी यात्रा में शामिल हुए, जिन्होंने हिन्दुओं से एकजुट होने का आग्रह किया। सबसे खास बात यह रही कि नेपाल से एक हज़ार से ज़्यादा श्रद्धालु भी इस यात्रा का हिस्सा बने, जो अपनी नेपाली टोपी पहनकर बागेश्वर धाम के प्रति अपनी आस्था दिखा रहे थे।

सनातन हिंदू एकता पदयात्रा का पाँचवाँ दिन[110] : यूपी में 'बुलडोजर' स्वागत और फिल्मी सितारों का साथ

25 नवंबर को सनातन हिंदू एकता पदयात्रा ने मध्य प्रदेश से उत्तर प्रदेश के बुंदेलखंड क्षेत्र में प्रवेश किया। यूपी में इसका स्वागत 'बुलडोजर' से फूल बरसाकर हुआ, जो वहां के 'बाबा के राज'(उत्तर प्रदेश के मुख्यमंत्री को उनके समर्थक 'बाबा' भी कहते हैं) का प्रतीक बन गया। झांसी जिले में प्रवेश करते ही, शहर के बाहर ही मऊरानीपुर तहसील में बड़ी संख्या में लोग यात्रा का स्वागत करने पहुँचे।

इस दिन की सबसे बड़ी हलचल तब हुई जब बॉलीवुड सुपरस्टार संजय दत्त यात्रा में शामिल हुए। वह खजुराहो चार्टर्ड प्लेन से पहुँचे और फिर कार से देवरी गाँव पहुँचे, जहाँ उन्होंने पंडित धीरेन्द्र शास्त्री के साथ यात्रा में कदम मिलाए। कभी दोनों हाथ थामे चले, तो कभी संजय दत्त ने भगवा ध्वज लहराया और 'हर हर महादेव' के नारे लगाए।

यात्रा के दौरान एक अल्पविराम में, पैरों की चोट से परेशान धीरेन्द्र शास्त्री के साथ संजय दत्त भी ज़मीन पर बैठ गए और दोनों ने हाईवे पर चाय पी। संजय दत्त ने पत्रकारों से कहा, "गुरु जी (धीरेन्द्र कृष्ण शास्त्री), मैं हमेशा आपके साथ हूँ और हमेशा रहूँगा। आप जो कहें, मैं हमेशा आपके साथ रहूँगा। जय भोलेनाथ[111]।" उन्होंने धीरेन्द्र शास्त्री को 'बड़े सुपरस्टार' बताया और उनके जात-पात खत्म करने के संदेश को फैलाने का संकल्प लिया। संजय दत्त ने कहा कि वह जेल में आम लोगों से मिले हैं और उन्हें प्यार मिला है, इसलिए सबको एकजुट होकर प्यार करना चाहिए। उन्होंने मज़ाकिया लहजे में कहा कि अगर धीरेन्द्र शास्त्री ने उनकी फिल्म नहीं देखी होती तो उन्हें अच्छी फिल्मों का पता ही नहीं चलता और शायद वह कभी सुपरस्टार नहीं बनते।

पंडित धीरेन्द्र शास्त्री ने भी संजय दत्त की तारीफ करते हुए उन्हें 'भाई' और 'पवित्र हृदय' वाला बताया। उन्होंने कहा कि वह सनातन के सिपाही हैं, सुपरस्टार नहीं, और उन्हें 'अखंड भारत हिंदू राष्ट्र' बनाने के लिए संजय दत्त और सबका साथ चाहिए। संजय दत्त लगभग दो किलोमीटर तक इस पदयात्रा में साथ चले।

इस दिन यात्रा में प्रसिद्ध पहलवान द ग्रेट खली (दलीप सिंह राणा) भी शामिल हुए। उन्होंने पंडित धीरेन्द्र शास्त्री के "हिंदू राष्ट्र" के मुद्दे का समर्थन करते हुए खजुराहो एयरपोर्ट पर कहा कि सभी हिंदुओं को अब एक हो जाना चाहिए, वरना भारत का हाल भी बांग्लादेश जैसा हो सकता है।

शाम को भोजपुरी फिल्मों की प्रसिद्ध अभिनेत्री अक्षरा सिंह भी पहुँचीं। उन्होंने सांस्कृतिक संध्या में हिंदी और भोजपुरी भजन गाकर लोगों का मनोरंजन किया। अक्षरा सिंह ने 'बुंदेली बौछार' से बातचीत में कहा कि वह गुरु जी की पहल का समर्थन करने आई हैं, क्योंकि यह पूरे विश्व के लिए एक बड़ा कदम है। उन्होंने हिंदू समाज में एकता की कमी पर दुःख व्यक्त किया और कहा कि सभी कलाकारों को अपने स्तर पर इस प्रयास में शामिल होना चाहिए। उन्होंने बुंदेलखंड की भाषा में गुरु जी के संबोधन की प्रशंसा की और कहा कि सब मिलकर साथ देंगे तो देश बहुत आगे जाएगा।

सनातन हिंदू एकता पदयात्रा : छठवाँ दिन[112] (26 नवंबर)

सनातन हिंदू एकता पदयात्रा का छठवाँ दिन, 26 नवंबर को झांसी जिले के मऊरानीपुर से शुरू हुआ। यह दिन कई रोचक घटनाओं और एक अफवाह के खंडन का गवाह बना[113]।

सुबह-सुबह खबर फैली कि पंडित धीरेन्द्र शास्त्री पर हमला हुआ है। मीडिया में भी जल्दबाजी में खबरें चलने लगीं। हालाँकि, बाद में महाराज ने खुद स्पष्ट किया कि उन पर कोई हमला नहीं हुआ था। दरअसल, एक श्रद्धालु फूल फेंक रहा था और गलती से फूल के साथ उसका मोबाइल भी उनके चेहरे पर आ लगा। महाराज ने कहा कि यह एक छोटी सी बात थी और किसी को अफवाहों पर ध्यान नहीं देना चाहिए। उन्होंने जोर देकर कहा कि सनातन की यह यात्रा शांतिपूर्वक चल रही है और उत्तर प्रदेश व मध्य प्रदेश का प्रशासन पूरा सहयोग कर रहा है।

इस दिन कई हृदयस्पर्शी घटनाएँ भी देखने को मिलीं। यात्रा के दौरान, एक युवक आकाश महाराज जी के पास पहुँचने की कोशिश में सुरक्षाकर्मियों से भिड़ गया और उसकी शर्ट फट गई। लेकिन जैसे ही धीरेन्द्र शास्त्री ने उसे देखा, उन्होंने सुरक्षाकर्मियों को रोककर उसे अपने पास बुलाया, प्यार से मिले और एक पतला कंबल ओढ़ाकर उसे सम्मानित किया[114]।

वहीं, दमोह जिले के तेजगढ़ गाँव के डेरन प्रसाद बंसल अपनी दिव्यांग पत्नी कुसुमबाई को ट्राई-साइकिल पर बिठाकर नंगे पैर यात्रा में चल रहे थे। उनकी पत्नी को दो साल पहले लकवा मार गया था, लेकिन बागेश्वर धाम की कृपा से उनकी हालत में सुधार आया था। महाराज जी ने उन्हें बस में यात्रा करने का अनुरोध किया, लेकिन उनकी दृढ़ आस्था के कारण उन्होंने पैदल चलना जारी रखा।

छठवें दिन की यात्रा रोज की तरह ध्वजारोहण और हनुमान चालीसा के साथ शुरू हुई और मऊरानीपुर से चलकर घुघसी में विराम लिया। इस विराम स्थल पर कनकेश्वरी देवी जी, महामंडलेश्वर रामदास जी महाराज, दीनबंधु दास जी महाराज, आचार्य हरिओम पाठक, दंदरौआ धाम के महाराज, काजल हिंदुस्तानी और गौतम खट्टर सहित कई संत और हस्तियाँ शामिल हुईं। दिन का समापन भजन गायक कन्हैया मित्तल के भजनों के साथ हुआ, जिससे यात्रा का आध्यात्मिक और सांस्कृतिक माहौल और भी समृद्ध हो गया।

सनातन हिंदू एकता पदयात्रा : सातवाँ दिन[115]

27 नवंबर, 2024 को सनातन हिंदू एकता पदयात्रा अपने सातवें दिन में प्रवेश कर गई, जब पंडित धीरेन्द्र शास्त्री ने हनुमान जी की सेना के 'वानरों' का उदाहरण देते हुए लोगों को जात-पात और भेदभाव मिटाने के लिए एकजुट होने का आह्वान किया।

यात्रा के दौरान धीरेन्द्र शास्त्री लोगों से सीधे जुड़ रहे थे, कभी उन्हें गले लगाते, तो कभी सड़क पर बैठकर अपने हाथों से भोजन खिलाते। गाँव-गाँव में महिलाओं ने कलश यात्रा से स्वागत किया, और कई बुजुर्ग महिलाएँ अपनी पीड़ाएं बयां करती दिखीं। गुना जिले की युवतियाँ 'लव जिहाद बंद करो' के नारों वाले पोस्टर लिए चल रही थीं और 'भारत में हम अपनी बेटी को बचाएँगे' जैसे गाने गाकर जागरूकता फैला रही थीं।

धीरेन्द्र शास्त्री ने लगातार लोगों से सवाल किया कि क्या वे अपनी बहन-बेटियों को 'लव जिहाद' से बचाना चाहते हैं या अपनी ज़मीनों पर कब्ज़ा नहीं होने देना चाहते। इन सवालों के जवाब में, उन्होंने सभी हिंदुओं को एकजुट होने का आह्वान किया।

इस दिन यात्रा में कई राजनेताओं के साथ-साथ प्रसिद्ध भजन गायक कन्हैया मित्तल और शाम को भोजपुरी अभिनेता व सांसद मनोज तिवारी भी शामिल हुए, जिससे यात्रा का प्रभाव और भी विस्तृत हुआ।

सनातन हिंदू एकता पदयात्रा: आठवाँ दिन[116] (28 नवंबर)

सनातन हिंदू एकता पदयात्रा अपने अंतिम पड़ाव की ओर बढ़ रही थी। 28 नवंबर को निवाड़ी से हनुमान चालीसा के पाठ के साथ यात्रा शुरू हुई। इस दिन मध्य प्रदेश

के पूर्व गृह मंत्री नरोत्तम मिश्रा, मंत्री उदय प्रताप सिंह, लखन पटेल, और राजस्थान के चर्चित विधायक बाल मुकुंद आचार्य जैसे कई प्रमुख राजनेता शामिल हुए।

बाल मुकुंद आचार्य ने कहा कि धीरेन्द्र शास्त्री संपूर्ण विश्व के सनातनियों को एकजुट कर रहे हैं, और यह संदेश दे रहे हैं कि सनातन ही एकमात्र धर्म है जो विश्व का कल्याण चाहता है।

छत्तीसगढ़ के उप मुख्यमंत्री विजय शर्मा ने इस यात्रा की तुलना आदि शंकराचार्य और विवेकानंद की पदयात्राओं से करते हुए कहा कि जब-जब संन्यासियों ने पदयात्रा की है, तब-तब देश में परिवर्तन आया है। उन्होंने विश्वास व्यक्त किया कि इस यात्रा के बाद भी बड़ा परिवर्तन आएगा और महाराज जी से छत्तीसगढ़ में भी ऐसी यात्रा निकालने का निवेदन किया।

धीरेन्द्र शास्त्री महाराज अपनी गति से चलते रहे, लगातार लोगों से कहते रहे, “शपथ खा लो, हम सब हिंदू एक हैं[117]।”

कथा व्यास कौशिक जी महाराज भी यात्रा में शामिल हुए और धीरेन्द्र शास्त्री को गले लगाते हुए उन्हें ‘हनुमान जी का बाल स्वरूप’ बताया। उन्होंने कहा कि यह यात्रा बहु-बेटियों, देवालयों और धर्म की रक्षा के लिए है। उन्होंने 200 साल पुरानी एक गदा भी भेंट की[118]।

कुंडा के विधायक रघुराज प्रताप सिंह ‘राजा भैया’ भी महाराज जी के साथ यात्रा में चले। उन्होंने कहा कि वे इस सनातन जागृति अभियान में शामिल होकर सौभाग्यशाली महसूस कर रहे हैं। उन्होंने बांग्लादेश और पाकिस्तान में हिंदुओं की घटती आबादी का उदाहरण देते हुए समाज को जागरूक और मजबूत करने, कुरीतियों को मिटाने, और “जात-पात की करो विदाई, हम सब हिन्दू भाई भाई” के मार्ग पर चलने का आह्वान किया। उन्होंने “शास्त्र के साथ शस्त्र धारण करते हुए आगे बढ़ने” पर भी जोर दिया।

शाम को ओरछा तिराहा पहुँचने से पहले, मलूक पीठाधीश्वर राजेंद्र दास जी महाराज और कथावाचक इंद्रेश जी महाराज भी यात्रा में शामिल हुए। संध्या सभा में ब्रज और अयोध्या से आए अनेक संत मौजूद थे।

संध्या सभा शुरू करने से पहले, पंडित धीरेन्द्र शास्त्री ने एक विशेष ऐलान करवाया कि समापन के अवसर पर श्रद्धालु ओरछा न आएं, क्योंकि जगह की कमी थी और श्री राम राजा लोक का निर्माण कार्य चल रहा था। उन्होंने लोगों से अपने घरों से ही हनुमान चालीसा का पाठ करने की अपील की।

राजेंद्र दास जी महाराज ने धीरेन्द्र शास्त्री की तारीफ करते हुए कहा कि उनके पैरों में पड़े छाले हर हिंदू के चरणों में पड़ने चाहिए, ताकि यह पीड़ा सबको प्रभावित करे।

अंत में, बेहद थके हुए दिख रहे पंडित धीरेन्द्र शास्त्री ने अपने संक्षिप्त संबोधन में कहा कि अब उन्हें लगता है कि उनका संकल्प पूरा होगा। उन्होंने विश्वास व्यक्त किया कि भारत ऊँच-नीच और छुआछूत मुक्त होगा, और हिंदू एक होगा तो भारत बांग्लादेश नहीं होगा, बल्कि बांग्लादेश अपना होगा।

यह सनातन हिंदू एकता पदयात्रा की आखिरी रात थी, जो सुबह ओरछा में समाप्त होने वाली थी।

सनातन हिंदू एकता पदयात्रा : भव्य समापन और नए मिशन का आगाज़

सनातन हिंदू एकता पदयात्रा का समापन 29 नवंबर, 2024 को ओरछा में हुआ, जो भक्तों के ज़बरदस्त उत्साह से भरा था। झांसी हाईवे से राम राजा सरकार के मंदिर तक की एकल सड़क पर उमड़ी हज़ारों की भीड़ को देखते हुए, प्रशासन ने एक सभा स्थल पर भक्तों को रोक दिया। पंडित धीरेन्द्र शास्त्री ने रास्ते में अमर शहीद चंद्रशेखर आज़ाद की प्रतिमा पर माल्यार्पण किया, उसी सातार नदी के तट पर जहाँ आज़ाद ने गुमनामी के दिन बिताए थे। डीजे और बैंड-बाजे की धुन पर नाचते श्रद्धालुओं के विशाल समूह के साथ आगे बढ़ते हुए, धीरेन्द्र शास्त्री अंततः राम राजा सरकार के मंदिर पहुँचे। यहाँ उन्होंने पूजा-अर्चना की, धर्म ध्वजा फहराई, और इस 9 दिवसीय पदयात्रा का हनुमान चालीसा के पाठ के साथ समापन किया।

लेकिन यह समापन नहीं एक नया आगाज था। पंडित धीरेन्द्र शास्त्री ने इस यात्रा के समापन पर कर एक बड़ा ऐलान कर दिया। उन्होंने घोषणा कर दी कि वे एक और पदयात्रा निकालेंगे। यह यात्रा 2025 में वृंदावन से दिल्ली तक की होगी। जाहिर है, मिशन मथुरा जन्मभूमि की झलक इससे कई जानकारों को दिखाई देने लगी थी। हालाँकि इस यात्रा समापन के मौके पर पं धीरेन्द्र शास्त्री ने कई और संकेत भी दिए। उन्होंने कहा कि आज वे गुरु जी (जगद्गुरु रामभद्राचार्य) के सामने संकल्प लेते हैं कि कथा भले ही कम करेंगे, धाम पर सेवा भले ही कम कर पाएँगे लेकिन लोगों के साथ गली-गली गाँव-गाँव जाकर इस देश की सबसे बड़ी बीमारी को मिटाने के लिए जिएँगे। उनका कहना था कि वे आज संकल्प लेते हैं कि जब तक

इस देश से छुआछूत नहीं मिटेगी, हिन्दू जाग नहीं जाएगा, धर्म विरोधियों की ठठरी जब तक बंध नहीं जाएगी, तब तक वे चैन से नहीं बैठेंगे।

उन्होंने कहा, "यह पूरी यात्रा इसलिए अद्भुत रही कि बालाजी का मिलन रामराजा से हुआ है। दूसरा लाभ यह रहा कि तुम्हें महाकुम्भ के पहले ही संतों के दर्शन हो गए[119]।"

उन्होंने आगे कहा कि इस यात्रा का तीसरा लाभ ये है कि जब आने वाली पीढ़ी तुमसे पूछेगी कि जब देश बर्बाद हो रहा था तो क्या तुम झक मार रहे थे। उन्होंने कहा, "तब तुम भी कह सकते हो कि जब देश बर्बाद हो रहा था, तो हम भी गिलहरी की तरह हिन्दू एकता पदयात्रा में अपना योगदान दे रहे थे[120]।"

उन्होंने कहा कि उन्होंने तो प्रण ले लिया है कि उन लोगों से मिलेंगे, गाँव गाँव जाकर उन लोगों से मिलेंगे जो हमसे मिल नहीं पाते। उन्होंने सभी संतों से अपील की कि आप सब भी कुछ समय निकाल कर अनादिवासियों के बीच चलें।

इस यात्रा समापन के मौके पर, विशेष रूप से जगद्गुरु रामभद्रचार्य भी पहुँचे। यहाँ एक खास दृश्य था, जब जगद्गुरु मंच से अपना वक्तव्य दे रहे थे, उतनी देर पं धीरेन्द्र शास्त्री माइक साधे बैठे रहे।

संत राम भद्राचार्य ने कहा कि उन्हें 21 तारीख को आना था, लेकिन स्वास्थ्य ठीक न होने के चलते नहीं आ पाया। उन्होंने कहा, "ओरछा के लोगो, यह हमारी द्वितीय अयोध्या है। हमने श्री रामानंद सम्प्रदाय में सबको एक किया। अभी तो हमने श्री गणेश किया है हिन्दू एकता का। धीरे-धीरे ये वट वृक्ष इतना विशाल होगा, कि पार्टियों को सोचना पड़ेगा, कि जो हिन्दू हित की बात करेगा, वही देश पर राज करेगा।"

जिसने किया था विरोध, उसी ने खींचा सनातन एकता यात्रा में रथ : बद्री विश्वकर्मा की कहानी[121]

यह कहानी है बुंदेलखंड के 'खली' के नाम से मशहूर बद्री विश्वकर्मा की, जो अपने हैरतअंगेज कारनामों के लिए जाने जाते हैं। दिलचस्प बात यह है कि कभी बागेश्वर धाम के पंडित धीरेन्द्र शास्त्री के 'ठठरी' शब्द को लेकर सोशल मीडिया पर विरोध जताने वाले बद्री, बाद में उनके प्रिय बन गए। उनकी कहानी, उन्हीं की जुबानी।

बद्री बताते हैं कि जब धीरेन्द्र शास्त्री के वीडियो वायरल होने शुरू हुए तो उन्होंने 'ठठरी' शब्द पर सोशल मीडिया पर विरोध जताया था। लेकिन इसके बाद जब उनकी गुरुजी से मुलाकात हुई, तो सब बदल गया। "गुरुजी से हमारी मुलाकात

के बाद, बड़ामलहरा में बुंदेली महोत्सव हुआ, जहाँ हमने गुरुजी के सामने करतब दिखाए। गुरुजी बहुत प्रसन्न हुए, उन्होंने ईनाम दिया और कहा कि बुंदेलखंड में तुम जैसे कलाकारों को आगे बढ़ाने की जरूरत है[122]।"

इसके बाद बद्री को दमोह और फिर बागेश्वर धाम में कार्यक्रम करने का अवसर मिला। 2023 के कन्या विवाह समारोह में उन्हें एक घंटे का मंच दिया गया, जहाँ गुरुजी ने उन्हें पूरा आशीर्वाद दिया। धीरेन्द्र शास्त्री ने बद्री को इंग्लैंड साथ चलने का भी प्रस्ताव दिया, लेकिन एक टीवी शो के कारण वे जा नहीं पाए।

सनातन यात्रा से एक दिन पहले गुरुजी ने बद्री को बुलाया। वहाँ विदेशी पहलवानों से उनके बालों की मजबूती का परीक्षण कराया गया। फिर गुरुजी ने उन्हें आदेश दिया कि वे ग्यारह दिन तक हनुमान जी के रथ को अपने बालों से खींचकर यात्रा में सबसे आगे रहें।

बद्री बताते हैं, "पूरी यात्रा में सबसे आगे हम चले। जहाँ भी यात्रा रुकती, गुरुजी सबसे पहले हमें मंच पर बुलाते, सब अतिथियों से मिलवाते। चाहे असल खली हों या राजनैतिक अतिथि या सामाजिक अतिथि हों। गुरुजी ने बहुत मान-सम्मान दिया हमें।" उन्होंने यह भी बताया कि गुरुजी उनके लिए अलग से खाने-पीने की व्यवस्था करवाते थे और खली से मिलकर बद्री का कार्यक्रम हरियाणा में करवाने का भी प्रस्ताव दिया।

बद्री ने बताया कि वे जिस रथ को खींच रहे थे, उसमें हनुमान जी की लगभग एक क्विंटल की मूर्ति थी, यानी गाड़ी और मूर्ति मिलाकर करीब 7-8 क्विंटल वज़न का रथ उन्होंने अपनी चोटी से लगभग 200 किलोमीटर तक खींचा। "बाल उखड़ने लगे थे, तकलीफ भी थी। लेकिन रोज गुरुजी का प्यार मिलता, सो सब तकलीफ भूल जाते। आम लोग भी कभी सिर दबा देते, कभी पानी पिलाते[123]।"

बद्री अपनी पीड़ा से ज़्यादा बड़ी बात एक 28 साल के युवा के विश्व में सनातन के लिए किए जा रहे कार्य को मानते हैं। "हम बागेश्वर सरकार के लिए कुछ भी करने को तैयार हैं। मरने को भी तैयार हैं।"

उन्होंने आगे कहा, "गुरुजी के पास बजरंगबली की कृपा है। गुरुजी ने जब हमसे ये कहा था बड़ा मलहरा के मंच पर, कि बद्री ऐसी ही माला तुम्हारे लिए, हनुमान जी के चरणों की कृपा से डलती रहेंगी, तो आज तीन साल हो गया। मालाएँ रुकी नहीं हैं। मुझे मान-सम्मान-प्रतिष्ठा सब मिल रहा है। गुरुजी पर बजरंगबली की कृपा है, इसमें कोई दो मत नहीं है[124]।"

सनातन हिंदू एकता पदयात्रा : एक 'सबसे बड़ी लकीर'

पंडित धीरेन्द्र शास्त्री की सनातन हिंदू एकता पदयात्रा ने एक अभूतपूर्व जनसैलाब देखा, जिसने बुंदेलखंड जैसे जातिवाद प्रभावित क्षेत्र में सामाजिक समरसता का एक नया अध्याय लिख दिया। यह यात्रा केवल एक धार्मिक आयोजन नहीं, बल्कि सामाजिक बदलाव का एक सशक्त प्रतीक बन गई। बुंदेलखंड जैसे जातिवाद से प्रभावित क्षेत्र में कैंसर हॉस्पिटल का शिलान्यास और गरीब व दलित-जनजातीय समाज की बेटियों का विवाह एक बड़ा काम है जो सामाजिक समरसता के लिए महत्त्वपूर्ण है।

खजुराहो के सांसद विष्णुदत्त शर्मा[125] ने इस यात्रा और बागेश्वर धाम के प्रभाव को रेखांकित किया। उन्होंने कहा कि बागेश्वर धाम एक जागृत स्थान है, जहाँ जाने से एक अलग प्रकार की अनुभूति होती है। शर्मा जी मानते हैं कि यह बागेश्वर धाम में बालाजी सरकार और दादा गुरु के प्रताप का ही परिणाम है कि एक युवा संत इतनी कम उम्र में आध्यात्मिक, धार्मिक और सांस्कृतिक आधार पर इतना बड़ा स्थान बना पाया है।

शर्मा बताते हैं कि धीरेन्द्र शास्त्री के मन में शुरू से ही हिंदू समाज को एक सूत्र में बांधने और सामाजिक समरसता स्थापित करने का भाव रहा है। उन्हें याद है जब शास्त्री जी ने उनसे कहा था कि वे सामाजिक समरसता को लेकर एक यात्रा निकालना चाहते हैं जिसे लेकर खुद सांसद शर्मा को संदेह था, लेकिन धीरेन्द्र शास्त्री ने उन्हें विश्वासपूर्वक कहा था कि यात्रा अद्भुत होगी, और अंततः उन्होंने बागेश्वर धाम से ओरछा धाम तक की यह विशाल पदयात्रा करके इसे साबित कर दिया।

सामाजिक समरसता के प्रति धीरेन्द्र शास्त्री की सोच कई मौकों पर दिखती है। सांसद वीडी शर्मा ने पन्ना जिले के आदिवासी बहुल क्षेत्र कल्दा का उदाहरण दिया, जहाँ धीरेन्द्र शास्त्री ने 11 आदिवासी परिवारों को यजमान बनाकर कथा की। उन्होंने कहा कि यह जनजाति क्षेत्रों में धर्म, अध्यात्म और संस्कृति को स्थापित करने का एक बड़ा प्रयास था, जिसके ऐसे कई उदाहरण मौजूद हैं[126]।

अध्याय 16
आयोजनों का प्रबंधन

पंडित धीरेन्द्र शास्त्री की देश-विदेश में होने वाली कथाएँ और बागेश्वर धाम पर होने वाले विशाल आयोजन हमेशा बड़ी भीड़ को आकर्षित करते हैं, जिससे उनके प्रबंधन में जटिलताएँ बढ़ जाती हैं। इन आयोजनों को सुचारु रूप से चलाने के लिए एक समर्पित टीम और कुशल रणनीति काम करती है।

कथाओं के देश-विदेश में होने वाले प्रबंधन का जिम्मा नितेन्द्र चौबे के पास है, जिन्हें पंडित धीरेन्द्र शास्त्री का बेहद भरोसेमंद माना जाता है। चौबे बताते हैं कि हर कथा से पहले वे स्वयं स्थल का दौरा करते हैं और गुरुजी से चर्चा कर तारीख तय करते हैं। इसके बाद, वे पूरी टीम को भेजकर आवश्यक व्यवस्थाओं का आकलन करवाते हैं।

पंडित धीरेन्द्र शास्त्री को वाई कैटेगरी की सुरक्षा मिली हुई है, इसलिए सुरक्षा व्यवस्था पर विशेष ध्यान दिया जाता है। चौबे स्वयं प्रशासन से संपर्क कर सुरक्षा सुनिश्चित करते हैं। इसके अतिरिक्त, उन्हें अग्निशमन, पंडाल और मैदान की एनओसी (अनापत्ति प्रमाण पत्र) सहित बिजली आपूर्ति से संबंधित सभी अनुमतियाँ लेनी होती हैं।

नितेन्द्र चौबे यजमान परिवार के साथ मिलकर भक्तों के लिए रुकने, भोजन (भंडारे) और यात्रा में किसी भी असुविधा से बचने के लिए विस्तृत योजना बनाते हैं। वे बताते हैं कि उनकी टीम दो दिन पहले ही स्थल पर पहुँच जाती है और किसी भी कमी को पूरा करने में सहयोग करती है। प्रेस कॉन्फ्रेंस के माध्यम से सभी को जानकारी दी जाती है, ताकि भक्तों को कोई परेशानी न हो। चौबे कहते हैं, "हमें कोई ऐसी वीआईपी सुविधा की जरूरत नहीं है, लेकिन जो भक्त आ रहे हैं उनके लिए हमें सुविधा चाहिए पड़ती है, कि हजारों-लाखों भक्त पहुँचते हैं तो उनको कोई असुविधा न हो। इस कारण से उनकी सुरक्षा हम लोग पहले देखते हैं।"

बागेश्वर धाम के बड़े आयोजनों में, जहाँ लाखों श्रद्धालु आते हैं, भंडारे का प्रबंधन धाम की तरफ से ही होता है। सनातन हिंदू एकता पदयात्रा के नौ दिनों के दौरान भी सुबह के चाय-नाश्ते, दोपहर और रात्रि भोजन की व्यवस्था पर पंडित धीरेन्द्र शास्त्री स्वयं नज़र रखते थे। यह महत्त्वपूर्ण जिम्मेदारी पिछले कई सालों से टीकमगढ़ के राजेंद्र तिवारी के पास है।

तिवारी[127] बताते हैं कि पंडित धीरेन्द्र शास्त्री अपनी उम्र से कहीं आगे की सोच रखते हैं और प्रबंधन के मामलों में उनका कोई सानी नहीं। उनका सीधा उद्देश्य यह रहता है कि कोई भूखा न जाए और भोजन-प्रसादी सर्वोत्तम रूप में तैयार हो तथा उसके वितरण में किसी को समस्या न हो। वे महाराज जी की इच्छाओं को प्राथमिकता देते हैं, जैसे कुछ खास दिनों पर शुद्ध घी से प्रसाद बनाना या प्रतिदिन मीठा व्यंजन शामिल करना।

राजेंद्र तिवारी बताते हैं, "महाराज जी के पास कथाओं से जो भी धन आता है, वह लोक कल्याण में ही खर्च होता है, चाहे वह भोजन व्यवस्था हो या कन्या विवाह। कन्याओं के लिए उपहारों के मामले में वे किसी की नहीं सुनते। यदि उन्होंने मोटरसाइकिल देने का निर्णय लिया है, तो वही दिया जाएगा।"

भोजन निर्माण की व्यवस्थाओं में नौगाँव के कपिल साहू का भी बड़ा योगदान होता है। राजेंद्र तिवारी और कपिल साहू[128] मिलकर लाखों लोगों के भोजन निर्माण की विस्तृत योजना बनाते हैं और फिर उसके वितरण की तैयारी करते हैं। धीरेन्द्र शास्त्री का विशेष निर्देश होता है कि सुबह और शाम का भोजन अलग हो और दोनों समय एक जैसी सब्जी न हो। प्रसादी वितरण का काम अलग-अलग शिष्य मंडलों को मिलता है, जिनमें प्रत्येक मंडल से 5-5 शिष्य प्रबंधक होते हैं। धाम पर भंडारे का आयोजन फिर भी सरल होता है, लेकिन यात्रा के दौरान प्रबंधन कठिन था। इसके लिए 6 बसें तैयार की गईं, जिनसे लोगों को पहले ही भेजा जाता था[129]।

अध्याय 17
गीतों में बागेश्वर धाम

खबर मोरी लयें रहियो, बागेश्वर गढ़ा के हनुमान

साल 2020 के अंत तक, बागेश्वर धाम और पंडित धीरेन्द्र शास्त्री की ख्याति तेजी से बढ़ रही थी। इसी समय एक गाने ने धाम की महिमा को नई ऊँचाई दी—'खबर मोरी लयें रहियो, बागेश्वर गढ़ा के हनुमान[130]।' यह गीत इतना लोकप्रिय हुआ कि घर-घर में इसके स्वर गूँजने लगे और आज भी कोई भी बागेश्वर धाम का कार्यक्रम इसके बिना अधूरा रहता है। यूट्यूब पर इसके करोड़ों व्यूज़ हैं, और अनगिनत रीमिक्स तथा रील वीडियो इसकी लोकप्रियता के गवाह हैं।

इस सुपरहिट गाने की तैयारी की कहानी इसके गायक-लेखक खनिज देव चौहान ने साझा की।

खनिज देव चौहान कई सालों से गायन कर रहे थे, लेकिन सफलता उनसे दूर थी। तभी एक दिन उन्हें छतरपुर के न्यूज़ चैनल *पेट्रेक टाइम्स* से अंकुर यादव का फ़ोन आया, "भैया तुम्हारे पास कोई गाना है क्या बागेश्वर धाम का[131]?" यह एक संयोग ही था, क्योंकि कुछ ही समय पहले खनिज देव ने मन ही मन बालाजी सरकार से प्रार्थना की थी कि वे उनकी सेवा में कुछ गीत गा सकें। अंकुर के फ़ोन के बाद, छतरपुर कथा के आयोजक आलोक चतुर्वेदी के बेटे मिंकी भैया का भी फ़ोन आया, जिन्होंने उन्हें कथा कार्यक्रम में आने और भजन गाने को कहा।

अंकुर यादव के ऑफिस में, खनिज देव ने अपनी कई दिनों से चल रही एक पारंपरिक बुंदेली जस गायन की धुन सुनाई, जिस पर वे पहले पन्ना के जुगल किशोर जी सरकार के लिए गाते थे : 'खबर मोरी लें रहियो, पन्ना के जुगल किशोर'। उन्होंने सोचा कि क्यों न इसे 'बागेश्वर गढ़ा के हनुमान' के रूप में गाया जाए। जब उन्होंने यह गाया, तो सबको बहुत पसंद आया[132]।

खनिज देव आनंद-फानन में ब्रह्मानंद म्यूजिक एकेडमी पहुँचे और तमूरे पर गाना रिकॉर्ड किया। डॉक्यूमेंट्री में यह गाना चला और दूसरे दिन कार्यक्रम में भी इसे बेहद पसंद किया गया। धीरेन्द्र शास्त्री ने स्वयं गाने के गायक के बारे में पूछा। इसके बाद आलोक चतुर्वेदी ने खनिज देव को फ़ोन कर मंच पर इसे प्रस्तुत करने को कहा। खनिज देव ने इसका पूरा अंतरा तैयार किया : "ऊँची है महिमा, ऊँची है आभा, संगे विराजे सन्यासी बाबा, हमें दे दो कृपा को दान, बागेश्वर गढ़ा के हनुमान[133]।"

जब उन्होंने मंच पर यह अंतरा गाना शुरू किया, तो धीरेन्द्र शास्त्री ने भक्तों को पटका पहनाना रोक दिया और एकटक होकर गाना सुनने लगे। उन्होंने मंच से सम्मान किया और जल्द से जल्द इसे रिकॉर्ड करने का आदेश दिया, साथ ही धाम आने का निर्देश भी दिया।

रिकॉर्डिंग की प्रक्रिया भी कम दिलचस्प नहीं थी। पहले एक स्टूडियो में उन्हें निराशा हाथ लगी और पैसा भी चला गया। फिर उन्होंने जबलपुर के प्रसिद्ध संगीतकार बबलू मैथ्यूज से संपर्क किया, जिन्होंने कई सुपरहिट बुंदेली गीत-भजन बनाए हैं। रात डेढ़ बजे संपर्क करने पर, मैथ्यूज ने सुबह प्रोजेक्ट लेकर आने को कहा। केवल 4 घंटे की मेहनत में उन्होंने संगीत तैयार कर दिया। मैथ्यूज ने गाने की शुरुआत में "अरे हाँ. . ." शब्द जोड़ने का सुझाव दिया, जिससे श्रोता पहले भावों में लीन हो सकें। यह बदलाव बेहद सफल रहा और गाना सीधे लोगों के अंतरात्मा में उतर गया[134]।

बबलू मैथ्यूज ने रिकॉर्डिंग के तुरंत बाद कहा, "यह गाना तुम्हारा सुपरहिट है। जाओ बेटा, आशीर्वाद है हमारा। बहुत अच्छा गाया तुमने। देखना इस बार काली पूजा में हर जगह यह गाना सुनाई देगा।" और ऐसा ही हुआ! लंदन से भी फ़ोन आने लगे, जहाँ यह गाना खूब बजा।

जब यह गाना धाम पर बजा, तो महाराज जी ने डेढ़ घंटे तक रुककर आशीर्वाद दिया। उन्होंने अपनी पगड़ी उतारकर खनिज देव को पहनाई और कहा, "बागेश्वर धाम के जितने गाने होंगे तुम्हारे सब कालजयी होंगे जीवन भर[135]।"

इसके बाद खनिज देव ने 'चलो चलिए बागेश्वर धाम', 'बाबा की भभूति कमाल कर गई', और 'गुरुदेव चरणों से लगाए रखना' जैसे कई और सुपरहिट भजन दिए, जिन्हें धीरेन्द्र शास्त्री स्वयं गुनगुनाते हैं।

खनिज देव चौहान के अनुसार, यह सब बागेश्वर सरकार, बालाजी सरकार और महाराज जी की कृपा का ही परिणाम है, जिसने उनके जीवन को पूरी तरह बदल दिया है। उनके गाये कुछ प्रसिद्ध गीत इस प्रकार हैं[136] :

1. *खबर मोरी लय रईयो बागेश्वर गढ़ा के हनुमान*
2. *चलो चलिए बागेश्वर धाम सखी री*
3. *सन्यासी बाबा की भभूति कमाल कर गई*
4. *गुरुदेव चरणों से लगाए रखना*
5. *दरस की तो बेरा भई रे।*
6. *आ रहा हूँ मैं बागेश्वर नाथ से मिलन*
7. *मोरे बागेश्वर धाम बाबा बना दो बिगड़े काम*
8. *महिमा बागेश्वर धाम की (आल्हा)*
9. *गढ़ा के बजरंगबली (हिन्दी, इंग्लिश वर्जिन)*
10. *बागेश्वर हनुमान गढ़ा के*
11. *इस करम का करूँ शुक्र कैसे अदा*
12. *इसीलिए बागेश्वर वाले हिंदू शेर कहलाए हैं*
13. *भगवा लहरा दो सारे जहान में (सेना बागेश्वर धाम की)*
14. *बेटियाँ कलियाँ बागेश्वर धाम की*
15. *मनरंजन भंवरा*
16. *मेरे सन्यासी बाबा*

यह गाना मील का पत्थर बना, जिसके बाद आकाश राजपूत सहित अनेक गायकों के बागेश्वर धाम के भजन भी खूब प्रसिद्ध हुए।

अध्याय 18

बागेश्वर धाम और मीडिया

पंडित धीरेन्द्र शास्त्री की कथाओं में भीड़ लगातार बढ़ रही थी, जिसका श्रेय उनकी कथा शैली और दिव्य दरबार को जाता है। दिव्य दरबार में वे मंच पर बुलाकर किसी के भी मन की बात बता देते थे, जिससे लोग अचंभित और आकर्षित होते थे। शुरुआत में बुंदेलखंड तक सीमित यह प्रभाव धीरे-धीरे बिहार, महाराष्ट्र, गुजरात जैसे दूरदराज के राज्यों तक फैल गया।

मार्च 2021 में छतरपुर में हुई कथा के बाद, कोरोना की लहर ने सब रोक दिया। ऐसे में, बागेश्वर धाम के यूट्यूब चैनल पर कथाओं का प्रसारण जारी रहा। यह वो दौर था जब मोबाइल हर घर में पहुँच चुका था और लोग घरों में बंद थे। इसी समय, धीरेन्द्र शास्त्री के ठेठ देसी अंदाज़ में धार्मिक वीडियो लोगों की नज़रों में आए। देखते ही देखते, उनके वीडियो सोशल मीडिया पर वायरल हो गए, रीलें लाखों व्यूज़ बटोरने लगीं और पंडित धीरेन्द्र शास्त्री सोशल मीडिया के सितारे बन गए।

इन पंक्तियों के लेखक ने भी अपने डिजिटल प्लेटफॉर्म *बुंदेली बौछार* पर इन कथाओं का प्रसारण शुरू किया। बुंदेली कंटेंट पर केंद्रित होने के कारण, शास्त्री जी की कथाएँ और उनके अंश खूब वायरल हुए, जिससे वे अपने स्थानीय प्रशंसकों से परे भी चर्चा में आए। मीडियाकर्मी अक्सर मुझसे उनकी शक्तियों और दरबार की सच्चाई पर सवाल पूछते थे, जैसे "क्या सब फिक्स है?" या "दो-चार लोगों को बिठा देते होंगे?" मैं हमेशा यही कहता था कि मैंने कभी उनसे अपने बारे में कुछ नहीं पूछा, इसलिए उनकी शक्ति पर टिप्पणी नहीं कर सकता। मैं तो बस उनके बुंदेली अंदाज़ का कायल था।

2021 में एक इंटरव्यू के दौरान, सोशल मीडिया पर पूछे जाने पर धीरेन्द्र शास्त्री ने कहा था, "टेक्नोलॉजी में तो भैया हम ज्यादा पड़ते नहीं।. . . भगवान हैं

परा विज्ञान और यह है विज्ञान। दोनों एक-दूसरे के पूरक हैं[137]।" उन्होंने बताया कि उनका चालीस साल पुराना दरबार पहले 'माउथ पब्लिसिटी' से चलता था, लेकिन अब लाखों लोग मोबाइल के कारण जुड़े हैं। उनका उद्देश्य प्रदर्शन नहीं, बल्कि उन लोगों तक विषय को पहुँचाना है जो इसे 'पाखंड' या 'कपोल कल्पना' मानते हैं, ताकि वे "साक्षात् देख लें" और "बब्बा जू की कृपा उन पर भी हो जाए।" उन्होंने यह भी कहा, "बाकी कहने वालों ने तो, भगवान राम को भी नहीं छोड़ा। कोई ज्यादा कहे तो हमने अंग्रेजी का एक सीख लिया। *सेम टू यू*[138]।"

हालांकि, इस बयान के बाद के चार सालों में, पंडित धीरेन्द्र शास्त्री मीडिया के एक टीआरपी व्यक्तित्व और सोशल मीडिया के सरताज बनकर उभरे हैं।

बागेश्वर धाम की मीडिया में एंट्री : लोकल से ग्लोबल तक का सफर

बागेश्वर धाम की कथाओं का ऑनलाइन प्रसारण यूट्यूब पर जारी था, और कोरोना प्रतिबंध हटने के साथ ही सार्वजनिक कथाएँ फिर से शुरू हो गईं। इसी बीच, संस्कार चैनल की एंट्री ने बागेश्वर धाम और पंडित धीरेन्द्र शास्त्री को एक नई ऊँचाई पर पहुँचा दिया। संस्कार चैनल के जुड़ते ही, पंडित धीरेन्द्र शास्त्री लोकल से ग्लोबल स्तर पर पहचान बनाने लगे।

इस बदलाव के पीछे कई कारण थे। सबसे पहले, संस्कार चैनल के पास उस समय तक पहुँच, तकनीक, संसाधन और एक विशाल दर्शक वर्ग था, जो बागेश्वर धाम के पास नहीं था। दूसरे, मीडिया मैनेजमेंट का भी बड़ा हाथ था। संस्कार चैनल के जुड़ने से पहले, पंडित धीरेन्द्र शास्त्री केवल स्थानीय या प्रादेशिक मीडिया तक ही सीमित थे। लेकिन संस्कार चैनल की पकड़ मजबूत होते ही, वे राष्ट्रीय स्तर पर सकारात्मक और नकारात्मक दोनों तरह की खबरों में छाने लगे, मीडिया में बहस का एक प्रमुख मुद्दा बन गए। मीडिया ने भी देखा कि धीरेन्द्र शास्त्री से जुड़ी खबरें उन्हें अच्छी टीआरपी और व्यूअरशिप देती हैं, और कई दिनों तक वे 24 घंटे न्यूज़ चैनलों पर छाए रहे।

इस पूरी कहानी का एक और महत्त्वपूर्ण पहलू यह था कि मीडिया को उसके स्तर का मसाला पंडित धीरेन्द्र शास्त्री ही दे सकते थे। मीडिया भले ही मुद्दा बना सकता था, लेकिन धीरेन्द्र शास्त्री के बयान, उनकी वाक्पटुता और उनकी शैली सबको उनकी बात सुनने पर मजबूर कर देती थी। स्थानीय, प्रादेशिक और राष्ट्रीय मीडिया में उन्होंने जो पैठ बनाई, वह भी शोध का विषय है। धीरेन्द्र शास्त्री ने देश के हर प्रमुख मुद्दे पर खुलकर बयान देना शुरू कर दिया, जिससे मीडिया को लगातार

मसाला मिलता रहा। इसके साथ ही, उन्होंने मीडियाकर्मियों से बेहतर संबंध भी बनाए, जैसे लगातार पत्रकार वार्ता करना और संवाद स्थापित करना। यहाँ तक कि वे छतरपुर से लेकर दिल्ली तक कई मीडियाकर्मियों के घर भी आते-जाते रहते हैं।

कुल मिलाकर, मीडिया को अब धीरेन्द्र शास्त्री चाहिए थे और धीरेन्द्र शास्त्री को मीडिया। दोनों एक-दूसरे के पूरक बन चुके थे। धीरे-धीरे मीडिया की हेडलाइनें भी नकारात्मक से सकारात्मक होने लगी थीं। इसका एक बड़ा उदाहरण तब देखने को मिला जब पंडित धीरेन्द्र शास्त्री देश के सबसे चर्चित शो "आप की अदालत[139]" में पहुँचे। रजत शर्मा के सवालों के उन्होंने जो बेबाक जवाब दिए, उसने व्यूअरशिप के कई रिकॉर्ड तोड़ दिए। अकेले यूट्यूब पर ही इस पूरे एपिसोड को 58 मिलियन[140] से अधिक व्यूज़ मिले, जो यह दर्शाता है कि अब धीरेन्द्र शास्त्री को मीडिया की नहीं, बल्कि मीडिया को धीरेन्द्र शास्त्री की ज़रूरत हो चुकी थी।

बागेश्वर धाम और संस्कार चैनल

बागेश्वर धाम की कथाओं का ऑनलाइन प्रसारण यूट्यूब पर जारी था और कोविड प्रतिबंध हटने के साथ ही सार्वजनिक कथाएँ फिर से शुरू हो गईं। इसी बीच, संस्कार चैनल की एंट्री ने बागेश्वर धाम और पंडित धीरेन्द्र शास्त्री को एक नई ऊँचाई पर पहुँचा दिया। संस्कार चैनल से जुड़ते ही, पंडित धीरेन्द्र शास्त्री ने स्थानीय से वैश्विक पहचान बनाना शुरू कर दिया।

संस्कार टीवी के सीईओ मनोज त्यागी ने बताया कि यह जुड़ाव कैसे हुआ।

मनोज त्यागी को रात 11 बजे कपिल सोनी (खजुराहो के निकट के शिष्य) और उनके साथ एक आचार्य का फ़ोन आया। सामान्यतः त्यागी रात 9:30 बजे के बाद अनजान नंबर नहीं उठाते, लेकिन सौभाग्यवश उस दिन उन्होंने फ़ोन उठा लिया। कॉल करने वाले ने बताया कि वे "बागेश्वर सरकार" की कथा करवाना चाहते हैं।

त्यागी ने जवाब दिया कि वह सुबह 10:30 बजे से शाम 7:30 बजे तक संतों की सेवा में रहते हैं, और परिवार का समय होने के कारण अगले दिन बात करने को कहा। सामने वाला हँसने लगा और उसने ज़ोर देकर कथा कराने की बात कही। जब त्यागी ने पूछा किसकी कथा, तो उन्हें बागेश्वर सरकार का नाम बताया गया। मनोज त्यागी ने स्वीकार किया कि उन्होंने धीरेन्द्र शास्त्री को देवकीनंदन जी की कथा में देखा है और कहा कि कथा का निर्णय बाद में होगा, लेकिन उनकी इच्छा पहले बालाजी के दर्शन करने की है।

अगले दिन उन्हीं सज्जन का फोन मनोज त्यागी को आया कि धीरेन्द्र शास्त्री ने शनिवार को उन्हें बुलाया है। कोविड का समय चल रहा था। 18 सितंबर 2021 की यह बात है। मनोज त्यागी ट्रेन से खजुराहो पहुँचे। उन्होंने सोचा कि संत-महात्मा 5 बजे उठ जाते हैं, तो दर्शन करके वापस निकल जाएँगे। लेकिन उनके साथ वालों ने बताया कि वहाँ 12-1 बजे से पहले कुछ शुरू नहीं होता, क्योंकि महाराज जी सुबह 6-7 बजे सोने जाते हैं।

थोड़ी देर बाद वे निकले और महाराज जी के पास पहुँचे। महाराज जी ने उन्हें मंदिर के दर्शन कराए। पहले दरबार एक छोटे से हॉल के अंदर नीचे लगता था। त्यागी दो-तीन घंटे तक वहाँ बैठे रहे और सब कुछ देखा। एक पत्रकार के तौर पर और *ज़ी न्यूज़* के कार्यक्रम *कालकपाल महाकाल* (2004-2009) पर काम करते हुए, उन्होंने देश भर के संतों और उनकी शक्तियों पर काफी शोध किया था। उन्होंने सकारात्मक दृष्टि से यह तलाशने की कोशिश की थी कि क्या विज्ञान के युग में ऐसी कोई पराशक्ति वास्तव में होती है। उन्हें अपने गुरु सुदर्शन आचार्य जी महाराज (फरीदाबाद के सिद्धांता आश्रम) की याद आ गई, जिनके पास भी ऐसी ही शक्ति थी, जो किसी के आने से पहले ही सब कुछ बता देते थे।

त्यागी ने अपने साथ आए हरीश से कहा, “देखना, ये महाराज जी चलेंगे।” हरीश ने पूछा, “कैसे?” इस पर त्यागी ने कहा, “अगर ये मेरे साथ ढंग से जुड़कर काम कर लिए। मीडिया में कैसे प्रस्तुत होना है, यह समझ गए, तो डेढ़ साल के अंदर मैं गारंटी देता हूँ[141]।”

जब त्यागी की ट्रेन का समय हो रहा था, महाराज जी ने पूछा, “त्यागी जी क्या चाहते हो? हमारे पास पैसे तो हैं नहीं?” त्यागी ने जवाब दिया, “महाराज जी, मैं कुछ नहीं चाहता, मैं आपको चाहता हूँ। एक साल आप अपना मुझे दे दो और इस एक साल के बाद क्या बदलाव होगा, वो प्रत्यक्ष आप देख लीजिएगा[142]।”

त्यागी मानते हैं कि यह या तो उस स्थान की महिमा थी, बालाजी की कृपा थी, या कोई शक्ति थी जो उनके माध्यम से बोल रही थी। उनका कहना है कि उनकी पहली बातचीत 18 सितंबर 2021 को शाम 5 बजे के करीब हुई और पहली मुलाकात उसी दिन दोपहर 2 बजे मंदिर में हुई।

एक पेशेवर कंपनी के तौर पर, संस्कार इन्फो टीवी प्राइवेट लिमिटेड पिछले पच्चीस सालों से धार्मिक क्षेत्र में काम कर रही है। उनके ग्रुप के पास कुल पच्चीस धार्मिक चैनल हैं, जिनमें *आस्था* और *संस्कार* ग्रुप दोनों शामिल हैं। ये दोनों कंपनियाँ

अलग-अलग हैं, और उनका काम पूरी तरह पेशेवर होता है, भले ही उसमें श्रद्धा और भावनाएँ हों।

चूँकि पंडित धीरेन्द्र शास्त्री के पास उस समय कोई फंड नहीं था, तो संस्कार ग्रुप ने नागपुर के उमरेड की कथा को मुफ्त में *शुभ टीवी* पर प्रसारित करने का निर्णय लिया। उस समय धीरेन्द्र शास्त्री के पास सोशल मीडिया या मीडिया संभालने की कोई टीम भी नहीं थी।

संस्कार ग्रुप ने धीरेन्द्र शास्त्री की एक छोटी डॉक्यूमेंट्री बनाने का निर्णय लिया, जिसमें उनके जीवन की शुरुआत दिखाई जानी थी। उन्होंने अपनी टीम से नितिन जी, एक कैमरामैन और केशव मेहता जी को बागेश्वर धाम भेजा। त्यागी ने स्पष्ट रूप से बताया कि उन्होंने केशव को यह कहकर भेजा था कि "ये नए बाबा हैं, ज़रा शीशे में उतार लेना, सब ठीक ठाक से चल जाएँ[143]।" लेकिन धीरेन्द्र शास्त्री के आकर्षण, उनके मज़ाक और सबको अपना बनाने की कला ने टीम को प्रभावित किया। दो दिन के लिए गई टीम दस दिन बाद वापस आई और केशव मेहता सहित टीम का धीरेन्द्र शास्त्री के साथ गहरा जुड़ाव हो गया।

केशव मेहता ने धीरेन्द्र शास्त्री से सोशल मीडिया की कमी पर बात की, क्योंकि उस समय यूट्यूब पर केवल 6-7 हज़ार सब्सक्राइबर थे और फेसबुक, इंस्टाग्राम, ट्विटर पर कुछ नहीं था। केशव मेहता और संस्कार की टीम, जिसमें करीब 35-40 लोग थे (जिनमें अंकुश जी भी शामिल हैं), ने धीरेन्द्र शास्त्री का सोशल मीडिया काम संभाला, और यह टीम आज भी काम कर रही है।

केशव मेहता ने वहाँ 108 कन्याओं के सामूहिक विवाह का वादा कर दिया, जो एक बड़ी राशि थी (108 कन्या x 1 लाख = 1 करोड़ 8 लाख रुपये)। इसके बाद संस्कार ग्रुप और महाराज जी के बीच एक अनुबंध हुआ कि संस्कार ग्रुप महाराज जी के सभी मीडिया और सोशल मीडिया संबंधित कार्यों को संभालेगा। यह अनुबंध आज भी जारी है।

त्यागी ने स्पष्ट किया कि "किसी संत का राइट्स कोई नहीं ले सकता। संत सबका है[144]।" उन्होंने कहा कि उन्होंने कभी किसी न्यूज़ चैनल, धार्मिक चैनल या अन्य संस्था पर स्ट्राइक नहीं मारी या उन्हें अनुमति देने से मना नहीं किया। हाँ, यदि कोई गलत जानकारी देता है, तो उन्हें अपनी सुरक्षा के लिए काम करना पड़ता है। लेकिन उन्होंने सभी न्यूज़ चैनलों, धार्मिक चैनलों और महाराज जी के वीडियो का उपयोग करने वाले अन्य लोगों को अनुमति दी।

मनोज त्यागी की यह कहानी बागेश्वर धाम के मीडिया में उभरने और उसकी वैश्विक पहुँच बनाने में संस्कार चैनल की भूमिका को उजागर करती है, जो एक पेशेवर साझेदारी के साथ-साथ गहरी आस्था का भी परिणाम है।

संस्कार टीवी और बागेश्वर धाम : केशव मेहता की सोशल मीडिया यात्रा

बागेश्वर धाम और संस्कार टीवी के जुड़ाव की कहानी अब तक आपने सुनी। लेकिन बागेश्वर धाम को सोशल मीडिया के ज़रिए इस ऊँचाई तक पहुँचाने में मुख्य भूमिका निभाने वाले शख्स हैं केशव मेहता, जो संस्कार टीवी में एक महत्त्वपूर्ण पद पर कार्यरत हैं। उनके ही शब्दों में जानिए, कैसे एक साधारण शुरुआत पूरे सोशल मीडिया मैनेजमेंट की जिम्मेदारी में बदल गई और पंडित धीरेन्द्र शास्त्री आज सोशल मीडिया पर सबसे चर्चित चेहरा बन गए।

केशव मेहता बताते हैं कि उन्होंने पहले कभी धीरेन्द्र शास्त्री के बारे में नहीं सुना था। धार्मिक क्षेत्र में उनका लंबा अनुभव रहा है, खासकर ज़ी न्यूज़ के *काल कपाल महाकाल* कार्यक्रम के प्रोग्रामिंग डायरेक्टर के तौर पर, जहाँ वे मनोज त्यागी के साथ बीस-इक्कीस साल से जुड़े थे। एक दिन मनोज त्यागी (संस्कार टीवी के सीईओ) का फ़ोन आया, "केशव, एक बाबा जी हैं, उनको देखो—नाम है बागेश्वर धाम सरकार[145]।"

नेट पर थोड़ी-बहुत जानकारी मिली कि धीरेन्द्र शास्त्री पर्चा बनाते हैं, सुन्दर हैं और वाक्पटु हैं। 2 अक्टूबर 2021 को, लॉकडाउन खत्म होने के बाद, केशव मेहता बागेश्वर धाम पहुँचे। महाराज जी से पहली मुलाकात ही रोचक थी। केशव ने देखा कि एक तेईस-चौबीस साल का लड़का धोती-कुर्ता पहने, ठेठ देशी अंदाज़ में, नंगे पाँव मस्ती में झूमता हुआ आ रहा है, जिसके पीछे आठ-दस लोग चल रहे हैं। उन्हें देखते ही धीरेन्द्र शास्त्री बोले, "अच्छा केशव जी आ गए!" केशव अवाक रह गए। उनकी कल्पना में महाराज जी दाढ़ी वाले और गेरुए वस्त्र में चमक-धमक वाले थे, लेकिन ये तो साधारण से कुर्ता-धोती में थे।

धीरेन्द्र शास्त्री ने उनसे दस मिनट में फ्री होकर चाय पर चर्चा करने को कहा। लंबी बातचीत के बाद, केशव ने अपने बीस-इक्कीस साल के अनुभव से महसूस किया कि उनमें बड़ी संभावनाएँ हैं। वापस आकर उन्होंने मनोज त्यागी से चर्चा की, जिन्होंने एक अच्छी डॉक्यूमेंट्री बनाने को कहा।

डॉक्यूमेंट्री के लिए बृहस्पति कुंड को चुना गया, जहाँ महाराज जी ने साधना की थी। बृहस्पति कुंड मध्य प्रदेश के पन्ना जिले में बुंदेलखंड क्षेत्र में स्थित एक प्राकृतिक

क्रेटर और जलप्रपात है, जो अपनी प्राकृतिक सुंदरता और ऐतिहासिक-पौराणिक महत्त्व के लिए प्रसिद्ध है। बृहस्पति कुंड एक घने जंगल और ऊँची पहाड़ियों से घिरा हुआ है। यहाँ बाघिन नदी से निकलने वाला जलप्रपात लगभग 400-600 फीट की ऊँचाई से गिरता है, जो इसे बुंदेलखंड का सबसे ऊँचा जलप्रपात बनाता है। इसे "भारत का नियाग्रा फॉल्स" भी कहा जाता है।

बृहस्पति कुंड का संबंध भगवान श्रीराम के वनवास काल से माना जाता है। ऐसा विश्वास है कि यहाँ देवगुरु बृहस्पति का आश्रम था, और यह स्थान राम वन गमन पथ का हिस्सा है।

कुंड के आसपास की गुफाओं और चट्टानों पर प्राचीन शैल चित्र मौजूद हैं, जो आदिमानव द्वारा बनाए गए हैं। इन चित्रों में वन्य जीव, शिकार, नृत्य आदि का लाल रंग में चित्रण है, जो हजारों साल पुरानी मानव सभ्यता के प्रमाण हैं। बृहस्पति कुंड के पास सूरज कुंड, पार्वती कुंड, सूखा कुंड, राम कुंड और पत्तालिया कुंड जैसे अन्य जलप्रपात और कुंड भी हैं।

खैर, पत्रकार होने के नाते, केशव ने आस-पास के क्षेत्र में लोगों से जानकारी ली। उन्हें मिश्रित प्रतिक्रियाएँ मिलीं – कुछ ने बाबा जी को अच्छा बताया, तो कुछ ने 'हवाबाजी' कहा, क्योंकि लोग तब तक उन्हें ज़्यादा जानते नहीं थे। लेकिन धाम पर आने वाले लोगों का अनुभव अलग था; एम्बुलेंस में आने वाले अपाहिज, गरीब और मजबूर लोग महाराज जी से सीधे मिलते थे, कभी रात 3 बजे भी, कभी दिन में 2 बजे भी। ऐसे लोगों से मिलकर केशव का अनुभव अद्वितीय था।

तीन दिन काम करने के बाद, शूट के दौरान धीरेन्द्र शास्त्र कंधे पर हाथ रखकर बोले, "केशव जी आज शाम 5 बजे अपन मिलेंगे।" केशव को लगा कि सामान्य बातचीत होगी।

लेकिन मुलाकात में, महाराज जी ने उनके बारे में ऐसी बातें बताईं, जिसे सुनकर वे दंग रह गए। केशव मेहता कहते हैं, "लेकिन उसके बाद जो इन्होंने दो-तीन बातें कहीं, वह चौंकाने वाली थीं। क्योंकि वो बातें ऐसी थीं, जो इस जीवन में मैंने शायद अपनी धर्मपत्नी के साथ भी कभी साझा नहीं की हैं। ये मेरे मन के अंदर की वो बातें हैं जिनको मैं विवेचित भी नहीं कर सकता हूँ[146]।"

केशव हतप्रभ हो गए और नतमस्तक हो गए। बालाजी के दरबार में जाकर उन्हें एक अलग ही ऊर्जा महसूस हुई। उन्हें लगा कि अब कुछ करना है यहाँ के लिए, एक चुनौती लेनी है।

अगले दिन धीरेन्द्र शास्त्री ने केशव को बुलाया और कहा, "हमारा सोशल मीडिया है, ये आपको संभालना है।" केशव ने अपनी शर्तों पर काम करने की बात कही, क्योंकि तब सोशल मीडिया का काम लोकल स्तर पर था। धीरेन्द्र शास्त्री ने कहा, "सन्यासी बाबा का आदेश है। ये काम आपको ही करना होगा[147]।"

उसी दिन, केशव ने बागेश्वर धाम के सोशल मीडिया का नियंत्रण लिया। उन्होंने एक महीने का समय लिया और 1 दिसंबर 2021 से कार्य शुरू किया। मार्च 2025 तक, यह चार साल का सफर एक अद्वितीय प्रयोग रहा है। केशव बताते हैं कि युवा जुड़ते चले गए और हनुमान जी के प्रति जो प्रभाव बना, वह बालाजी की कृपा और गुरुदेव का आशीर्वाद है। उनकी टीम ने भी इसमें 'गिलहरी सी भूमिका' निभाई है।

आज बागेश्वर धाम के सोशल मीडिया पर प्रभावशाली उपस्थिति है[148] :

इसके यूट्यूब पर करीब 1 करोड़ सब्सक्राइबर हैं।
इसके फेसबुक पर लगभग 80 लाख फॉलोअर्स हैं।
इंस्टाग्राम पर दो अकाउंट मिलाकर इसके लगभग 75 लाख फॉलोअर्स हैं
और ट्विटर पर लगभग 4 लाख फॉलोअर्स हैं।
इसके अलावा भी कई अन्य सोशल प्लेटफॉर्म पर बागेश्वर धाम सक्रिय है।

सोशल मीडिया पर किस वर्ग के लोग ज़्यादा फॉलो करते हैं, इस सवाल पर केशव मेहता बताते हैं कि साठ साल के बुजुर्ग को धर्म समझाना मुश्किल है, लेकिन बीस साल के युवा को समझाना कहीं ज़्यादा मुश्किल है। गुरुदेव बहुत सरलता से युवाओं को भगवान और हनुमान जी से जोड़ रहे हैं, क्योंकि उन्होंने अपना जीवन बहुत ज़मीनी स्तर से शुरू किया है।

आँकड़ों के अनुसार, बागेश्वर धाम के वीडियो सबसे ज़्यादा 18-45 साल के लोग देखते हैं, जिनमें 30-35% महिलाएँ हैं। अन्य संतों के सोशल मीडिया आंकड़ों की तुलना में, जहाँ ज़्यादातर साठ से अधिक उम्र के लोग होते हैं, यह एक बड़ा अंतर है। केशव कहते हैं, "युवा एक तरीके से पागल ही हैं इनके लिए। जैसे महाराज जी कहते भी हैं, 'अरे मेरे पागलो!' तो हकीकत में बागेश्वर धाम के लिए पागल लोग ही हैं। गुरुदेव के प्रेम में पागल, दीवाने। उनकी दीवानगी का एक अलग ही लेवल है, जिसको शब्दों में समझाना कठिन है[149]।"

यह कहानी बागेश्वर धाम के डिजिटल साम्राज्य के निर्माण और पंडित धीरेन्द्र शास्त्री के जनमानस पर बढ़ते प्रभाव को दर्शाती है, जहाँ सोशल मीडिया ने एक अभूतपूर्व भूमिका निभाई है।

सोशल मीडिया पर महाराज जी के आकर्षण का कारण : केशव मेहता की अंतर्दृष्टि

बागेश्वर धाम के सोशल मीडिया प्रबंधन को संभालने वाले केशव मेहता बताते हैं कि पंडित धीरेन्द्र शास्त्री के प्रति लोगों के आकर्षण का मूल कारण उनकी बेबाक शैली और आज के संदर्भ में उनके विचारों को रखने का तरीका है।

केशव मेहता कहते हैं, "आप इनकी कथनी पर मत जाइए, आप इनके वीडियो और रील्स उठाइए। हमारी टीम लोगों तक संदेश पहुँचा रही है और महाराज जी से कनेक्ट कर रही है। महाराज जी उनके टेस्ट को समझते हुए, उसी हिसाब से बात कर रहे हैं। वे कोई गूढ़ ज्ञान या वेद-वेदांत नहीं समझा रहे। महाराज जी आज के परिप्रेक्ष्य में जो चल रहा है, वही बेबाक होकर बोलते हैं।"

वे आगे समझाते हैं, "जो धर्म परिवर्तन हो रहा है, लव जिहाद है—महाराज जी हर उस विषय पर बात करते हैं जो आज के दौर में चर्चा में है। धर्म, संस्कृति और सनातन पर बात करते हैं, लेकिन संदर्भ आज का होता है। हर विषय पर उनकी इतनी पैनी और तीखी नज़र है कि पूछिए मत। वे हर विषय को गंभीरता से देखते हैं और बहुत आसान शब्दों में लोगों से जुड़ते हैं।"

वे उदाहरण देते हैं, "बिहार या किसी भी गाँव का एक आदमी है, उसको सनातन समझना है। वो मिट्टी के माधव को भी पूजता है। उसको अगर हिंदू राष्ट्र समझाएँगे तो वो आपकी भाषा नहीं समझेगा, हिंदू राष्ट्र की जटिलताओं को नहीं समझेगा। लेकिन महाराज जी उस हिंदू राष्ट्र की जटिलताओं को बड़े आसान शब्दों में उस आम आदमी तक भी पहुँचा देते हैं।"

बागेश्वर धाम के नाम पर सोशल मीडिया पर होने वाले फर्जीवाड़े पर केशव मेहता बताते हैं कि उनकी टीम लगातार मॉनिटरिंग करती है। वे कहते हैं, "कुछ लोग सेवा भाव में लगे हैं, कुछ थोड़ा-बहुत कॉमर्शियल भी हैं, जिन्हें सोशल मीडिया से पैसा भी मिलता है। लेकिन कुछ बदमाशी करने वाले भी लोग हैं, जो निगेटिव पब्लिसिटी या अमिताभ बच्चन/सलमान खान से मिलने की फर्जी फोटो-वीडियो पोस्ट कर देते हैं। ऐसे लोगों पर हमें थोड़ी बहुत दंडात्मक कार्रवाई करनी पड़ती है[150]।"

"लेकिन बाकी लोगों को हमने आज़ादी दे रखी है कि आप कार्य करो, आप प्रचार-प्रसार करो, सनातन का प्रचार करो। सनातन का प्रचार होगा, महाराज जी के विषय में लोगों तक जानकारी पहुँचेगी, तो महाराज जी की पहुँच बनेगी। इसलिए हमने उनके साथ थोड़ी सी रियायत रखी है। मतलब वो कॉर्पोरेट कल्चर नहीं रखा है। हमारे परम पूज्य का ये आदेश है कि किसी को सताना मत, किसी को जताना मत, तो यही प्रयास है।"

एक छोटे से गाँव से निकलकर राष्ट्रीय सुर्खियों में आना और मीडिया से तालमेल बिठाना पंडित धीरेन्द्र शास्त्री के लिए शुरुआत में संभव नहीं था। इस काम में संस्कार टीवी की टीम और उनके संपर्क काम आए। संस्कार टीवी के सीईओ मनोज त्यागी स्वीकारते हैं, "स्वामी रामदेव जी और पतंजलि के साथ पूज्य महाराज जी के संबंध अच्छे हैं। तो स्टार्टिंग में कुछ-कुछ जो चीजें हुईं, उस समय मीडिया समन्वय की ज़रूरत हुई। तो उस समय मेरे को पूज्य स्वामी जी की तरफ से आज्ञा मिली, कि महाराज जी का मीडिया आप देख लिया करो।"

त्यागी बताते हैं कि राष्ट्रीय मीडिया में ज़्यादातर लोग उन्हें जानते हैं, क्योंकि वे 2003 से स्वामी रामदेव जी के साथ हैं। "स्वामी जी ने आज्ञा लगाई कि आप देख लेना। वही चीज़ आज चली आ रही है। अब तो वहाँ (बागेश्वर धाम) पर मीडिया पहुँचती है तो वहाँ पर लोग हैं, महाराज जी के वो देख लेते हैं। वो बता देते हैं। लेकिन नेशनल मीडिया के लोग मेरे से ही बात करते हैं।" वे महाराज जी से मीडियाकर्मियों की मुलाकात का समय दिलवाने में मदद करते हैं। हालांकि, छतरपुर जिले या बुंदेलखंड क्षेत्र के मीडिया से जुड़े विषय धाम की स्थानीय टीम ही देखती है।

क्या महाराज जी मीडिया विषयों पर सलाह-मशविरा करते हैं? इस पर मनोज त्यागी कहते हैं, "हाँ, होती है। बिल्कुल होती है। थोड़ी सब सलाह-मशविरा होती है। अगर उन्होंने कुछ ऐसा बोला भी, देखो संत हमेशा सबका होता है। उसके अंदर सरलता होनी चाहिए। वो उनमें बहुत है। अगर किसी विषय पर उनसे कोई वक्तव्य निकल भी गया गलत, तो उन्होंने कई बार क्षमा याचना मांगी हैं। कई मुद्दों पर उन्होंने क्षमा याचना मांगी हैं, कि अगर किसी की भावनाएँ आहत हुईं तो वे दिल से क्षमा मांग लेते हैं[151]।"

केशव मेहता भी इस बात से सहमत हैं। वे कहते हैं, "कुछ चीज़ों में तो वो हम लोगों से, यानी उनकी टीम में निकट के जो लोग हैं, उन सबसे विचार-विमर्श भी

करते हैं। कुछ चीज़ों पर वो स्व-विवेक पर ही निर्णय लेते हैं।” वे संत तुकाराम जी के प्रसंग का उदाहरण देते हैं, “अगर मान लीजिए कभी त्रुटिवश उनसे कुछ निकल जाता है तो उस विषय पर वे बहुत विनम्र भी हैं। जैसे संत तुकाराम जी की कहानी को उन्होंने यथार्थवादी तरीके से व्यक्त किया। लेकिन लोग उसको दूसरे तरीके से ले गए। विरोध हुआ, हो-हल्ला हुआ। जैसे ही महाराज जी को जानकारी लगी, तो तुरंत उन्होंने क्षमा याचना कर ली, कि मेरे कहने का यह तात्पर्य नहीं था। फिर वो संत तुकाराम जी के मंदिर भी गए, दर्शन भी किए। फिर लोगों ने दिल से महाराज को स्वीकार कर लिया। मराठी मानुस के प्रति जो महाराज जी के मन में आदर भाव था, वो उन्होंने व्यक्त भी किया और लोगों ने स्वीकार किया।”

केशव मेहता निष्कर्ष निकालते हैं, “ये बड़े सरल भी हैं। कहते हैं न, बहुत टेढ़ा होना, तो महाराज टेढ़े नहीं हैं, बहुत सरल हैं। इसीलिए सफलता से काम करते हैं।”

अध्याय 19

पंडित धीरेन्द्र कृष्ण शास्त्री की शादी : सवाल, जवाब और रोचक घटनाएँ

पंडित धीरेन्द्र शास्त्री, जो अपनी बेबाक बयानबाज़ी के लिए जाने जाते हैं, अक्सर अपनी शादी से जुड़े सवालों का सामना करते हैं। चार साल पहले जब उनसे पूछा गया था कि एक संत इतने 'स्मार्ट' कैसे हो सकते हैं, तो उनका जवाब था, "यह तो भगवान की दया है। मैं तो कहता हूँ कि आदमी के चित्र (रूप) पर नहीं, चरित्र पर जाओ। चित्र किसी काम का नहीं, महिमा चरित्र की होती है, गुणों की होती है। बाकी सब हनुमान जी की दया है। जैसा चेहरा-शरीर उन्होंने दिया, सो स्वीकार है। दादा गुरु ने हमें यही सिखाया कि यह सब नश्वर है। शरीर कितना भी सुंदर क्यों न हो, अगर सदुपयोग न हो, भक्ति न हो, संस्कार न हो, मानव सेवा न हो, तो किसी काम का नहीं[152]।"

आज भी, चाहे वह प्रदेश का पत्रकार हो या देश का, हर कोई उनसे उनकी शादी का सवाल ज़रूर पूछता है। इसके कई कारण हैं :

स्वयं को संन्यासी न मानना : वे खुलकर कहते हैं कि वे संन्यासी नहीं हैं और शादी ज़रूर करेंगे[153]।

आज के दौर में वे देश में बेहद चर्चित, लोकप्रिय और आकर्षक व्यक्तित्व हैं, जिसके चलते लोग उनकी निजी ज़िंदगी के बारे में जानने को उत्सुक रहते हैं।

जवाब में, वे अक्सर पत्रकारों को ही अपनी बारात में तैयार रहने को कह देते हैं। हालाँकि, समय-समय पर उनकी शादी को लेकर अफ़वाहें भी उड़ती रहती हैं। सोशल मीडिया पर तो उनकी शादी की कई ग़लत ख़बरें वायरल हुई हैं। एक यूट्यूबर तो उनसे शादी करने के लिए पदयात्रा तक निकाल चुकी हैं। लेकिन अब तक पंडित धीरेन्द्र शास्त्री ने शादी करने का कोई पक्का मन नहीं बनाया है।

हाल ही में *टीवी 9* चैनल के एक कार्यक्रम में उन्होंने महिलाओं की दीवानगी से जुड़े कुछ दिलचस्प अनुभव साझा किए[154] :

धीरेन्द्र शास्त्री बताते हैं कि एक बार एक चालीस-बयालीस साल की महिला उनके पास आईं और बोलीं, "मैं तलाक दे आई हूँ।" जब उन्होंने पूछा, "क्यों दे आईं?" तो वह भड़क कर बोलीं, "अब आप ये बताओ कि हमें स्वीकार कब करोगे?" जब पंडित जी ने उन्हें "बहन जी" कहा, तो वह और भड़क गईं और बोलीं, "बहन जी नहीं बोलो!" उन्होंने 'आंटी' कहने पर भी नाराज़गी जताई, जिसके बाद पुलिस को बुलाना पड़ा।

एक और चौंकाने वाली घटना में, एक महिला ने उनसे कहा कि वह तीन साल से उनकी पूजा और व्रत कर रही है, लेकिन भगवान नहीं है। उसने पूछा, "अगर है भगवान, तुम मेरे घर बारात लेके कब आओगे? आज मुझे डेट चाहिए।" इसके बाद उसने अपनी नस काट ली, जिससे पंडित जी बहुत डर गए।

जब पंडित धीरेन्द्र शास्त्री से पूछा गया कि वे जाति खत्म करने की बात करते हैं, तो क्या वे खुद एक मिसाल पेश करते हुए किसी गैर-ब्राह्मण लड़की से शादी करेंगे ताकि समाज में 'रोटी और बेटी का रिश्ता' बने, तो उन्होंने कहा, "देखिए, एक बात बहुत मज़बूती के साथ हम बोलना चाह रहे हैं। बहुत लोगों ने संवाद किया कि, आप विवाह के लिए क्या कहना चाहेंगे? हमारी जो परंपराएँ हैं, उन परंपराओं में वर्ण व्यवस्था है। उन वर्ण व्यवस्था में जो वैदिक काल की व्यवस्थाएँ हैं, उन वैदिक काल की व्यवस्था से हम छेड़छाड़ नहीं करना चाहते। पर प्रेम हो तो फिर ये नहीं देखना है कि वो हैं कौन? प्रेम में जातियों की परंपरा ख़त्म हो जाती है। जहाँ प्रेम होता है न वहाँ बाकी विषय समाप्त हो जाते हैं।"

शादी से जुड़े कुछ ऐसे ही रोचक प्रस्ताव उन्हें ऑनलाइन भी मिलते रहते हैं। एक बार ऑनलाइन सवाल-जवाब सत्र में, एक लड़की ने उन्हें मैसेज किया, "गुरु जी हमने आपसे शादी के लिए अर्जी लगाई थी, सपने में बालाजी आए थे तो क्या पक्का समझें?" इस पर पंडित धीरेन्द्र शास्त्री ने मज़ाकिया अंदाज़ में जवाब दिया, "बिल्कुल पक्का न समझें बहन जी, राखी रख लेना, रक्षाबंधन पर ज़रूर आना। हमें ब्याह करना होगा तो यूट्यूब से थोड़े करेंगे। माता की आज्ञा से करेंगे[155]।"

हाल ही में मेरठ में एक पति की हत्या के बाद, जब उन्होंने मज़ाकिया अंदाज़ में कहा कि "अच्छा हुआ मेरी शादी नहीं हुई[156]," तो एक टीवी चैनल (*टाइम्स नाउ*) ने उनसे पूछा, "शादी करेंगे न?" इस पर उन्होंने जवाब दिया, "हम शादी ज़रूर

करेंगे। माता-पिता, गुरु जी की आज्ञा से। गृहस्थ जीवन में जाना बुरा नहीं है। कई बार परिस्थितियाँ विचित्र होती हैं। हमारा उद्देश्य यह है कि हमारे द्वारा कोई ऐसा कदम न उठे, जिससे करोड़ों सनातनियों को नीचा देखना पड़े। फिलहाल किसी के बारे में सोचा नहीं, पहले जो सपने देखे हैं देश के लिए, उसे पूरा करना है।"

पंडित धीरेन्द्र शास्त्री, जो हर सवाल का जवाब अपने पास रखते हैं, अपने जीवन से जुड़े निर्णयों में अपने माता-पिता की भावनाओं का बहुत सम्मान करते हैं। इसीलिए वे हर मंच पर खुलकर कहते हैं कि वे माता-पिता की इच्छा और सहमति से ही शादी करेंगे।

अध्याय 20

राजनीति और पंडित धीरेन्द्र कृष्ण शास्त्री

पंडित धीरेन्द्र शास्त्री अक्सर हास्य-विनोद में कहते हैं, "हम राजनीति नहीं करते, न ही हमारा राजनीति से लेना-देना है। हमारी तो बस एक ही पार्टी है बजरंग बली की पार्टी और चुनाव चिन्ह है मुगदर[157]।" लेकिन भारत जैसे देश में, जहाँ हर छोटी बात को राजनीति के चश्मे से देखा जाता है, हिंदुत्व, कट्टर हिंदुत्व और हिंदू राष्ट्र जैसे बयानों के बाद उनका राजनीतिक मुद्दा न बनना असंभव है। बीते सालों में पंडित धीरेन्द्र शास्त्री के साथ कुछ ऐसा ही हुआ है। जैसे-जैसे उनकी लोकप्रियता बढ़ी, उनके बयानों पर लगातार राजनीति होती रही।

शुरुआती राजनीतिक जुड़ाव (2017-2022): मध्य प्रदेश और स्थानीय नेता

जब 2017-18 में पंडित धीरेन्द्र शास्त्री छोटे आयोजनों के ज़रिए चर्चा में आने लगे, तो छतरपुर जिले के स्थानीय नेता उनसे जुड़े। इनमें सभी पार्टियों के नेता शामिल थे। 2018 के अंत में मध्य प्रदेश में कांग्रेस की सरकार बनी, जो 2020 की शुरुआत तक चली। इस दौरान बागेश्वर धाम पर भक्तों की संख्या तो बढ़ी, लेकिन कोई बड़ा राजनीतिक मुद्दा नहीं बना। इसलिए, आयोजनों में स्थानीय राजनेता समय-समय पर पहुँचते रहे।

2019 के लोकसभा चुनाव प्रचार में, तब के भाजपा प्रत्याशी (बाद में सांसद बने) वीडी शर्मा भी बागेश्वर धाम पहुँचे। उन्होंने बताया कि उनकी धर्मपत्नी चुनावी दौरे के दौरान बागेश्वर धाम गई थीं और उन्हें बताया कि यह एक जागृत स्थान है। शर्मा भी चुनाव के बीच महाराज जी से मिले और आशीर्वाद लिया। उन्होंने चुनाव में भरपूर आशीर्वाद दिया, और उसके बाद बागेश्वर धाम सरकार से उनका मिलना-

जुलना लगातार चलता रहा। कई बार दिल्ली में भी लोगों ने उनसे महाराज जी से मिलने की इच्छा जताई, जिससे यह उनके लिए महत्त्वपूर्ण हो गया।

अप्रैल-मई 2019 के लोकसभा चुनाव के बाद, 2020 में भाजपा की सरकार फिर से मध्य प्रदेश में बनी, जिससे प्रदेश स्तर के नेताओं का आवागमन थोड़ा बढ़ गया। हालाँकि, पंडित धीरेन्द्र शास्त्री तब भी मुख्य रूप से कथाओं और दिव्य दरबार के ज़रिए ही प्रसिद्धि पा रहे थे, इसलिए उनके पास आने वाले और उनकी कथाओं का आयोजन कराने वाले भाजपा और कांग्रेस दोनों ही दलों के नेताओं की संख्या लगभग बराबर रहती थी। कोरोना काल के बाद, कथाएँ और दरबार फिर से शुरू हुए।

श्याम मानव विवाद और 'हिंदू राष्ट्र' का शंखनाद (2023): बिहार में राजनीतिक तूफान

जैसे ही 2023 में नागपुर में श्याम मानव विवाद हुआ, पंडित धीरेन्द्र शास्त्री एक नए तेवर में आए। उन्होंने हिंदू राष्ट्र बनाने के अभियान का शंखनाद किया, जिससे वे राजनीतिक लोगों के निशाने पर आ गए। श्याम मानव विवाद के तुरंत बाद, रायपुर में कथा हुई, जहाँ से उन्होंने हिंदू राष्ट्र की हुंकार भरी। इसके कुछ महीनों के भीतर ही, वे भारतीय राजनीति की सबसे जाग्रत भूमि बिहार पहुँचे।

मई 2023 में बिहार में जो हुआ, उससे पूरा देश 'बाबा बागेश्वर' की चर्चा में डूब गया। यह बिहार की धरती थी, जो जातिवादी राजनीति और समाजवाद का गढ़ रही है, जिसने शिक्षा की अलख भी जगाई और देश की सियासत को कई बार अलग मोड़ दिया। जनवरी 2023 से हिंदुत्व की नई सनसनी बने धीरेन्द्र शास्त्री के बिहार पहुँचने से पहले ही वहाँ सियासी माहौल गरमा गया। उस समय बिहार में नीतीश कुमार मुख्यमंत्री थे, और उनकी सरकार राष्ट्रीय जनता दल के साथ चल रही थी। मई 2024 के लोकसभा चुनाव से ठीक एक साल पहले, 13 से 17 मई 2023 तक पटना के नौबतपुर स्थित पाली वैष्णव पीठ परिसर में पंडित धीरेन्द्र शास्त्री की हनुमंत कथा होनी थी। नीतीश कुमार भाजपा के साथ रहकर भी अपनी धर्मनिरपेक्ष छवि बनाए रखते हैं, और उस समय तो उनकी सरकार आरजेडी-कांग्रेस के साथ थी। ऐसे में, पंडित धीरेन्द्र शास्त्री के पटना पहुँचने की खबर ने सियासी माहौल को और गरमा दिया।

राष्ट्रीय जनता दल के प्रदेश अध्यक्ष जगदानंद सिंह और मंत्री तेजप्रताप यादव ने शुरुआत से ही पंडित धीरेन्द्र शास्त्री के खिलाफ़ मोर्चा खोल दिया। तेजप्रताप

यादव ने पंडित धीरेन्द्र शास्त्री के दौरे का खुलकर विरोध करते हुए ट्वीट किया कि "धर्म को टुकड़ों में बाँटने वालों को करारा जवाब मिलेगा। हिन्दू, मुसलमान, सिख, ईसाई आपस में भाई-भाई हैं। बिहार में धार्मिक सौहार्द बिगाड़ने की इजाज़त किसी को नहीं दी जाएगी, अगर बाबा बागेश्वर ऐसा करने आ रहे हैं तो बिहार की जनता ऐसा नहीं होने देगी[158]।"

जगदानंद सिंह ने तो एक कदम आगे बढ़कर कहा कि शास्त्री जैसे लोगों को "सलाखों के पीछे डाल देना चाहिए[159]।" उन्होंने कहा कि यह दुर्भाग्यपूर्ण है कि वह जेल में नहीं हैं, और भाजपा बिहार में सांप्रदायिक गुंडों को खड़ा कर रही है। बिहार के तत्कालीन श्रम संसाधन मंत्री सुरेंद्र राम ने कहा कि ऐसे बाबाओं से हिंदू और सनातन धर्म दोनों बदनाम हो रहे हैं, और उनका विरोध बहुत ज़रूरी है क्योंकि वे धर्म के नाम पर लोगों को लड़ाते हैं।

बाबा बागेश्वर के पटना पहुँचने से पहले ही उनके स्वागत में लगे तमाम पोस्टर फाड़ दिए गए। रात के अंधेरे में सैकड़ों पोस्टर फाड़े जाने के वीडियो भी सामने आए। बीजेपी ने इस पर नाराज़गी ज़ाहिर करते हुए राजद पर आरोप लगाया कि वे बाबा के कार्यक्रम से घबराए हुए हैं।

वहीं, बीजेपी के नेताओं ने खुलकर पंडित धीरेन्द्र शास्त्री का समर्थन किया। बीजेपी के अल्पसंख्यक मोर्चा ने पोस्टर लगाया, जिस पर लिखा था, "विपक्षियों में मची है खलबली, आ रहे हैं बजरंगबली। समर्थन में खड़ा है नवाब अली[160]।" एक अन्य पोस्टर में लिखा था, "बागेश्वर सरकार का विरोध करने वालों को पागलखाने और पाकिस्तान चले जाना चाहिए[161]।" इस तरह के स्लोगन लिखकर बीजेपी के अल्पसंख्यक मोर्चा के प्रदेश मंत्री नवाब अली ने बाबा बागेश्वर का समर्थन किया और कहा कि राजद का विरोध सनातन धर्म का विरोध है।

बिहार भाजपा के तत्कालीन प्रदेश अध्यक्ष सम्राट चौधरी ने कहा कि यह भारत है, जहाँ किसी को भी अपनी बातें कहने का हक है। उन्होंने राजद के विरोध को आपत्तिजनक बताया और कहा कि किसी भी धर्मगुरु को अपने प्रवचन से समाज को जोड़ने का मौलिक अधिकार है, और अगर कोई इसे रोकता है तो यह तुष्टिकरण है।

भारी विवाद और आशंकाओं के बीच पंडित धीरेन्द्र शास्त्री पटना पहुँचे। संस्कार टीवी के वरिष्ठ साथी केशव मेहता ने उस दृश्य का वर्णन करते हुए बताया कि राजनीतिक विरोध के कारण उन्हें लगा कि कार्यक्रम कैसे होगा। गांधी मैदान, जहाँ देश की सबसे बड़ी रैलियाँ होती हैं, वहाँ कथा स्थगित कर दी गई और आयोजकों

ने शहर से करीब 30 किलोमीटर दूर एक स्थान चुना। बिहार के रहने वाले होने के कारण मेहता चिंतित थे कि इतनी दूर जनता कैसे आएगी।

लेकिन, उन्होंने कहा, "आप यकीन मानिए, 30 किलोमीटर का रास्ता सिर्फ़ पब्लिक से ही भरा हुआ था। वो ऐतिहासिक कार्यक्रम था। एक तरफ जहाँ आज के दौर में पब्लिक को बुलवाने के लिए राजनेताओं को पैसे देने पड़ते हैं। लेकिन पहली बार हमने बिहार में ऐसा कोई कार्यक्रम देखा था, कि पब्लिक सड़क के दोनों ओर पूरे 30 किलोमीटर, महाराज जी के इंतज़ार में पलक पाँवड़े बिछाए बैठी थी। ऐसा हुजूम, ऐसा जनसैलाब, जो मैंने देखा, शब्दों में अभिव्यक्त करना बहुत मुश्किल है। करीबन 10 से 12 लाख की जनता आई। यह अपने आप में रिकॉर्ड[162] है।"

सांसद और भोजपुरी स्टार मनोज तिवारी, जो इस दौरे में बागेश्वर सरकार के साथ थे, ने कहा, "उनकी पहली यात्रा को चैलेंज किया था, वो लालू यादव जी के बेटे तेजप्रताप ने, कि घुसने नहीं देंगे। तो उस समय तक तो बिहार से, हम ही जुड़े हुए थे। लेकिन हमें लगा अचानक बिहारी अस्मिता को जैसे किसी ने ललकारा। कि सन्यासी को कैसे कोई रोक सकता है[163]।" उन्होंने बताया कि वे खुद गाड़ी चलाकर बाबा जी को ले गए और जिस प्रकार लोग फैले बैठे थे, वह एक बड़ा काफिला था। तिवारी के अनुसार, यह महाराज की सबसे ज़्यादा भीड़ वाली कथा थी, जिसे हाल ही में गोपालगंज वाली भीड़ ने थोड़ा मात दी है।

कथा शुरू होने के पहले ही पंडाल में देर रात से लोग अपना स्थान लेने लगे थे। कथा का समय होते-होते 3 लाख वर्गफीट का पंडाल भी छोटा पड़ गया, और 3 लाख से ज़्यादा लोग वहाँ इकट्ठा हो चुके थे। भीषण गर्मी के बावजूद लोगों का जोश कम नहीं हुआ। बिहार के अलावा, आस-पास के राज्यों और नेपाल से भी लोग आए थे। बाबा ने भोजपुरी अंदाज़ में पूछा, "का हाल बा हो[164]," और लोगों की प्रतिक्रिया से गदगद हो उठे। उन्होंने बिहार की खूब तारीफें कीं।

पहले ही दिन पंडित धीरेन्द्र शास्त्री ने फिर से हिंदू राष्ट्र का मुद्दा उठा दिया। उन्होंने कहा कि "हिंदू राष्ट्र बन गया है, केवल घोषणा होना बाकी है[165]।" उन्होंने रामजी पर अटूट विश्वास रखने की बात कही, जैसे उन्होंने लंका जाने के लिए पुल पर पत्थर जोड़े थे। इस बयान ने बिहार की सियासी गर्मी को हवा दे दी और पहले दिन से ही राजनीतिक दलों को विरोध का आधार मिल गया।

राजद के राष्ट्रीय प्रवक्ता मृत्युंजय तिवारी ने इस बयान का विरोध करते हुए कहा कि उन्हें धीरेन्द्र शास्त्री के पटना दौरे को लेकर अंदेशा था कि वे धर्म के नाम

पर फूट डालेंगे और यह अंदेशा सही साबित हुआ। उन्होंने शास्त्री पर भाजपा और आरएसएस का राजनीतिक एजेंडा चलाने का आरोप लगाया। तिवारी ने कहा कि बिहार महात्मा बुद्ध की जन्मस्थली और महात्मा गांधी की कर्मस्थली है, और यहाँ के लोग स्वयंभू देवदूत को अपना एजेंडा नहीं चलाने देंगे। उन्होंने शास्त्री को कर्नाटक चुनाव के नतीजों को देखने की सलाह दी और पूछा कि क्या वे भारत को हिंदू राष्ट्र बनाने के लिए संविधान बदल देंगे।

जदयू के प्रवक्ता अभिषेक झा ने कहा कि यह देश बाबा साहेब भीमराव अंबेडकर के बनाए संविधान से चलता है, जिसमें हर धर्म के व्यक्ति को समान अधिकार है। उन्होंने कहा कि धर्म विश्वास का विषय है, और यह न तो हिंदू राष्ट्र है, न इस्लामिक राष्ट्र। बिहार गंगा-जमुनी तहज़ीब और सर्वधर्म समभाव में विश्वास रखता है।

बिहार के मुख्यमंत्री नीतीश कुमार ने कथा आयोजन के आखिरी दिनों में पहली बार बयान दिया। हिंदू राष्ट्र और बागेश्वर बाबा पर नीतीश बोले, "आज़ादी की लड़ाई के बाद सबकी सहमति से संविधान बना। राष्ट्रपिता द्वारा किए गए नामकरण को सभी को स्वीकार करना चाहिए. . . जो (बागेश्वर धाम के प्रमुख धीरेन्द्र शास्त्री) लोग बोल रहे हैं, क्या उनका उस समय जन्म हुआ था? हम सब राष्ट्रपिता महात्मा गांधी को मानते हैं। हम उसी के आधार पर काम कर रहे हैं। उन्हें इस तरह का बयान नहीं देना चाहिए।" वहीं, बिहार के पूर्व मुख्यमंत्री लालू यादव ने तो पंडित धीरेन्द्र शास्त्री को बाबा मानने से ही इनकार कर दिया, यह कहकर कि वे उन्हें नहीं जानते।

राजनीतिक दल बेचैन थे, लेकिन धीरेन्द्र शास्त्री और उनके दीवाने बेफिक्र होकर बिहार में आकर्षण का केंद्र बने हुए थे। उनके कथा स्थल से लेकर होटल तक, हर कोई बस एक झलक पाने को आतुर था। जिस होटल में वे ठहरे थे, वहाँ कई वीआईपी भी उनसे लगातार मिल रहे थे।

मध्य प्रदेश चुनाव और आगे का सफर (2023-2025)

यह साल 2023 था। कुछ महीनों बाद नवंबर में मध्य प्रदेश में विधानसभा चुनाव होने थे। इस समय तक पंडित धीरेन्द्र शास्त्री और बागेश्वर धाम दोनों ही प्रसिद्धि की ऊँचाई पर पहुँच चुके थे। ऐसे में प्रदेश में कई नेता उनकी कथाएँ कराने को आतुर थे। हालाँकि, बिहार से यहाँ स्थिति उलट थी। यहाँ भाजपा के साथ ही कांग्रेस के बड़े नेता लगातार बागेश्वर धाम से जुड़े थे। छिटपुट नेताओं के अलावा, बड़े नेता किसी प्रकार की नकारात्मक टिप्पणी से बचते थे।

फरवरी 2023 में कांग्रेस पार्टी के नेता और पूर्व मुख्यमंत्री कमलनाथ बागेश्वर धाम जाकर बालाजी सरकार का आशीर्वाद ले चुके थे। इसके साथ ही वे छिंदवाड़ा में कथा के लिए पंडित धीरेन्द्र शास्त्री को न्योता भी दे आए थे। पंडित धीरेन्द्र शास्त्री ने भी सहर्ष यह न्योता स्वीकार किया और अगस्त के महीने में छिंदवाड़ा में कथा की। यह आयोजन पूर्व सीएम कमलनाथ द्वारा बनवाए गए सिमरिया के श्री सिद्धेश्वर हनुमान मंदिर परिसर में हुआ।

मध्य प्रदेश के विधानसभा चुनाव (नवंबर) से लगभग 3 महीने पहले हुई इस कथा के संदेश साफ़ थे। एक तरफ़ कमलनाथ अपनी सॉफ्ट हिंदुत्व की छवि बनाए रखना चाहते थे, तो वहीं दूसरी ओर बाबा बागेश्वर ने भी कमलनाथ के छिंदवाड़ा में कथा करके यह संदेश दिया कि वे किसी पार्टी से बंधे नहीं हैं, जो उन्हें प्रेम से बुलाएगा वे वहाँ जाएँगे। सिर्फ़ कमलनाथ ही नहीं, प्रदेश में कई और कांग्रेस विधायकों के निमंत्रण पर भी उन्होंने कथा की, साथ ही कई भाजपा विधायकों के निमंत्रण पर भी गए।

मध्य प्रदेश के विधानसभा चुनाव संपन्न होने के बाद, 2024 में देश में लोकसभा चुनाव हुए, और अन्य राज्यों में भी लगातार चुनाव होते रहते हैं। इसी दौरान, जिस भी चुनावी राज्य में बागेश्वर बाबा जाते हैं, वे अपने हिंदू राष्ट्र और सनातन के मुद्दे को उठाते हैं। इस पर कुछ बयान आते हैं, कोई राजनीतिक व्यक्ति या दल आपत्ति करता है तो कोई खुलकर समर्थन करता है। लेकिन वे अपनी ही गति से बढ़ते हुए एक बार फिर कुछ महीने पहले बिहार पहुँचे।

बागेश्वर धाम पर 2025 में प्रधानमंत्री और राष्ट्रपति के कार्यक्रमों के बाद, पंडित धीरेन्द्र शास्त्री एक बार फिर बिहार पहुँचे। लेकिन इस बार उन्होंने कुछ अलग ही अंदाज़ में शुरुआत की, जो उनकी बढ़ती राजनीतिक जागरूकता और प्रभाव को दर्शाता है।

बाबा बागेश्वर का बिहार दौरा - साल 2025: राजनीति और 'फ्रंट फुट' बल्लेबाजी

बागेश्वर धाम में 2025 के ऐतिहासिक कार्यक्रम के ठीक बाद, मार्च के पहले हफ़्ते में पंडित धीरेन्द्र शास्त्री बिहार पहुँचे। यहाँ जल्द ही विधानसभा चुनाव होने हैं, ऐसे में बाबा बागेश्वर के किसी भी कार्यक्रम पर राजनीति न हो, यह असंभव है। लेकिन इस बार मामला थोड़ा अलग था। जब राजनीति और बयानबाजी शुरू हुई, तो पंडित धीरेन्द्र शास्त्री ने अपनी पाँच दिवसीय कथा के पहले दिन ही अपने तेवर स्पष्ट कर दिए।

पंडित धीरेन्द्र शास्त्री ने कहा, "हमें पुनः बिहार की धरती पर, भगवान की कथा कहने का सौभाग्य मिला है। बिहार की वो धरती, जहाँ जानकी मैया प्रकट हुईं। बिहार की वो धरती जहाँ महात्मा बुद्ध प्रकट हुए। बिहार की वो धरती जो ज्ञान की भूमि है। बिहार की वो धरती जो भक्ति की भूमि है। हम एक बात बहुत प्रेम से आप लोगों से बोल रहे, हृदय से बोल रहे हैं। हिंदू राष्ट्र की आवाज़ कहीं से अगर उठेगी तो सबसे ज़्यादा बिहार से ही पहले उठेगी। हाँ, ये पक्का है। ये हमारा भरोसा है[166]।"

उन्होंने आगे कहा, "बल्कि बहुत लोगों को हमारे बिहार आने पर, बहुत पेट दर्द होता है। एक बात हम निवेदन करेंगे, कथा तो करेंगे और हम पहले ही एक बात निवेदन कर दें। जो जो हमारी कथा जो लाइव सुन रहे, भैया हम किसी पार्टी के प्रचारक नहीं हैं, हम हिंदुत्व के विचारक हैं। और दूसरी बात, राम के राष्ट्र में, राम की कथा तुम रोक लोगे? ये राम का देश है, भगवान कृष्ण का देश है। हमारे तन में, जब तक प्राण रहेंगे, तब तक हम हिंदुओं के लिए जिएँगे और हिंदुओं के लिए मरेंगे।"

विरोधियों को निशाने पर लेते हुए उन्होंने तीखे लहजे में कहा, "बहुत से लोगों को बिहार आने पे बड़ी आग लगती है। हम देख रहे दो दिन से मीडिया पर बड़े बवाल छाए, बाबा को आने दो, हम घेरेंगे, हम मारेंगे। ठठरी के बरे, नक्कटा, मूसरचंद, हलुआ नाथ, अरे घेरेंगे! मारेंगे! क्या ये तुम्हारे बाप का देश है भैया! ये देश रानी लक्ष्मीबाई का है, ये देश बाबर का नहीं, रघुबर का है। ये देश राम का है, ये देश कृष्ण का है। ये देश संतों का है, सुभाष चंद्र बोस का है, मेरे प्रियजनों बिहार हमारा है और हम जब तक जिएँगे तब तक आएँगे।"

अपनी दृढ़ता दिखाते हुए उन्होंने अंत में कहा, "अब पूरे देश में हम जा रहे हैं। कोई नई बात थोड़ी है, पूरे देश में जा रहे हैं। हमारा उद्देश्य ये है, जब तक हमारे तन में प्राण हैं, हम हिंदुओं के पक्ष में बोलेंगे। हिंदुओं को एक करके ही छोड़ेंगे। क्योंकि हमारी भारत माता की ऑलरेडी बहुत टुकड़े हो गए, अब भारत को हम बँटने नहीं देंगे, अब हम हिंदुओं को घटने नहीं देंगे। तो जिनको भी हमारे बिहार आने से बुरा लगा हो और जिन्होंने भी जो भी कहा हो, *सेम टु यू*। आज से पाँच दिन तक हम अभी यहाँ कथा करेंगे, आप हमें ज़्यादा रोकोगे, हम फिर कथा करेंगे। आप हमें और रोकोगे हम और कथा करेंगे। आप हमें और रोकोगे हम यहीं मठ बनाएँगे। आप हमें फिर रोकोगे, हम यहाँ मकान बनाएँगे। और आप अगर हमें फिर रोकोगे, मरेंगे तो फिर बिहार में जन्म लेंगे। लो बताओ! इसीलिए भैया हम हमेशा बोलते हैं, छेड़ोगे तो हम छोड़ेंगे नहीं। हम आपका, किसी का बुरा करने नहीं आए। हम कथा

करने आए। अपने पागलों से मिलने आए। पाँच दिन यहीं मिलेंगे और पाँच दिन खूब झूम-झूम के गीत गाएँगे[167]।"

पंडित धीरेन्द्र शास्त्री का यह तीखा बयान इसलिए आया क्योंकि बिहार में विपक्षी नेताओं ने उनके पहुँचने से पहले ही विरोध की 'पिच' तैयार कर दी थी। पहले लालू परिवार के गढ़ राघोपुर में उन्हें जाने की इजाज़त नहीं मिली, फिर गोपालगंज में उनके पहुँचने के साथ ही तीखी सियासी बयानबाज़ी हुई।

राष्ट्रीय जनता दल की ओर से भाई वीरेंद्र ने कहा कि ये लोग नफ़रत की राजनीति करने वाले हैं। मुकेश रोशन ने आरोप लगाया कि बाबा लोग बिहार में भाईचारा और एकता को भंग करने आ रहे हैं, और मुख्यमंत्री को ऐसे 'उन्माद फैलाने वाले' बाबाओं पर रोक लगानी चाहिए। राजद विधायक चंद्रशेखर यादव ने तो पंडित धीरेन्द्र शास्त्री को 'नफ़रती, पाखंडी' बताते हुए उनकी जाँच की मांग कर दी।

यूँ तो पंडित धीरेन्द्र शास्त्री देश और दुनिया के कई हिस्सों में कथा कार्यक्रमों के लिए जाते हैं, लेकिन बिहार में सबसे ज़्यादा भीड़ भी जुटती है और वहीं विरोध के स्वर भी सबसे ज़्यादा उठते हैं। इस सवाल पर भोजपुरी स्टार और भाजपा सांसद मनोज तिवारी ने अपनी राय रखी :

"अभी फिर गए थे बागेश्वर पीठाधीश्वर गुरुजी बिहार, गोपालगंज। तो बिहार में मूलतः सनातन की जड़ें बहुत गहरी हैं। कोई जगाने वाला नहीं था। जिस तरह से धीरेन्द्र शास्त्री जी ने जगाया है, उसके लिए हम उनको बहुत साधुवाद देते हैं। जब सनातन जाग रहा है, तो कई लोगों के पेट में दर्द भी हो रहा है। लेकिन गुरुजी, बहुत संतुलित तरीके से, बड़े साफ़गोई से आगे बढ़ रहे हैं। जो उनके दिल में है, वही ज़ुबान पर है। कि हम सनातन के प्रचारक हैं, हिंदुत्व के प्रचारक हैं।"

तिवारी ने आगे कहा, "अभी यात्रा बहुत लंबी जाएगी। आप देखिएगा, मैं आज आपको बता रहा हूँ कि गुरुजी के सबसे ज़्यादा श्रोता और प्रेम करने वाले लोग, वो बिहार और पूर्वी उत्तर प्रदेश से ही मिलेंगे।"

उन्होंने बिहार में विरोध का कारण बताते हुए कहा, "जैसे मध्यप्रदेश, उत्तर प्रदेश के बहुत से विपक्ष के नेता जाते हैं महाराज जी के मंच पर। तो बिहार में क्या दिक्कत है—देखिए हम तो देख रहे हैं कि आते हर पार्टी के लोग हैं। कोई-कोई लोग व्यक्तिगत भी आते हैं। लेकिन पॉलिटिकली जिसको ये लगता होगा कि भाई ये हिंदुत्व की बात कर रहे हैं, हमारा इसमें वोट बैंक डिस्टर्ब होगा, तो वो उनकी अपनी समस्या है[168]।"

अध्याय 21

पंडित धीरेन्द्र कृष्ण शास्त्री के चर्चित बयान और विवाद[169]

देश की बढ़ती आबादी पर[170]

उन्होंने चिंता जताते हुए कहा कि पिछले 10-20 सालों में हिंदुओं की आबादी 80 % पर आ गई है। उन्होंने आशंका जताई कि धीरे-धीरे हिंदू अल्पसंख्यक हो जाएँगे। उन्होंने वैश्विक आँकड़ों का हवाला देते हुए कहा कि दुनियाभर में 95 देश ईसाइयों के हैं, जबकि 65 से ज़्यादा देश इस्लामिक हैं।

भारत-पाकिस्तान मैच पर[171]

पंडित धीरेन्द्र शास्त्री ने कहा कि पाकिस्तान कभी अपने वादे नहीं निभाता और बार-बार उन्हें तोड़ता है, ऐसे में भारतीय टीम का वहाँ जाकर खेलना ठीक नहीं है। उन्होंने पूछा कि अगर पाकिस्तान में टीम इंडिया को कोई नुकसान हुआ तो उसका जवाबदेह कौन होगा। उन्होंने बीसीसीआई के पाकिस्तान न जाने के फ़ैसले का खुलकर समर्थन किया।

'बटेंगे तो कटेंगे' पर[172]

उन्होंने मुख्यमंत्री योगी आदित्यनाथ के 'बटेंगे तो कटेंगे' नारे का खुलकर समर्थन किया, लेकिन उसे नए तरीके से परिभाषित किया। उन्होंने कहा कि अगर भारतीय लोग बँटेंगे और एक-दूसरे का समर्थन नहीं करेंगे तो चीन और पाकिस्तान मिलकर हमें काटेंगे। उन्होंने इस दौरान प्रधानमंत्री मोदी के उस भाषण का भी ज़िक्र किया, जिसमें उन्होंने कहा था कि "एक रहेंगे तो ही सेफ़ रहेंगे।"

घुसपैठियों[173] पर

घुसपैठियों के मुद्दे पर उन्होंने कहा कि इस देश में पहले से ही हिंदुओं के खिलाफ़ षड्यंत्र चल रहा है। उन्होंने आरोप लगाया कि जिन लोगों को हिंदुओं से प्रेम नहीं है, जो राष्ट्रगान से प्यार नहीं करते और 'गज़वा-ए-हिंद' की बात करते हैं, वे किसी न किसी तरीके से अपनी जनसंख्या बढ़ा रहे हैं। उन्होंने रोहिंग्याओं को बुलाकर देश में विधर्मी लोगों के सरकार में आने की आशंका जताई और कहा कि देशविरोधियों को देश में पनाह नहीं देनी चाहिए।

महाकुंभ में मुस्लिमों की एंट्री पर[174]

प्रयागराज में होने वाले महाकुंभ पर्व पर उन्होंने दो टूक कहा कि कुंभ में मुस्लिमों की एंट्री नहीं होनी चाहिए। उन्होंने सवाल किया, "मेरे अंगने में तुम्हारा क्या काम है?" उन्होंने तर्क दिया कि मक्का-मदीना में हिंदुओं को नहीं बुलाया जाता, और अगर मुस्लिम इतने ही उदारवादी हैं तो मक्का-मदीना में हिंदुओं की दुकानें भी लगाई जाएँ।

संभल हिंसा[175] पर

संभल हिंसा के बाद उन्होंने कहा, "राम के राष्ट्र में राम के राज्य की बात होगी। संभल के उपद्रवियों को जेलर के हाथ में सौंपने की आवश्यकता है। अभी देश में 20% होने पर वह पत्थरबाज़ी की घटनाएँ कर रहे हैं। जिस दिन वह 50% हो जाएँगे, तो हमारी बहू-बेटियों को उठाकर ले जाएँगे।"

बांग्लादेश के हालात[176] पर

बांग्लादेश के हिंदुओं की दुर्दशा पर उन्होंने चिंता व्यक्त करते हुए कहा, "बांग्लादेश के हिंदुओं की व्यवस्था हो जाएगी, उन्हें भारत में शरण मिल जाएगी। लेकिन अगर यही स्थिति भारत में उत्पन्न हो गई तो भारत का हिंदू कहाँ जाएगा?" उन्होंने पूछा कि क्या भारत का हिंदू हिंद महासागर, अटलांटिक या हिमालय पर शरण लेगा। उन्होंने स्पष्ट किया, "हम किसी मज़हब के खिलाफ़ नहीं हैं, लेकिन बांग्लादेश में निर्मित हुए हालात कई सवालों को जन्म दे रहे हैं। भारत में सबको रहने का अधिकार है, संविधान में सभी को अधिकार दिया गया है, मगर हिंदुओं से सवाल है कि अगर ऐसी स्थिति भारत में निर्मित हुई तो आप कहाँ जाओगे?"

क्रिसमस[177] पर

क्रिसमस को 'सनातनी संस्कृति के अनुरूप नहीं' बताते हुए उन्होंने अभिभावकों से अपने बच्चों को सांता क्लॉस के पास न भेजकर आसपास के मंदिरों में हनुमान जी के पास भेजने का आह्वान किया। उन्होंने मातृ-पितृ पूजन और तुलसी पूजन दिवस के महत्त्व पर ज़ोर देते हुए पाश्चात्य संस्कृति का बहिष्कार करने की अपील की। उन्होंने कहा कि अभिभावकों को अपने बच्चों को हनुमान जी, मीराबाई और स्वामी विवेकानंद के आदर्शों की तरफ़ प्रेरित करना चाहिए।

विवादित बयान और स्पष्टीकरण

पंडित धीरेन्द्र शास्त्री की मुखरता कई बार अलग ही मोड़ ले जाती है। उनका एक बयान, "तुम्हारे पास अली है तो हमारे पास बजरंगबली है[178]," ने खूब तूल पकड़ा और मुस्लिम समाज खुलकर उनके विरोध में आ गया, कड़ी कार्रवाई की माँग उठी।

इस पर स्पष्टीकरण देते हुए धीरेन्द्र शास्त्री ने कहा, "हमने कभी भी किसी धर्म के खिलाफ़ नहीं बोला है। जो सनातन धर्म के खिलाफ़ साज़िशें होती हैं, हम उन पर चर्चा करते हैं, हमने सनातनी को जगाने पर चर्चा की है। यह जो मौला अली वाली चर्चा है, यह दरबार में कोई जिन्न आया था उसने कहा कि मेरा नाम अली है, तो मैंने कह दिया फिर मेरे पास बजरंगबली हैं। अब इस बात को मौला अली से जोड़ दिया गया, जो सरासर गलत है। हमने कभी भी किसी के धर्म की बुराई नहीं की है।" उन्होंने यह भी कहा कि वे किसी धर्म या धर्मगुरु के खिलाफ़ नहीं हैं और मौला अली को अहिंसा का पुजारी मानते हैं। उन्होंने इस दुष्प्रचार के लिए खेद व्यक्त किया।

संभल मामले[179] पर भी उनके एक बयान का गलत अर्थ निकालकर हंगामा खड़ा कर दिया गया। जब उन्होंने "हरिहर मंदिर" का ज़िक्र किया, तो एक कट्टरपंथी ने उसे अमृतसर के हरिमंदिर साहिब (स्वर्ण मंदिर) से जोड़ लिया। इस आधार पर उन्हें धमकी भी मिली। पंजाब के खन्ना राजपुरा के कट्टरपंथी बलजिंदर सिंह परवाना ने सोशल मीडिया पर धमकी देते हुए कहा कि धीरेन्द्र शास्त्री ने हरिमंदिर साहिब के बारे में गलत शब्द कहे हैं और उन्हें इसका खामियाज़ा भुगतना होगा। हालाँकि, धीरेन्द्र शास्त्री का बयान अमृतसर स्थित हरिमंदिर साहिब के लिए नहीं था, बल्कि उन्होंने कलकी धाम संभल (उत्तर प्रदेश) में स्थित हरिहर मंदिर का ज़िक्र किया था।

कुंभ में देशद्रोही वाली टिप्पणी[180]

कुंभ में डुबकी लगाने के बाद धीरेन्द्र शास्त्री ने कहा, "मैंने सभी के साथ पवित्र डुबकी लगाई है, चाहे वह देशवासी हों, विदेशी हों, बागेश्वर धाम के लोग हों। महाकुंभ में हर व्यक्ति को आना चाहिए। जो नहीं आएगा वह पछताएगा और देशद्रोही कहलाएगा।" उन्होंने बताया कि उन्होंने परमार्थ निकेतन आश्रम के प्रमुख स्वामी चिदानंद सरस्वती और अपने शिष्यों सहित 40-50 विदेशी भक्तों के साथ संगम में डुबकी लगाई। उन्होंने पाँच डुबकियाँ लगाईं : हिंदू राष्ट्र के नाम, बागेश्वर धाम के नाम, बागेश्वर धाम परिवार से जुड़े लोगों के नाम, भारत के सभी महात्माओं की सुरक्षा और सनातन का परचम लहराने के लिए, और हिंदुत्व, सनातन व विश्व का भला चाहने वालों की दीर्घायु के लिए।

कुंभ में मृत्यु पर विवादित बयान[181]

प्रयागराज कुंभ में भगदड़ के बाद लोगों की मौत पर धीरेन्द्र शास्त्री के एक बयान पर सवाल उठे। उन्होंने कहा था, "ये महाप्रयाग है, मृत्यु सबकी आनी है। एक दिन मरना सबको है। लेकिन कोई गंगा के किनारे मरेगा तो उसे मोक्ष मिलेगा[182]।" उन्होंने आगे कहा, "यहाँ मरा नहीं है कोई, असमय चले गए तो दुःख है, पर जाना तो सबको है। ये बात तय है कि कोई 20 साल बाद जाएगा तो कोई 30 साल बाद जाएगा। लेकिन जो लोग भगदड़ में मरे हैं उनको मोक्ष मिला है।" इस बयान के बाद खूब विवाद हुआ और कई लोगों ने इसकी आलोचना की।

कुंभलगढ़ किले में भगवा झंडे का आह्वान[183]

मार्च 2023 में उदयपुर में आयोजित धर्म सभा में पंडित धीरेन्द्र शास्त्री ने राजसमंद के कुंभलगढ़ दुर्ग पर फहरा रहे 100 हरे झंडों को भगवामय बनाने का आह्वान किया था। इस बयान के अगले दिन, कुछ युवक भगवा ध्वज फहराने के लिए कुंभलगढ़ दुर्ग पहुँचे, लेकिन पुलिस ने उन्हें रोककर पाँच युवकों को गिरफ्तार कर लिया। उदयपुर पुलिस ने स्वयं संज्ञान लेते हुए धीरेन्द्र शास्त्री के खिलाफ़ शहर के हाथीपोल थाने में धारा 153 - ए में एफआईआर दर्ज की। इस धर्म सभा में उन्होंने यह भी कहा था कि "उदयपुर में धोखे से एक कन्हैया चला गया लेकिन अब तो घर-घर में कन्हैया है, अब हिंदुओं पर अत्याचार बर्दाश्त नहीं किया जाएगा।" कुछ दिनों के विवाद के बाद यह मामला शांत हुआ।

परिशिष्ट 1

बागेश्वर धाम : छतरपुर जिले के आर्थिक परिदृश्य का कायाकल्प

पंडित धीरेन्द्र शास्त्री के बागेश्वर धाम के उदय ने छतरपुर जिले की अर्थव्यवस्था, खासकर विश्व प्रसिद्ध पर्यटन केंद्र खजुराहो, को एक नई दिशा दी है। कोरोना महामारी ने खजुराहो के पर्यटन उद्योग को अपूरणीय क्षति पहुँचाई थी; विदेशी पर्यटकों का आना लगभग बंद हो गया, होटल खाली पड़े थे, और कई व्यवसायी गहरे कर्ज में डूब गए थे।

महामारी के दौरान, पंडित धीरेन्द्र शास्त्री की लोकप्रियता डिजिटल माध्यमों से तेज़ी से बढ़ी। कोरोना के बाद जब स्थितियाँ सामान्य हुईं, तो बागेश्वर धाम में हज़ारों की संख्या में श्रद्धालु उमड़ने लगे। गढ़ा गाँव में श्रद्धालुओं के ठहरने की पर्याप्त व्यवस्था न होने के कारण, अधिकतर लोगों ने पास के पर्यटन स्थल खजुराहो (15 किलोमीटर दूर) या ज़िला मुख्यालय छतरपुर (20 किलोमीटर दूर) का रुख किया।

पिछले चार से पाँच सालों में, खजुराहो ने पर्यटन के क्षेत्र में ऐसी ऊँचाई छू ली है जो पहले कभी नहीं देखी गई। पारंपरिक रूप से खजुराहो में पर्यटन केवल सर्दियों (अक्टूबर से मार्च) तक सीमित था, क्योंकि गर्मी और बरसात में यात्रा करना मुश्किल होता था। लेकिन बागेश्वर धाम के कारण अब यहाँ साल भर पर्यटकों और श्रद्धालुओं का तांता लगा रहता है। खजुराहो के होटल, जो पहले खाली पड़े रहते थे, अब बिना अग्रिम बुकिंग के मिलना मुश्किल हो गए हैं।

बागेश्वर धाम में प्रतिदिन औसतन 30,000 श्रद्धालु आते हैं, जो मंगलवार और शनिवार को बढ़कर 60-70 हज़ार हो जाते हैं। गुरु पूर्णिमा, बागेश्वर

महाराज का जन्मदिन, या कन्या विवाह जैसे विशेष आयोजनों पर यह संख्या लाखों में पहुँच जाती है। इन श्रद्धालुओं के ठहरने की ज़रूरत ने यात्री सेवाओं में भारी विस्तार को जन्म दिया है :

> खजुराहो से दिल्ली के लिए शुरू हुई वंदे भारत ट्रेन ने 104% ऑक्यूपेंसी का रिकॉर्ड बनाया है। छतरपुर का बस स्टॉप और रेलवे स्टेशन भी अब पहले से कहीं ज़्यादा व्यस्त रहते हैं। छतरपुर-खजुराहो राष्ट्रीय राजमार्ग पर बागेश्वर धाम तक सैकड़ों ऑटो, टेंपो और टैक्सियाँ चलती हैं, जिससे स्थानीय स्तर पर रोज़गार में अभूतपूर्व वृद्धि हुई है। यह ऐसी वृद्धि है, जो शायद किसी सरकारी योजना से भी संभव नहीं हो पाती।

बागेश्वर धाम के आसपास के क्षेत्रों, विशेषकर गढ़ा गाँव, में भी ज़बरदस्त आर्थिक उछाल आया है। जहाँ 2021 में धाम पर केवल एक चाय की दुकान थी, वहीं आज 1,000 से ज़्यादा छोटी दुकानें और कई रेस्तरां खुल गए हैं। गढ़ा गाँव और आसपास के क्षेत्रों में 1,000 से ज़्यादा निजी कमरों की व्यवस्था किराए पर उपलब्ध है। चार साल पहले तक बेरोज़गार रहने वाले गढ़ा गाँव के लोग अब रोज़ हज़ारों रुपये कमा रहे हैं। कई स्थानीय निवासियों ने अपने घरों को ही छोटे गेस्ट हाउस में बदल दिया है।

गढ़ा गाँव का तो ये हाल है कि वहाँ जमीन के दाम पचास गुणा तक बढ़े हैं। जो ज़मीन 2020-21 तक 50,000 रुपये प्रति एकड़ थी, वह अब 25-30 लाख रुपये प्रति एकड़ बिक[184] रही है। पूरे देश और बुंदेलखंड के छोटे-बड़े व्यवसायी यहाँ आकर कारोबार कर रहे हैं।

स्थानीय सांसद वीडी शर्मा बागेश्वर धाम को खजुराहो के पर्यटन में एक बड़ा योगदान मानते हैं, जिससे हवाई और सड़क कनेक्टिविटी में सुधार हुआ है।

स्थानीय विधायक अरविंद पटैरिया इस बदलाव को एक चमत्कार बताते हैं, जहाँ खजुराहो इतिहास के रूप में है तो बागेश्वर धाम वर्तमान के रूप में। ज़िला मुख्यालय छतरपुर की विधायक ललिता यादव भी मानती हैं कि

बालाजी के आशीर्वाद से पूरे जिले को लाभ मिला है, जिससे यातायात, होटल, रेस्तरां और हर तरह से रोज़गार के साधन बढ़े हैं।

संक्षेप में, बागेश्वर धाम का उदय एक ऐसा असाधारण उदाहरण है जहाँ एक धार्मिक स्थल ने कुछ ही वर्षों में एक पूरे क्षेत्र की अर्थव्यवस्था को पूरी तरह से बदल दिया है।

परिशिष्ट 2

व्यक्तित्व के विविध पक्ष

जंगल और वन्यजीवों के प्रति पंडित धीरेन्द्र शास्त्री की चिंता[185]

पंडित धीरेन्द्र शास्त्री सिर्फ़ आम लोगों के कल्याण के लिए ही नहीं सोचते, बल्कि वे जंगल और वन्य प्राणियों के प्रति भी गहरी संवेदनशीलता और चिंता रखते हैं। यह पहलू विजयराघवगढ़ के विधायक संजय पाठक ने व्यक्तिगत रूप से देखा है।

संजय पाठक का बांधवगढ़ टाइगर रिज़र्व से सटा एक फार्म है, जिसका नाम बिरुहली फार्म है। पंडित धीरेन्द्र शास्त्री कई बार इस फार्म पर गए हैं और वहाँ के जंगल में संजय पाठक के साथ समय बिताया है। संजय पाठक बताते हैं कि महाराज जी के व्यक्तित्व की सबसे बड़ी ख़ूबी यही है कि वे सबके लिए सोचते हैं।

जब पंडित जी अपने भक्तों के बीच होते हैं, तो उनके कल्याण और समस्याओं के समाधान पर विचार करते हैं। जब वे आम जनता और ग़रीबों के साथ होते हैं, तो उनकी सोच कल्याणकारी योजनाओं और सहायता पर केंद्रित होती है। ठीक इसी तरह, जब वे जंगल के बीच होते हैं, तो उनका ध्यान वहाँ के जीव-जंतुओं और पशु-पक्षियों पर होता है। वे इस बात पर चर्चा करते हैं कि वन्यजीवों के संरक्षण और उनके लिए क्या बेहतर किया जा सकता है।

ऊर्जा संचय समागम : पंडित धीरेन्द्र शास्त्री का अभिनव आध्यात्मिक प्रयोग[186]

पंडित धीरेन्द्र शास्त्री कथाओं और सामाजिक कल्याण के आयोजनों के

साथ-साथ आध्यात्म के क्षेत्र में भी अभिनव प्रयोग करते हैं। ऐसा ही एक अनूठा प्रयोग है 'ऊर्जा संचय समागम'। यह 3 दिवसीय कार्यक्रम पिछले कुछ सालों में कई स्थानों पर आयोजित किया जा चुका है।

'ऊर्जा संचय समागम' एक अनूठा आध्यात्मिक अनुभव प्रदान करता है, जिसमें सीमित संख्या में लोगों को एकांत स्थान पर लाया जाता है। इसमें हनुमत कृपा अनुष्ठान, प्रकृति योग, ध्यान साधना, संगीत सत्र, आध्यात्मिक प्रश्नोत्तरी, संयुक्त परिवार मिलन, आध्यात्मिक आहार, आवासीय सुविधा इत्यादि की व्यवस्था की जाती है।

इस समागम में, प्रतिभागियों को पंडित धीरेन्द्र कृष्ण शास्त्री से सीधे बात करने का दुर्लभ अवसर मिलता है।

'ऊर्जा संचय समागम' की आवश्यकता के सवाल पर पंडित धीरेन्द्र शास्त्री पत्रकारों से कहते हैं कि आज के वैज्ञानिक युग में लोग मोबाइल और डिजिटल उपकरणों पर अत्यधिक समय बिताते हैं, जिससे वे कई बीमारियों से घिर रहे हैं और उनका दिमाग कमजोर हो रहा है। इसका समाधान 'ब्रेन डिटॉक्स' में निहित है।

धीरेन्द्र शास्त्री का कहना है कि ब्रेन डिटॉक्स के ज़रिए देश के लोगों को भारतीय संस्कृति का ज्ञान दिया जा सकता है, जिससे वे अपने ईश्वर को प्राप्त कर सकते हैं और देश में शांति लाई जा सकती है।

वे तीन दिनों तक कठोरता से नियमों का पालन करने, सुबह 3 बजे उठकर लगभग तीन-चार घंटे तक साधना करने, और नेत्र बंद करके आनंद लेने को एक अद्भुत यात्रा और प्रयोग बताते हैं। उनके अनुसार, ये विधियाँ "रोम-रोम को खिला देती हैं" और "मन-मस्तिष्क की वे तंत्रिकाएँ जो कई सालों से सो गई हैं, वे इस प्रयोग के साथ ही खुल जाती हैं।"

पंडित धीरेन्द्र शास्त्री का धर्मांतरण-विरोधी अभियान[187]

पंडित धीरेन्द्र शास्त्री के 'सनातन हिंदू एकता पदयात्रा' और 'हिंदू राष्ट्र' अभियानों के पीछे मुख्य रूप से हिंदू समाज को एकजुट करने का प्रयास है। हालाँकि, इन प्रयासों का एक और महत्त्वपूर्ण कारण है जो उन्हें आंतरिक रूप से व्यथित करता है: धर्मांतरण।

विदेशी फंडिंग और घर वापसी का अभियान[188]

पंडित धीरेन्द्र शास्त्री का मानना है कि भारत में विदेशी फंडिंग के माध्यम से बड़े पैमाने पर धर्मांतरण हो रहा है। वह इस प्रथा के खिलाफ लगातार आवाज़ उठाते रहे हैं और इसे रोकने के लिए दृढ़ संकल्पित हैं। इसी उद्देश्य के साथ, उन्होंने "हिंदुओं की घर वापसी" का अभियान भी चलाया है।

आदिवासी समुदाय पर विशेष ध्यान[189]

पंडित धीरेन्द्र शास्त्री विशेष रूप से आदिवासी भाई-बहनों को धर्मांतरण की साज़िशों से बचाने और उन्हें सनातन धर्म से जोड़ने की आवश्यकता पर बल देते हैं। इस सोच को मूर्त रूप देने के लिए, उन्होंने पन्ना जिले के आदिवासी बाहुल्य गाँव कल्दा में कथा का आयोजन किया। इस कथा के लिए, उन्होंने आदिवासी परिवारों को ही यजमान बनाया, ताकि वे सीधे सनातन परंपरा से जुड़ सकें।

उपसंहार

धीरू गर्ग से बागेश्वर सरकार तक एक असाधारण यात्रा

छतरपुर जिले के एक छोटे से गाँव, गढ़ा से निकलकर, बेहद विषम परिस्थितियों का सामना करते हुए, धीरू गर्ग ने पहले पंडित धीरेन्द्र शास्त्री का रूप लिया और फिर 'बागेश्वर सरकार' के नाम से पूरी दुनिया में ख्याति प्राप्त की। यह लेखन धार्मिक आस्थाओं से परे, एक व्यक्ति की अभूतपूर्व सफलता की कहानी को आपके समक्ष प्रस्तुत करने का एक विनम्र प्रयास है।

यह समझना अत्यंत महत्त्वपूर्ण है कि मात्र 29 वर्ष की आयु में एक व्यक्ति का इतनी विशाल लोकप्रियता हासिल करना, विशालकाय धार्मिक आयोजनों का सफल सूत्रधार बनना और अपने विचारों को समाज के एक बहुत बड़े वर्ग तक प्रभावी ढंग से पहुँचाना कोई सामान्य उपलब्धि नहीं है। यह यात्रा, जिसने इसे दूर से देखा है, किसी काल्पनिक फ़िल्मी कहानी से कम नहीं लगती। ऐसा इसलिए है क्योंकि इस असाधारण उदय के पीछे का अथक संघर्ष, अनगिनत चुनौतियाँ, और कुशल प्रबंधन सामान्यतः हमारी आँखों के सामने नहीं होता। पंडित धीरेन्द्र शास्त्री ने स्वयं कई सार्वजनिक मंचों पर अपने जीवन के कुछ पहलुओं और अनुभवों का उल्लेख किया है, और मैंने इस लेखन में उन सभी बिखरी हुई जानकारियों को एक व्यवस्थित और सुसंगत रूप में संकलित करने का प्रयास किया है। एक बुंदेली होने के नाते, यह मेरे लिए न केवल एक कर्तव्य था, बल्कि एक भावनात्मक जुड़ाव भी था कि मैं इस विलक्षण यात्रा को कलमबद्ध करूँ। इसमें कोई शंका नहीं कि आज़ाद भारत के इतिहास में बुंदेलखंड की धरती से पंडित धीरेन्द्र शास्त्री जितना लोकप्रिय और प्रभावशाली व्यक्तित्व शायद ही कोई और हुआ हो। इसीलिए यह लेखन आवश्यक और सामयिक महसूस हुआ।

आस्था और धर्म के दृष्टिकोण से देखें तो, इस बात में कोई दो राय नहीं है कि पंडित धीरेन्द्र शास्त्री ने, विशेषकर युवाओं के बीच, सनातन धर्म के प्रति एक गहरा

जूनून और जुड़ाव पैदा किया है। लाखों लोग उनकी एक आवाज़ पर कुछ भी कर गुज़रने को तैयार रहते हैं, जो उनकी अद्भुत नेतृत्व क्षमता और अनुयायियों के अगाध विश्वास का प्रमाण है। हज़ारों की संख्या में सेवादार निस्वार्थ भाव से मानव सेवा और धाम की व्यवस्थाओं में लगे रहते हैं, जो एक संगठन के रूप में बागेश्वर धाम की शक्ति को दर्शाता है। ऐसे में, सनातन धर्म को लोगों से जोड़ने और समाज को एकजुट करने में उनका योगदान निश्चित तौर पर अत्यंत महत्त्वपूर्ण है।

उनकी कार्यशैली में एक अनूठा संतुलन भी देखने को मिलता है। वे एक तरफ़ जहाँ धर्म और आध्यात्म की गहन बातें करते हैं, वहीं दूसरी तरफ़ लोक कल्याण के कार्यों (जैसे सामूहिक कन्या विवाह का आयोजन, निर्धन सहायता, और धर्मांतरण रोकने का अभियान) से लोगों के दिलों में एक विशेष स्थान बनाते हैं। इसके अतिरिक्त, वे देश के बहुसंख्यक वर्ग से जुड़े ऐसे मुद्दों को लगातार उठाते रहते हैं, जिससे वे लगातार चर्चा के केंद्र में बने रहते हैं और एक मुखर आवाज़ के रूप में पहचाने जाते हैं।

हालांकि, हर बड़ी सफलता अपने साथ नई और जटिल चुनौतियाँ भी लेकर आती है। बागेश्वर धाम का परिवार, यानी उसके अनुयायियों और गतिविधियों का दायरा, लगातार बढ़ रहा है। इसके साथ ही, विशाल व्यवस्थाओं का विस्तार और उनका सुचारु संचालन भी एक बड़ी चुनौती है। साथ ही, हर सफलता अपने साथ स्वाभाविक रूप से आलोचकों और विरोधियों को भी आकर्षित करती है। ऐसे में, अब पंडित धीरेन्द्र शास्त्री के लिए हर कदम पर सचेत होकर आगे बढ़ना उनकी सबसे बड़ी चुनौती है। उन्हें अपने बयानों, कार्यों और सार्वजनिक छवि को लेकर अत्यधिक सावधानी बरतनी होगी ताकि कोई भी विवाद उनके मिशन को बाधित न कर सके।

फिलहाल, वे इस चुनौती के प्रति सचेत प्रतीत होते हैं और सरलता व दृढ़ता से अपने मार्ग पर आगे बढ़ रहे हैं। हम उम्मीद करते हैं कि अगले कुछ सालों में, हमें उनके विषय पर कुछ और लिखने का अवसर ज़रूर मिलेगा, जो उनकी इस असाधारण यात्रा के अगले पड़ावों, नई सफलताओं और शायद नई चुनौतियों को भी दर्शाएगा।

आभार

जीवन की इस महत्त्वपूर्ण लेखनी की प्रेरणा के लिए, बालाजी सरकार के चरणों में नमन। मेरे माता-पिता, श्रीमती कमला जैन और श्री सुकमाल जैन का आशीर्वाद स्वाभाविक ही मेरे साथ रहा है। मेरी धर्मपत्नी नेहा जैन के सहयोग के लिए आभार। उन सभी महत्त्वपूर्ण लोगों का धन्यवाद जिन्होंने इस पुस्तक के लिए कई महत्त्वपूर्ण जानकारियाँ दीं। सबसे महत्त्वपूर्ण आभार मंजुल और उनके संपादन विभाग का, जिन्होंने प्रकाशक के तौर पर, मेरे विचार और लेखनी पर भरोसा किया और मेरे लिखे को संवारा। साथ ही सभी मित्रों और शुभचिंतकों का आभार।

सचिन चौधरी

संपर्क - 9630847584

47, लक्ष्मी परिसर बावड़िया कलां, भोपाल

संदर्भ

1. बागेश्वर धाम की आधिकारिक पुस्तक से प्राप्त जानकारी के अनुसार
2. https://www.youtube.com/watch?v=DCPC8DEGWlM
3. वही।
4. बुंदेली बौछार पर एक इंटरव्यू पर आधारित
5. https://www.youtube.com/watch?v=BZkgXxtM0hg
6. https://www.youtube.com/watch?v=AFOT-BgwNmU
7. https://www.youtube.com/watch?v=r5ZJuQ3uLc8
   https://www.youtube.com/watch?v=3_eVxgKN5P4
8. https://www.youtube.com/watch?v=RGfpEWhJZJU
9. https://www.youtube.com/watch?v=3_eVxgKN5P4
10. वही।
11. https://www.youtube.com/shorts/NfWB2jfUdDA
12. https://www.youtube.com/shorts/l3ivQ5wujkU
13. वही।
14. https://www.youtube.com/watch?v=dhLwMgomqsQ
15. https://www.youtube.com/watch?v=kDndtll6UMc
16. https://www.youtube.com/watch?v=KAzPoWAPwG8
17. वही।
18. https://www.youtube.com/watch?v=8UByw28UJoc
19. https://www.youtube.com/watch?v=uXr42MLH dQ4&t=1263s
20. वही।
21 https://www.youtube.com/watch?v=_6MBF8kx2zE
22. https://www.youtube.com/shorts/Q4N7Lhq5q6E
23. https://www.youtube.com/watch?v=wkeXtOgzDpI

24. https://www.youtube.com/watch?v=ewN2kUSwMNs
25. https://navbharattimes.indiatimes.com/state/madhya-pradesh/chhatarpur/from-neelkund-to-bheemkund-water-till-underworld-till-date-depth-has-not-been-ascertained-know-the-story-of-divers/articleshow/121184711.cms
26. https://www.youtube.com/watch?v=GG1tRbiy9Gc
27. वही।
28. लेखक से बातचीत पर आधारित।
29. https://www.youtube.com/watch?v=8d2K8MWHxB4&t=163s
30. वही।
31. वही।
32. https://www.youtube.com/live/9VVXTcLGtVQ
33. वही।
34. https://www.youtube.com/watch?v=6x917ezkyo4&t=26s
35. https://www.youtube.com/watch?v=uLNjZ6S30Sw
36. https://www.youtube.com/watch?v=UBX4mR41o5g&t=2s
37. वही।
38. https://www.youtube.com/watch?v=E3UkDIhkvmQ
39. https://www.youtube.com/watch?v=fxN1Nvl-0Xo
40. https://www.youtube.com/watch?v=H-OpQ3G38_4&t=200s
41. https://www.youtube.com/watch?v=bF9FfysqFnk
42. लेखक से हुई बातचीत पर आधारित।
43. वही।
44. https://www.youtube.com/watch?v=TcwZpfS-7Pw
45. https://www.youtube.com/watch?v=d8zmctNHlW4&list=RDd8zmctNHlW4&start_radio=1
46. https://www.youtube.com/watch?v=iC2-E2VFF1Q&list=RDiC2-E2VFF1Q&start_radio=1
47. https://www.youtube.com/shorts/Vh7XmHeMTSo

https://www.youtube.com/watch?v=K3pwEhJQj-I
https://www.youtube.com/shorts/hVe5Bw9wEoc

48. https://x.com/AnupamPKher/status/1829783312753209553
49. https://www.youtube.com/shorts/hVe5Bw9wEoc
50. https://www.youtube.com/watch?v=uXAtJ1dSwJU
51. https://www.youtube.com/watch?v=hp5gwhALuqU
52. https://www.youtube.com/watch?v=Metx4hlprQM
https://www.youtube.com/watch?v=v-Ctw_dm5KU
https://www.youtube.com/watch?v=4c186gGzxhE
https://www.youtube.com/watch?v=xLrpMMU2BbM
https://www.youtube.com/watch?v=i4zemj9IsxQ
https://www.youtube.com/watch?v=NhUv_Gl_CGI
53. https://www.youtube.com/watch?v=8VPxHhs3Vpg
54. https://www.youtube.com/watch?v=CJzARwEZSwc
55. https://www.youtube.com/watch?v=v-Ctw_dm5KU&t=1s
56. https://www.youtube.com/shorts/3PfAwrErdug
57. https://www.youtube.com/watch?v=i4zemj9IsxQ
https://www.youtube.com/watch?v=m4DIJaRev3E
58. लेखक से बातचीत पर आधारित।
59. वही।
60. वही।
61. वही।
62. वही।
63. वही।
64. https://siddhashram.com/founder/
65. लेखक से बातचीत पर आधारित।
66. https://www.youtube.com/watch?v=1ls5A3T9WFM
67. https://www.youtube.com/watch?v=sjjQfRGDYBg
68. मनोज त्यागी से हुई लेखक की बातचीत पर आधारित।
69. https://www.youtube.com/watch?v=pWjFMnkXbIc
70. https://www.youtube.com/watch?v=7IAffLbtHJM

71. वही।
72. https://www.youtube.com/watch?v=5R2fICvgyZo
73. वही।
74. https://www.youtube.com/watch?v=PSDU-fcXjX0
75. https://www.youtube.com/watch?v=UPdkriTZ9K4
76. मनोज त्यागी से हुई लेखक की बातचीत पर आधारित।
77. पज्जन चतुर्वेदी से हुई लेखक की बातचीत पर आधारित।
78. https://www.youtube.com/watch?v=StftrbNI_8s
79. https://www.youtube.com/watch?v=oRa4YQhDS7M
80. *बुंदेली बौछार* के लिए लेखक द्वारा लिए गए इंटरव्यू पर आधारित।
81. https://www.youtube.com/watch?v=DNc05kZaPW4
82. https://www.youtube.com/watch?v=IOGbv7hExVM
83. https://www.youtube.com/watch?v=q31Y6Y2v8hs
84. https://www.youtube.com/watch?v=9hnpFsbTVg0
85. बागेश्वर धाम के सोशल मीडिया पर जारी हुआ बयान।
86. https://www.youtube.com/watch?v=nVmqy-UP6KY
87. https://www.youtube.com/watch?v=oRa4YQhDS7M
88. लेखक से हुई बातचीत पर आधारित।
89. https://www.youtube.com/watch?v=FiK9rWWbukM
90. वही।
91. वही।
92. https://www.youtube.com/watch?v=wkeXtOgzDpI
93. वही।
94. https://www.youtube.com/watch?v=eOuqg5_7DZc&list=PLGl57xDQzFZNTL12RujxF-Cm1jFLt6e8g
95. https://www.youtube.com/watch?v=3U7os1Dnze4
96. वही।
97. वही।
98. https://www.youtube.com/watch?v=hnN7HYbiPAo
https://www.youtube.com/watch?v=DLNzehLQCZE
99. वही।
https://www.youtube.com/watch?v=hnN7HYbiPAo

100. https://www.youtube.com/watch?v=TP8ptdWoFs8
101. https://www.youtube.com/watch?v=ilapR2VCoso
102. https://www.youtube.com/watch?v=-XMdrzBf5yU
103. https://www.amarujala.com/madhya-pradesh/chhatarpur/hindu-ekta-yatra-protests-in-country-are-legitimate-and-sanatan-yatra-is-illegitimate-mla-t-raja-joined-yatra-2024-11-22
104. https://www.youtube.com/watch?v=Y-qIEOkTbQU
105. https://www.youtube.com/watch?v=rdnkpsRrYaQ
106. https://www.youtube.com/watch?v=C8h4Nbyg5O0
107. https://www.etvbharat.com/hi/!state/chhatarpur-hindu-ekta-padyatra-reached-alipura-dhirendra-shastri-changed-name-alipura-madhya-pradesh-news-mps24112500450
108. वही।
109. https://www.youtube.com/watch?v=lrvregDsbLY
110. वही।
111. https://www.youtube.com/watch?v=uXAtJ1dSwJU
112. https://www.youtube.com/watch?v=I_bIIRzUjNg
113. https://www.youtube.com/watch?v=48RizmadFEE
114. लेखक की आँखों देखी।
115. https://www.youtube.com/watch?v=eBOEd_688OY
116. https://www.youtube.com/watch?v=_g9M8efoMzc
117. वही।
118. वही।
119. https://www.youtube.com/watch?v=ovHjjZ8yS-c
120. वही।
121. वही।
122. लेखक से हुई बातचीत पर आधारित।
123. वही।
124. वही।
125. वही।
126. वही।

127. वही।
128. वही।
129. वही।
130. https://www.youtube.com/watch?v=dmfwbEifaFs&list=RDdmfwbEifaFs&start_radio=1
131. लेखक से हुई बातचीत पर आधारित।
132. वही।
133. वही।
134. वही।
135. वही।
136. वही।
137. https://www.youtube.com/watch?v=7zdZ9Ty35FE&t=1136s
138. वही।
139. वही।
140. वही।
141. लेखक से हुई बातचीत पर आधारित।
142. वही।
143. वही।
144. वही।
145. वही।
146. वही।
147. वही।
148. वही।
149. वही।
150. वही।
151. वही।
152. https://www.youtube.com/watch?v=7zdZ9Ty35FE&t=1136s
153. https://www.youtube.com/watch?v=VlsEsjgw0j8
154. https://www.youtube.com/watch?v=i-hq4V2O2rA
155. https://www.youtube.com/watch?v=agYUgx6yHgI
156. https://www.youtube.com/watch?v=x1I88x6Jhj4

157. https://www.youtube.com/shorts/Rknbs3LKkzU
158. https://www.bbc.com/hindi/india-65560635
159. https://www.youtube.com/watch?app=desktop&v=gkBf3s5g3a8
160. वही।
161. https://navbharattimes.indiatimes.com/state/bihar/patna/poster-war-started-in-support-of-bageshwar-dham-government-in-patna/articleshow/100166975.cms
162. लेखक से हुई बातचीत पर आधारित।
163. वही।
164. वही।
165. https://www.youtube.com/watch?v=0_VcAsfrKEk
166. वही।
167. वही।
168. लेखक से हुई बातचीत पर आधारित।
169. https://www.youtube.com/watch?v=dj_CYk5nUFQ
170. वही।
171. https://www.youtube.com/watch?v=eay0PqvYuA4
172. https://www.youtube.com/watch?v=LuRkNksBvY4
173. वही।
174. वही।
175. https://navbharattimes.indiatimes.com/state/madhya-pradesh/chhatarpur/bageshwar-baba-dhirendra-shastri-big-statement-on-sambhal-violence-said-stone-pelting-is-now-answered-with-bulldozers/articleshow/115809811.cms
176. https://www.youtube.com/watch?v=_wrcDQrV34M
177. https://www.youtube.com/watch?v=CQkNCD6l5O8
178. https://www.facebook.com/watch/?v=409004461744046
179. https://www.bhaskar.com/local/punjab/amritsar/news/dhirendra-krishna-shastri-hari-har-mandir-sahib-statement-barjinder-parvana-veeresh-shandilya-134050199.html

180. https://www.youtube.com/shorts/WJnynyfUyt4
181. https://www.youtube.com/watch?v=I7hMRJV-kCQ
182. https://www.youtube.com/shorts/6sO6TbIErs8
183. https://www.youtube.com/watch?v=TxXEZbmYheI
184. स्थानीय पत्रकार सुनील पांडे से प्राप्त सूचना पर आधारित।
185. लेखक से हुई बातचीत पर आधारित।
186. https://www.youtube.com/watch?v=L8RB-1BkmIQ
187. https://www.youtube.com/watch?v=EnUT0R5zTKo
188. वही।
189. https://www.youtube.com/watch?v=eOuqg5_7DZc&list=PLGl57xDQzFZNTL12RujxF-Cm1jFLt6e8g